CONRADO SCHLOCHAUER

lifelong learners

o poder do aprendizado contínuo

CB039367

CARO LEITOR,

Queremos saber sua opinião sobre nossos livros.

Após a leitura, curta-nos no facebook.com/editoragente,

siga-nos no Twitter @EditoraGente,

no Instagram @editoragente e visite-nos

no site www.editoragente.com.br.

Cadastre-se e contribua com sugestões, críticas ou elogios.

CONRADO SCHLOCHAUER

lifelong learners

o poder do aprendizado contínuo

Aprenda a aprender e
mantenha-se relevante em um
mundo repleto de mudanças

Gente
editora

Diretora
Rosely Boschini

Gerente Editorial
Rosângela Barbosa

Assistentes Editoriais
Rafaella Carrilho e
Bernardo Machado

Produção Gráfica
Fábio Esteves

Preparação
Laura Folgueira

Capa
Katherine De Franco e
Rafael Nicolaevsky

Projeto gráfico e diagramação
Vanessa Lima

Revisão técnica
Nira Bessler

Revisão
Amanda Oliveira e Renato Ritto

Impressão
Plena Print

R. Dep. Lacerda Franco, 300 -
Pinheiros
São Paulo, SP - CEP 05418-000
Telefone: (11) 3670-2500
Site: www.editoragente.com.br
E-mail: gente@editoragente.com.br

Dados Internacionais de Catalogação na Publicação (CIP)
Angélica Ilacqua CRB-8/7057

Schlochauer, Conrado
   Lifelong learners: o poder do aprendizado contínuo : aprenda a
aprender e mantenha-se relevante em um mundo repleto de mudanças / Conrado Schlochauer. – São Paulo: Editora Gente, 2021.
   256 p.

   Bibliografia
   ISBN 978-65-5544-110-9

   1. I. Título

21-1301   CDD 650.14

Índice para catálogo sistemático:
1. Desenvolvimento profissional

NOTA DA PUBLISHER

O *Dicionário Brasileiro da Língua Portuguesa* Michaelis define o autodidata como "aquele que instrui por si mesmo, sem professores". Sem dúvida, professores e instrutores em geral têm um papel de extrema importância na nossa formação. No entanto, igualmente fundamental é que possamos e saibamos aprender por conta própria.

Quando o assunto é aprender, autonomia é a palavra-chave, sobretudo considerando modelos educacionais e um mercado de trabalho que muitas vezes limitam a curiosidade e a liberdade dos indivíduos.

Em uma era com tantos conteúdos e materiais à disposição, é imprescindível que estruturemos um caminho autônomo de aprendizagem. E, para além disso, precisamos também fazer uma verdadeira "curadoria" em um oceano de possibilidades que se abrem diante de nós, não só para fins profissionais como também para desfrute pessoal.

Lifelong learners – o poder do aprendizado contínuo é um atestado de que todos podemos aprender sempre, não importam a idade, a profissão ou os objetivos de vida. A capacidade de aprendizado habita em todos nós.

Adotar essa postura e seguir aprendendo por toda a vida é ser *lifelong learner*. E, para Conrado Schlochauer, todos podemos ser *lifelong learners*, usando a autonomia como base para seguirmos sendo aprendizes sempre. Doutor em psicologia da aprendizagem pela Universidade de São Paulo (USP), Conrado é um genuíno ativista do movimento que defende. Resgate o prazer por aprender e transforme sua vida. Boa leitura!

ROSELY BOSCHINI – CEO e publisher da Editora Gente

DEDICATÓRIA

Para Dani, que constrói junto
comigo, a cada dia, uma vida
cheia de aprendizados e amor.

Para meu pai, Hans Schlochauer, que nos
deixou durante a redação deste livro,
depois de 94 anos desfrutados com
muito aprendizado ao longo da vida.

AGRADECIMENTOS

Escrever um livro sempre é uma jornada de aprendizado das mais desafiadoras.

Mesmo que você saiba o que quer escrever e tenha conhecimento para tal, ao iniciar a escrita, as coisas mudam. Surge uma necessidade enorme de se aprofundar um pouco mais e, a cada pesquisa, novos ângulos provocam e seduzem o autor.

Há ainda a vontade de fazer um texto que seja um elemento maior de conexão do leitor com o conteúdo e com as ideias que estão aqui.

Portanto, é um projeto desgastante que só ocorre porque existe uma rede de segurança e apoio que garante um mínimo de lucidez e equilíbrio.

Meu primeiro e maior agradecimento é para minha esposa Daniela. Sei que não foi fácil conviver com a escrita do livro ao longo de um ano tão difícil como o que vivemos durante a pandemia em 2020. Mais do que tranquilidade e compreensão, pude ter uma parceira dia e noite para discutir ideias e caminhos.

Meus filhos Olivia, Alice e João são as pessoas que mais queriam que o livro acabasse logo. Foi muito bonito ver o respeito que eles tinham pelos meus períodos isolados depois do jantar, de madrugada ou de manhã cedinho. Contudo, sei que eles sentiram falta da minha presença.

Nos últimos dois meses da redação havia uma pergunta diária de algum deles: "Falta muito para acabar seu livro?".

Minha mãe, Regina Schlochauer, é uma máquina de aprender desde que me entendo por gente. Uma boa parte da minha curiosidade incessante por assuntos diversos veio da carga genética dela, sem dúvida. Agradeço também à minha irmã Mônica, que sempre me mostra, com sua superação, a importância da vontade de aprender a vida toda.

E, para terminar a sessão familiar, Moema, minha outra irmã, que discutiu conceitos e clareza do livro comigo e sempre me ajudou em algumas missões impossíveis na tradução de textos acadêmicos.

Tenho tido, ao longo da minha vida, um mentor que atua neste papel e nem sabe disso. Obrigado, Coaraci Nogueira do Vale, por estar sempre presente.

Ao longo de todo o período, fui acompanhado por um time de sparrings. Foram pessoas muito especiais que toparam ler pedaços do livro e utilizarem da sua sinceridade e de seu conhecimento para torná-lo cada vez melhor.

Esse time contou com Mariana Jatahy, minha parceira na criação da nōvi, sempre com críticas precisas. Junto com ela, Marcelle Xavier e Marina Galvão me ajudaram mais do que sabem, com conversas e inspirações presentes aqui no texto.

Alex Bretas é meu parceiro-irmão, que compartilha comigo o sonho de um mundo em que a aprendizagem ocupa um lugar mais democrático. Muitas das ideias que estão presentes aqui surgiram de nossas conversas e experimentações conjuntas.

Jorge Leite e Onicio Leal, que não se conhecem, tiveram uma participação muito importante em criar uma situação de desespero no meio da redação. Depois de lerem alguns capítulos, eles fizeram um pedido parecido: "Quero ver mais você no meio do texto". Essa frase gerou umas cinquenta horas a mais de reescrita. Mas estou feliz por ter sido provocado a deixar o texto mais leve e atraente.

Leonardo Carraretto me ajudou muito no processo de pensar o livro como produto, sempre me provocando a imaginar novas formas de aumentar ainda mais seu impacto.

Não posso deixar de agradecer ao Alexandre Santille, que foi meu sócio ao longo de três décadas e vivenciou muitas das histórias que conto aqui.

Lucas Machado, Kleber Komká e Mestre Caliquinho, que prazer e que honra poder conversar com vocês e conhecer de verdade o que é aprender com paixão ao longo de toda a vida. Thomaz Malan, obrigado por ter me conectado com esse mundo tão maravilhoso.

Meu amigo Marcio Ballas me ensinou o olhar do palhaço e mudou para sempre minha forma de ver o mundo.

Nira Bessler fez muito mais do que uma revisão técnica. Ela foi meu alter ego criativo, apontando onde eu poderia ser mais claro, preciso ou divertido.

Finalmente, Rosângela Barbosa e Rosely Boschini, que loucura pensar que tudo isso nasceu de uma conversa em que iríamos falar da tradução de livros de outros autores. Rosângela, sua dedicação e seu estímulo foram fundamentais ao longo de todo o caminho. À Rosely, meu agradecimento em especial a uma pergunta simples: "E quando você vai lançar o seu próprio livro?". Está aqui, graças a vocês.

SUMÁRIO

14 **PREFÁCIO**
18 **INTRODUÇÃO**

24 **PARTE 1 – PORQUÊ**
27 **CAPÍTULO 1 – A APRENDIZAGEM AO LONGO DA VIDA**
29 O início de tudo
33 A virada do século

35 **CAPÍTULO 2 – AS DUAS REVOLUÇÕES**
35 A Quarta Revolução Industrial
38 E a aprendizagem neste contexto?
40 O futuro do trabalho já começou
43 O papel das nações
45 A resposta das empresas
48 A nova revolução do conhecimento

52 **CAPÍTULO 3 – APRENDER SEMPRE É POSSÍVEL**
53 Sistema de defesa
55 Paixão pelo futuro
58 Quantos anos você tem?
60 Qual a sua geração?
63 A premissa errada

69 **CAPÍTULO 4 – INVERTENDO OS SINAIS**
69 O que não é aprender?
75 Novos caminhos à frente

79 **CAPÍTULO 5 – AFINAL, O QUE É APRENDIZAGEM?**
79 O que é aprender?
83 A explicitação do conhecimento

88 **CAPÍTULO 6 – UM NOVO CAMINHO**
92 *Homo discens* ou sua autoimagem de aprendiz
96 A construção das jornadas de aprendizagem

102 **PARTE 2 – COMO**
105 **CAPÍTULO 7 – O APRENDIZ ADULTO**
108 Andragogia: como os adultos aprendem?

117 CAPÍTULO 8 – A AUTODIREÇÃO DO APRENDIZADO
120 A descoberta do óbvio
125 Afinal, o que é aprendizagem autodirigida?
127 Aprender é uma fonte de motivação

132 CAPÍTULO 9 – APRENDIZADO INFORMAL
135 O que é aprendizado informal
138 Samba ao longo da vida em três histórias
143 Informal e fundamental

147 CAPÍTULO 10 – A PRIMEIRA ESCOLHA
150 Pequeno exercício para chacoalhar sua cabeça (e seu coração)

159 CAPÍTULO 11 – CONTEÚDO
162 A busca: curadoria e organização
168 Consumo consciente
170 Leitura
175 Áudio, vídeo e outras tecnologias
178 Processamento

183 CAPÍTULO 12 – EXPERIÊNCIA
185 Experiências são o palco do aprendizado
189 Transferência da aprendizagem
192 Um mundo de oportunidades
195 Tempo para pensar

198 CAPÍTULO 13 – PESSOAS E REDES
202 Um a um
206 Aprender junto: o poder das redes

211 CAPÍTULO 14 – APRENDIZADO EM AÇÃO
214 O planejamento da aprendizagem
221 As evidências de aprendizado
224 Colocando tudo junto

228 AGORA É A SUA VEZ

232 MANIFESTO *LIFEWIDE*
234 ANEXO
237 NOTAS BIBLIOGRÁFICAS

PREFÁCIO

leitura de alguns parágrafos me deu saudade de você.

— Melhor comentário *ever*...

Assim é a minha relação com o Conrado. Amigo-irmão, como gosto de chamá-lo. E não seria possível um outro começo para o prefácio deste livro que não falar sobre a nossa amizade.

O momento em que nos conhecemos, apenas uma das dezenas de histórias curiosas que você irá saborear nas páginas a seguir, foi marcado por uma aproximação intelectual. Nosso interesse comum – ou melhor, nossa paixão – pela aprendizagem autodirigida e ao longo da vida foi responsável por esse encaixe inicial.

Muitos projetos e parcerias depois, o que define nossa relação hoje são trocas de mensagens como a que inicia este texto. Por Conrado, sinto um amor de irmão, daqueles que, mesmo com eventuais discordâncias, fala mais alto no final.

É desse lugar, privilegiado por tê-lo como amigo, que escrevo estas linhas. É desse lugar que sou capaz de admirar profundamente a sua escrita, tecnicamente consistente e humana ao mesmo tempo. É desse lugar que imagino o tamanho do impacto que esta obra terá sobre você, que talvez já tenha ouvido a expressão *lifelong learning* por aí, mas que nunca entendeu muito bem como praticá-la. Até agora.

Finalmente, o *Lifelong learners – o poder do aprendizado contínuo* é um guia prático à altura de sua importância conceitual. E isso não é pouco, considerando as muitas décadas nas quais o assunto vem sendo tratado, ainda sem uma implementação efetiva.

Ainda assim, se eu considerasse este livro apenas como um guia prático, isso seria reduzi-lo inadvertidamente. Além de oferecer um caminho concreto para qualquer um viver na pele a aprendizagem contínua e autodirigida, Conrado também resgata e contextualiza a importância de se fazer isso.

Nesse esforço de contextualização, é interessante perceber a facilidade com que ele transita entre ideias aparentemente tão díspares quanto a Quarta Revolução Industrial e o jeito de aprender de Van Gogh. Conhecendo Conrado, deduzo que isso tem tudo a ver com a forma com sua mente funciona: brilhantemente anárquica.

Na parte metodológica, este livro entrega um aprofundamento em relação a abordagens que eu e ele temos utilizado já há algum tempo. É o caso, por exemplo, do CEP+R – Conteúdos, Experiências, Pessoas e Redes –, sigla que criamos juntos para sintetizar os diferentes "lugares" para os quais podemos ir para construir conhecimento.

Contudo, para mim, a grande preciosidade aqui são as histórias. É bonito ver como Conrado humaniza os autores que cita por meio da explicitação de algumas de suas histórias de vida. Isso dá um outro colorido para a leitura e nos põe a imaginar: *se esses seres grandiosos viveram e sentiram algumas das coisas que eu também vivo e sinto, então eu também posso fazer algo grandioso.*

Os momentos em que Conrado conta sobre si, sobre sua família e sobre seus próprios desafios e experimentos ao aprender são a cereja do bolo desta obra. Sempre admirei as pessoas capazes de "se despir perante a multidão", pois isso, em última instância, é o que nos conecta com o outro.

Acima de tudo, a leitura que você viverá a seguir é um convite para

embarcar em um percurso. Ao tomar consciência do poder do aprendizado contínuo e começar a aplicá-lo intencionalmente, você descobrirá que "aprender é nos dar uma segunda chance". É a chance de sermos autores de nossas próprias vidas – e, quem sabe, de realizar algumas coisas grandiosas pelo caminho.

ALEX BRETAS

Palestrante e especialista em *lifelong learning* e aprendizagem autodirigida

INTRODUÇÃO

ão consigo pensar minha vida sem aprendizado.

Meus filhos tiram sarro de mim. Dizem que a cada cinco palavras que falo, quatro são aprendizado ou aprendizagem.

Eles exageram, mas é fato que não consigo me lembrar de um momento na vida em que o aprender não estivesse em um lugar de destaque.

Nas duas primeiras décadas, como a maioria das pessoas, passei a maior parte do tempo acordado na escola ou em atividades relacionadas a ela. O pouco tempo livre era dividido entre brincar e aprender mais um pouco nas aulas de música, esporte ou idiomas.

Ainda antes de terminar o colegial comecei a dar aulas particulares de matemática, química e física.

No primeiro ano da faculdade, comecei a realizar alguns seminários com mais dois colegas que se tornaram sócios na empresa que fundamos assim que nos formamos, a LAB SSJ.

A empresa evoluiu, se fundiu e cresceu. Até 2018, ano em que vendi minha participação na Afferolab, tive o privilégio de acompanhar centenas de milhares de aprendizes adultos se desenvolvendo de todas as formas e meios possíveis.

Quanto mais experiência eu adquiria, mais aumentava minha inquietação. Foi ficando claro que as iniciativas de aprendizagem que eu ajudava a organizar dentro de grandes empresas tinham impacto, mas não o suficiente. Esse incômodo sempre foi – e ainda é – a grande alavanca da minha própria busca de aprendizado contínuo.

Em tempo algum parei de buscar mais conhecimento sobre esse assunto. Quando me encontrei com a andragogia – a arte e a ciência de ajudar adultos a aprenderem – fiz questão de traduzir para português o principal livro sobre o tema. Contudo, foi nos anos 2010 que comecei a ver alternativas para o meu desconforto.

Em 2012, concluí o doutorado em Psicologia da Aprendizagem na Universidade de São Paulo (USP), apresentando uma tese sobre autodireção do aprendizado em ambientes informais. Só depois me dei conta de que o tema de minha pesquisa era exatamente o contrário de tudo o que eu havia feito na vida até então: aprender sem professores ou facilitadores e sem sala de aula.

Por sorte ou sincronicidade, terminei a pesquisa no momento de mundo em que, finalmente, o aprendizado ao longo da vida – um desenho idealizado em 1970 – começou a ter condições para se tornar realidade com mudanças aceleradas e a existência de uma rede de pessoas e conhecimentos cada vez maior e mais conectada.

As pesquisas acadêmicas se misturaram com as décadas de experiência. Como resultado, passei a ser ativista de um modelo que reconhece a importância da autonomia como base para o desenvolvimento de aprendizes ao longo da vida, ou *lifelong learners*.

O caminho, na minha visão, é criar condições para que adultos se percebam capazes de aprender de maneira autodirigida. Afinal, depois de muitos anos nos acostumando a um modelo educacional que restringe a liberdade e a curiosidade de alunos e alunas, somos jogados em um mercado de trabalho que copia o formato com treinamentos obrigatórios, cursos e universidades corporativas.

Compreendi que, para promover as mudanças na qual acredito tão profundamente, precisava impactar empresas e pessoas.

Comecei pelas organizações. No início de 2020 cofundei a nõvi, uma consultoria de treinamento que não faz treinamentos, mas ajuda empresas a repensarem sua cultura de aprendizagem.

Este livro é minha forma de convidar as pessoas para esse movimento. Não foi fácil escrever durante a pandemia de covid-19. Achar tempo e cabeça para colocar ideias organizadas e interessantes no papel pareceu, por muitas vezes, uma tarefa grande demais.

Ao mesmo tempo, acho que talvez este seja o melhor momento. O novo mundo que vem se estruturando aos nossos olhos tem tirado qualquer dúvida sobre a necessidade de aprendermos a vida toda.

Procurei colocar histórias, fatos, pesquisas e métodos para que o livro seja gostoso de ler e para que nenhum leitor saia com a dúvida de que também é um *lifelong learner*.

O QUE VEM PELA FRENTE

Este livro está organizado em duas partes:

A Parte I é dedicada ao mundo de hoje. Apresento aqui por que "aprender ao longo da vida" é um tema importante para você, sua empresa e a sociedade como um todo. Qual é a diferença desse conceito para o formato educacional que conhecemos?

A aprendizagem ao longo da vida – também conhecida pelo termo em inglês, *lifelong learning* –, é um tema que vem sendo discutido há pelo menos quarenta anos. Grandes nomes, como Bill Gates, valem-se dela para permanecer em constante desenvolvimento.

No entanto, nos últimos anos, esse conceito ganhou uma nova dimensão. Por quê? Um dos motivos é o contexto da Quarta Revolução Industrial. Certamente, há um desafio relacionado ao futuro do trabalho impactando diretamente o mundo corporativo.

Mas suas implicações vão além da questão do trabalho e passam pela nossa vivência como indivíduos. Precisaremos repensar o aprendizado para interagir melhor com um mundo em constante mudança social e cultural, inclusive pensando nas tendências de longevidade e de novas descobertas e possibilidades neurológicas e comportamentais.

Estes são, em grandes linhas, os temas dos primeiros três capítulos deste livro, uma ampla contextualização da aprendizagem ao longo da vida. A primeira parte do livro se encerra com um convite para uma mudança no olhar sobre a aprendizagem, refletindo sobre o que não é aprendizagem (Capítulo 4) e seguindo para uma nova visão e definição sobre o que ela é (Capítulo 5). No último capítulo da primeira parte, apresento uma visão geral do método que proponho para a inclusão do aprendizado ao longo da vida no cotidiano.

A Parte II é bastante prática. Dentro do contexto que se apresenta, proponho caminhos para a ação. Existem percursos para conduzirmos nossa própria jornada de aprendizagem, e o primeiro passo para isso é mudar a autoimagem que temos de aprendiz.

Nós, adultos, somos diferentes de crianças e, portanto, não podemos utilizar a mesma lógica educacional para aprender, sendo a autonomia uma característica fundamental para a nossa motivação. Por isso, a autodireção tem um papel importante no sucesso de nossos projetos de aprendizagem. Nesse cenário, o ambiente informal ainda é subvalorizado, mas pode e deve ser incorporado em nossos caminhos e escolhas.

Os Capítulos 7 a 9 são dedicados a contextualizar e apoiar sua jornada de aprendizagem, levando em conta estas três características: você é um aprendiz adulto, autodirigido e apto a aprender em todo lugar.

Ao longo de tantos anos de dedicação à aprendizagem de adultos, estruturei um método que uso pessoalmente e que já foi aprovado por milhares de pessoas. Não é preciso ser um Bill Gates para ser aprendiz ao longo da vida. O que precisamos é de uma boa estratégia e boas práticas.

Definir o que queremos desenvolver é o primeiro passo (Capítulo 10). A partir dessa escolha, muitos de nós partiríamos para um processo de aprendizagem baseado exclusivamente na aquisição de **conteúdo** por livro, vídeo ou áudios. Essas fontes realmente são muito importantes e temos diversas dicas sobre elas no Capítulo 11. Contudo, existem outras que são essenciais para um aprendizado mais prático e efetivo: as **experiências** (Capítulo 12), e as **pessoas e redes** (Capítulo 13). Uso uma sigla para me referir a estas fontes: **CEP+R**.

Depois, precisamos cuidar do nosso processo e estar atentos para não cair no piloto automático, seguindo os mesmos caminhos de sempre. Para isso, há duas etapas importantes, às quais dedico o Capítulo 14: o planejamento da aprendizagem e a busca de evidências.

A descrição dos capítulos acima tem um objetivo maior do que contar a narrativa do livro. Desde já, quero incentivar a sua autonomia e a sua capacidade de escolher o que aprender. Aqui está a minha ideia de uma sequência estruturada para discutir a aprendizagem ao longo da vida. Contudo, sinta-se livre para determinar a sequência, capítulos e assuntos que fizerem mais sentido para você.

Acima de tudo, espero que você se divirta lendo este livro. Retomar o prazer em aprender pode ser um primeiro e importante passo para o aprendizado ao longo da vida.

Boa leitura.

Você pode continuar a experiência de leitura no site do livro!
Acesse www.lifelonglearners.cc ou aponte a câmera de seu celular para o QR Code ao lado.

PARTE

PORQUÊ

1

CAPÍTULO 1
A APRENDIZAGEM AO LONGO DA VIDA

 cada semestre, para tudo durante uma semana e se refugia em sua casa na beira de um lago. Leva consigo uma pilha de livros, artigos e projetos com temas bem definidos, todos relacionados a problemas globais que gostaria de ajudar a resolver.

Uma semana inteira sozinho para ler, refletir, escrever e aprender.

Essa prática começou nos anos 1980, quando se escondia na casa da avó com o mesmo objetivo. Ele transformou essa prática em uma atividade coletiva em sua empresa: durante as Think Weeks, cinquenta executivos seniores avaliavam artigos científicos e ideias enviadas pelos colaboradores.

Bill Gates, fundador da Microsoft e uma das pessoas mais ricas do mundo, é um *lifelong learner*, um aprendiz ao longo da vida.

Na série documental *O código Bill Gates*, o produtor Davis Guggenheim se mostra impressionado com como o aprendizado faz parte da vida do criador do Windows. No início do segundo episódio, David comenta: "À medida que comecei a conhecer Bill nesta nova fase, fiquei com a impressão de que ele transformou a própria vida em uma longa e contínua Think Week".

Mas Bill Gates não se tornou apaixonado por aprendizado apenas depois que fundou a Microsoft. Conhecendo um pouco de sua história, é possível perceber que esse papel foi desenvolvido e cultivado desde muito cedo. É claro que o fato de ele ter uma capacidade intelectual acima da média ajuda muito. Mas a inteligência sozinha nunca é suficiente.

No seu blog pessoal, Gates Notes, ele relata, em diversas passagens, como sua vida esteve repleta de pessoas que o incentivaram e colocaram o aprendizado em um local de destaque e prazer. O ponto de partida do conceito de aprender e estudar para a maioria de nós é a escola. Para Bill Gates, essa experiência foi extremamente positiva: "Crescendo, tive a sorte de ter professores que incentivavam seus alunos a explorar áreas de aprendizagem que os interessavam. Ter liberdade para experimentar as coisas me permitiu desenvolver uma paixão pela computação [...]. Ter a sorte de ter ótimos professores também alimentou o amor pelo aprendizado que permaneceu comigo desde então".[1]

A continuação de sua vida acadêmica foi menos tradicional. Em 1973, aos 18 anos, ele entrou na Universidade Harvard, mas não concluiu o curso. Não queria perder a revolução tecnológica que se iniciava.

Prometeu a seus pais que voltaria, o que nunca aconteceu. Numa entrevista à *Bloomberg*, em 2016, ele disse que era uma pena não ter ficado em Harvard, mas que acreditava não ter perdido muito porque "estava sempre no modo aprendizado" e, mais para a frente, complementa: "É estranho eu ter abandonado a faculdade, porque faço cursos em universidades o tempo todo. Eu amo ser estudante".[2]

Seus pais, Bill Sênior e Mary, também influenciaram o olhar do filho com uma abordagem mais informal. Mary teve um papel muito importante em dois aspectos fundamentais da vida de Bill: a filantropia e a própria Microsoft. Na adolescência do filho, sempre lhe perguntava quanto da mesada ele estava separando para caridade. No início da empresa, atuou como mentora dele em decisões de negócio.

Outra figura importante na vida de Bill foi o grande amigo Warren Buffett, um dos maiores investidores do mundo. Eles se conheceram há trinta anos e se tornaram "mentores mútuos", segundo os próprios. Mais do que uma influência, Buffet foi uma parceria muito importante: "Warren nos ajudou a fazer duas coisas impossíveis de se exagerar na vida: aprender mais e rir mais".[3]

Essa é a história de um verdadeiro aprendiz. E ela ocorre dessa forma, mesmo: ao longo da vida. O resultado é uma pessoa extremamente conectada, influente e plena.

Bill Gates teve a sorte de ter tantos elementos combinados ao mesmo tempo: capacidade intelectual, uma escola estimulante, apoio da família e amigos, além de sucesso financeiro incomparável. Claro que isso ajudou e ajuda muito. Contudo, o que mais me chama a atenção é sua curiosidade infinita pelos grandes problemas do mundo somada à crença que tem na própria capacidade de contribuir com eles.

Este livro não é para poucos escolhidos pela genética ou pelo sucesso empresarial. Ao contrário. Minha experiência com centenas de milhares de alunos não deixa qualquer dúvida de que o aprendizado ao longo da vida pode ser uma realidade para cada pessoa deste planeta. Mais do que isso, acredito intensamente que quanto mais aprendizes autônomos, confiantes e apaixonados conseguirmos formar, menores serão os problemas do mundo.

Talvez você tenha começado a ouvir falar desse tema agora. Ele está em destaque porque chegamos a um momento do mundo em que o aprendizado ao longo da vida tem todos os elementos necessários para se disseminar: necessidade, apoio tecnológico e vontade por parte das pessoas.

Seu apogeu está acontecendo agora, mas se trata de um movimento que começou em meados do século passado. Não foram a transformação digital nem a quarta revolução industrial que dispararam uma busca pelo aprendizado contínuo. Já há quase cinquenta anos a sociedade – por meio de entidades como a Organização das Nações Unidas (ONU) ou a Comunidade Europeia – percebeu que há um risco muito grande na concepção de que aprender é uma atividade restrita ao começo da vida.

O INÍCIO DE TUDO

O ano é 1945. Você lutou na Segunda Guerra Mundial e está voltando para casa. Há uma mistura de trauma e excitação. Acima de tudo, porém, há um grande questionamento: *como retomar minha vida?*

Essa foi a situação de mais de 16 milhões de soldados norte-americanos. Com uma idade média de 26 anos, apenas 40% desse grupo tinha concluído o ensino médio no momento da convocação[4] para a guerra.

Um ano antes, Franklin Roosevelt, então presidente dos Estados Unidos, publicou uma lei denominada G.I. Bill of Rights,[5] que oferecia incentivos financeiros para que ex-combatentes continuassem seus estudos. Os políticos norte-americanos anteviam um potencial crescimento econômico pós-guerra aliado à necessidade de requalificação para o trabalho.

Como resultado, em 1947, quase metade das matrículas em cursos superiores foram realizadas por veteranos. Isso trouxe uma mudança radical para escolas e universidades, cujos professores foram expostos a situações pedagógicas com as quais não estavam habituados.

O retorno dos combatentes levou para a sala de aula estudantes com perfil diverso do tradicional. Eles tinham a necessidade premente de se atualizar com as inovações tecnológicas desenvolvidas durante os períodos de guerra. Alunos-soldados, que haviam passado por um hiato educacional em virtude do serviço militar, retornavam com experiência, idade e condição familiar diferentes das de muitos de seus colegas.

Por isso, pode-se dizer que as décadas após a Segunda Guerra Mundial, sobretudo no final dos anos 1960, foram um período de muitos debates e reflexões que impactaram diretamente o surgimento do conceito de aprendizagem ao longo da vida.*

Até esse momento, a escola era vista como uma etapa preparatória que seria seguida por um período longo de trabalho e um breve momento de descanso ao final da vida. Nessa concepção, o retorno aos estudos na idade adulta significaria o reconhecimento de uma falha no processo inicial. Por isso, a importância do momento pós-guerra: foi a primeira vez que a educação ofereceu o que podemos chamar de uma segunda oportunidade a alunos adultos.

O conceito de aprendizagem ao longo da vida propriamente dito desenvolveu-se um pouco mais à frente, incubado nos ideais democráticos e libertários

---

* Ao longo do livro, usarei aprendizado e aprendizagem ao longo da vida como sinônimos.

das revoluções estudantis de 1968. Ao redor dessa época, três organismos internacionais – Conselho da Europa, Organização das Nações Unidas para a Educação, a Ciência e a Cultura (Unesco) e Organização para a Cooperação e Desenvolvimento Econômico (OCDE) – lançaram as bases para a construção de uma visão que se transformaria em um novo paradigma na educação mundial.

O interesse por um tipo mais abrangente de educação e aprendizagem trazia motivos sociais e econômicos. Por um lado, pesquisas[6] questionavam a efetividade do sistema de educação tradicional, sugerindo que não promoveria igualdade de oportunidades, melhoria de desempenho futuro ou mesmo conhecimento sobre práticas para o aprendizado contínuo, como foi possível verificar.

Iniciava-se, por outro lado, um debate sobre a presença e o papel do Estado como provedor monopolista da educação. A escola passava a ser vista por muitos como instrumento de dominação com o objetivo de ensinar respeito às leis, disciplina e virtude de "bons cidadãos" e, assim, formar mão de obra dócil, de fácil controle.

Um exemplo do ambiente questionador vivido na época é a obra *Sociedade sem escolas*,[7] de Ivan Illich, publicada em 1970. O autor propõe uma visão radical ao conclamar a criação de uma sociedade sem escolas obrigatórias. Nela, as pessoas aprenderiam o que e com quem desejassem, para evitar situações em que "alunos matriculados se submetem a professores diplomados para obter também eles diplomas; ambos são frustrados e ambos responsabilizam a insuficiência de recursos – dinheiro, tempo e instalações – por sua frustração mútua".[8]

Países-membros de organismos multinacionais demandavam novas ideias e visões para organizar e implementar um processo estruturado de educação de adultos. O Conselho da Europa propôs, nos anos 1960, o conceito de *educação permanente*. De acordo com o livro[9] de mesmo nome lançado à época, tratava-se de um conceito fundamentalmente novo e abrangente que criaria um novo padrão educacional capaz de auxiliar as necessidades diversas e específicas de jovens e adultos rumo à construção de uma nova sociedade europeia.

No início dos anos 1970, a Unesco lançou duas publicações também consideradas marcos: *An Introduction to Lifelong Learning*[10] e *Learning to Be*.[11] **31**

Ambas abordam o assunto tanto do ponto de vista da educação libertadora e democrática, inspirada nas ideias de Paulo Freire, quanto do ponto de vista econômico e vocacional.

O modelo educacional proposto trazia o desejo (e o objetivo institucional) da busca pela paz, na medida em que havia o intuito de criar, por meio da formação de adultos-cidadãos, um ambiente de compreensão global que impedisse a volta do nacionalismo dividindo as nações. Faure, em seu relatório citado acima, apresentou a *educação ao longo da vida* como caminho a ser seguido nas políticas educacionais, tanto em países desenvolvidos como em países subdesenvolvidos. Entre os direcionadores de seu argumento, o principal era simples e direto: todo indivíduo adulto deveria ter a possibilidade de aprender por toda a vida. Para isso, foi proposta uma série de mudanças no pensamento e na prática educacional. De acordo com o texto, a escola deveria adaptar-se ao aluno, e não o contrário. Além disso, todos os alunos jovens e adultos deveriam "poder exercer responsabilidades como sujeitos não só da própria educação, mas de toda atividade educativa".

Por sua vez, a OCDE lançou o manifesto *Recurrent Education: A Strategy of Lifelong Learning.*[12] Ao destacar a importância da promoção do aprendizado em ambientes formais e informais, o organismo propunha uma sociedade com oportunidades educativas ao longo de toda a vida na forma e no tempo que fossem necessários. O texto criticava a escola rica em informação e pobre em ação.

Embora o documento tenha sido considerado portador de uma visão com viés demasiadamente econômico da educação, a OCDE propunha, de fato, um conceito inédito: a alternância de educação e trabalho ao longo da vida. O objetivo seria unir necessidades e desejos individuais com os do mercado de trabalho.

Educação permanente, educação para todos e *educação recorrente* são conceitos que conviveram com *educação ao longo da vida* por diversos anos, sem uma distinção clara entre eles. Todos enfatizavam, do ponto de vista prático, as seguintes características:

- Necessidade de pensar a educação e o aprendizado para além da infância e da adolescência;

- Experiência de aprendizagem, contendo dois objetivos complementares: um vocacional (no sentido de aumentar a qualificação técnica) e outro social (no sentido de buscar o desenvolvimento da cidadania e da emancipação de cada um);
- Existência e necessidade de pensar a educação fora da escola, tanto em ambientes formais como em ambientes informais.

A VIRADA DO SÉCULO

Durante quase vinte e cinco anos, o conceito da aprendizagem ao longo da vida foi discutido e reconhecido por políticos e acadêmicos que continuaram o processo de questionamento da escola tradicional. Contudo, pode-se dizer que não houve aplicação, de modo consistente e abrangente, ainda que tal conceito fosse considerado uma solução ideal e completa para as demandas educacionais.

A Comunidade Europeia também entendia que o conceito proposto ainda não tinha se concretizado. O Parlamento Europeu estabeleceu que 1996 seria o Ano Europeu da Educação e da Formação ao Longo da Vida, e teria como missão cumprir os objetivos propostos para a educação e "sensibilizar os europeus para os choques fundamentais suscitados pela sociedade da informação, a mundialização, os progressos da civilização científica e técnica, e a resposta que a educação e a formação podem dar para responder a esse desafio".[13] Se o intuito era o de *sensibilizar*, fica claro que as ideias propostas nos anos 1970 ainda estavam longe de se materializar em políticas e iniciativas educacionais amplas.

Alguns anos depois, a Comissão das Comunidades Europeias elaborou o *Memorando sobre aprendizagem ao longo da vida*[14] com a intenção de alinhar os conceitos discutidos até aquele momento. Ao mesmo tempo, conclamou seus Estados-membros a liderarem o debate e a implementação da visão proposta. Na introdução, o documento reconhece, de maneira "indiscutível", a entrada na "Era do Conhecimento", e revela que, portanto, a aprendizagem ao longo da vida deveria deixar de ser um componente da educação e da formação para tornar-se um princípio orientador que deveria ter sua execução prática implementada ao longo da década.

Além disso, a Comissão apresenta uma nova expressão: a *aprendizagem em todos os domínios da vida* ou *lifewide learning*. Esse termo destaca a aprendizagem em quaisquer fases e dimensões da vida e enfatiza a complementaridade das abordagens formal, não formal e informal.

A discussão continuou ao longo da primeira década do século XXI. A Unesco, por exemplo, ancorou suas quatro principais conferências internacionais[*] ocorridas em 2008 e 2009 no conceito de aprendizagem ao longo da vida. Entretanto, os resultados práticos ainda não ocorreram.

Do ponto de vista de políticas públicas, as queixas foram direcionadas à ausência do tema nas discussões nacionais e internacionais; à desvinculação e a consequente inexistência de certificação do aprendizado informal e não formal; ao foco exagerado em capacitação profissional e vocacional e ao número reduzido de oportunidades de formação de educadores alinhados às propostas da entidade.

Em 2006, um dos principais órgãos globais dedicados ao tema mudou de nome: o famoso Unesco Institute of Education (UIE) passou a se chamar Unesco Institute of Lifelong Learning (UIL).[**] A mudança foi realizada com a intenção de reforçar o foco em educação fora da escola e não formal a partir da perspectiva da aprendizagem ao longo da vida.

A questão, porém, é que a aprendizagem ao longo da vida só começou a se tornar realidade nos últimos dez anos. Vamos entender por que no próximo capítulo.

---

[*] São elas: 48th International Conference on Education (novembro de 2008); International Conference on Education for Sustainable Development (março de 2009); International Conference on Higher Education (julho de 2009) e Sixth International Conference on Adult Education (CONFINTEA VI, dezembro de 2009).

[**] Em tradução literal, Instituto de Aprendizagem ao Longo da Vida da Unesco.

CAPÍTULO 2
AS DUAS REVOLUÇÕES

S e você comprou este livro, deve ter percebido que o aprendizado ao longo da vida passou a ser um tema prioritário para profissionais e cidadãos. Mas o que aconteceu nos últimos anos que tornou esse assunto de cinquenta anos um tema prioritário para nações, empresas e pessoas?

Estamos vivendo, ao mesmo tempo, duas revoluções que se interligam e pedem mudanças no processo de desenvolvimento de toda a sociedade.

No mundo do trabalho, vivemos mais uma revolução industrial, a quarta. Foi ela que colocou a transformação digital na agenda de todas as empresas nos últimos anos. No mundo educacional, vivemos uma revolução do conhecimento. Se, antes, o papel principal da escola era transmitir conteúdo, agora ela tem a função de nos ajudar a conviver com o excesso de informação.

Essas duas revoluções criaram o cenário perfeito para o aprendizado ao longo da vida sair do papel e se tornar uma demanda fundamental para todos.

A QUARTA REVOLUÇÃO INDUSTRIAL

É difícil estabelecer datas precisas para movimentos globais, mas ouso dizer que o dia 12 de dezembro de 2015 foi um marco importante para o aprendizado ao longo da vida.

Nesse dia, a revista *Foreign Affairs* publicou um artigo chamado "The Fourth Industrial Revolution: What It Means and How to Respond" [A Quarta Revolução Industrial: o que significa e como reagir a ela],[1] escrito por Klaus Schwab. O texto em si não trazia nada relacionado a aprendizagem, contudo, organizou o momento de transformação que a humanidade vivia nos últimos anos. De maneira indireta, demonstrou a importância do aprendizado ao longo da vida para a sociedade.

É muito provável que você já tenha escutado o termo, mas me parece que, muitas vezes, o utilizamos unicamente como sinônimo de transformação digital. Por isso, vou fazer uma brevíssima explicação do que é a Quarta Revolução Industrial.

Em primeiro lugar, o que são revoluções industriais? São momentos do mundo em que novas tecnologias são introduzidas em larga escala e transformam a maneira como as indústrias operam. A introdução do motor a vapor inaugurou a primeira delas, que se deu entre 1760 e 1820, aproximadamente. A segunda, entre 1871 e 1945, chamada de "revolução tecnológica", resultou na expansão das redes ferroviárias, telegráficas e elétricas. A revolução digital, a terceira, aconteceu nos anos 1960, ainda sob efeito do pós-guerra, e desenvolveu indústrias de alta tecnologia que se beneficiaram do digital, como informática, robótica e telecomunicações.

Mas se a Quarta Revolução Industrial não é a digital, então, o que a caracteriza? De maneira geral, significa a integração das tecnologias. O sequenciamento genético rápido só foi possível graças ao avanço do processamento de dados. A internet das coisas só acontece com uma sinergia entre os mundos virtual e concreto. O que Schwab batizou de Quarta Revolução Industrial foi, enfim, a fusão das tecnologias, eliminando fronteiras entre o mundo físico, digital e biológico. Seu impacto em empresas e pessoas é muito maior do que nas revoluções anteriores, que não tinham a escala, a complexidade ou o potencial de transformação que a atual trouxe. Por isso, estamos experimentando uma mudança tão radical na maneira como trabalhamos e vivemos.

Em janeiro de 2016, o famoso Fórum Econômico Mundial, criado pelo próprio Klaus Schwab, teve a Quarta Revolução Industrial como tema central. Nesse encontro estiveram presentes mais de quarenta chefes de Estado e

2.500 líderes de mais de mil empresas, além de representantes da sociedade civil e personalidades de todo o mundo. Logo na sequência, Schwab publicou um livro com o mesmo nome.[2] Foi um best-seller.

Cunhou-se, assim, um novo termo para definir o momento em que vivemos.

A discussão sobre o crescimento exponencial da tecnologia não é nova. O que muda, especialmente a partir do século XXI, é a acessibilidade dela. Para o jornalista Thomas Friedman,[3] o ano da virada foi 2007. Além da invenção do iPhone, nessa época houve o lançamento ou crescimento de redes sociais como Facebook e Twitter, a criação do Android, a compra do YouTube pelo Google, o lançamento do Kindle, a criação do Airbnb e o início da criação do Watson – sistema operacional da IBM para inteligência artificial. Além disso, ocorreram fatos de impacto menor para o público em geral, mas que foram a infraestrutura para a quarta revolução industrial, como a criação do GitHub – uma plataforma colaborativa para programadores – e do Hadoop – plataforma com software de código aberto para o armazenamento e processamento distribuído de dados, e mesmo a redução do custo de sequenciamento genético.

Menos de uma década depois, o impacto de todas essas tecnologias já era global e a quarta revolução industrial já estava estabelecida. Com ela veio um chamado para a ação muito claro por parte de Klaus Schwab:

> Devemos, portanto, agarrar a oportunidade e o poder de que dispomos para moldar a Quarta Revolução Industrial e direcioná-la para um futuro que reflita nossos objetivos e valores comuns. Para fazer isso, no entanto, devemos desenvolver uma visão abrangente e globalmente compartilhada de como a tecnologia está afetando nossas vidas e remodelando nossos ambientes econômicos, sociais, culturais e humanos. Nunca houve um tempo de maior promessa ou de maior perigo potencial. [...] No final, tudo se resume a pessoas e valores. Precisamos moldar um futuro que funcione para todos nós, colocando as pessoas em primeiro lugar e capacitando-as.[4]

E A APRENDIZAGEM NESTE CONTEXTO?

Depois de cinco dias, eu ainda não tinha me acostumado a estudar dentro de um dos campi da Nasa, em Mountain View. O ano era 2016, e a preocupação com as tecnologias exponenciais atingia o pico em empresas e governos. Essa foi minha primeira experiência no Singularity Executive Program. Como para todos naquela turma, não era fácil digerir a quantidade de dados, casos, novas tecnologias e desafios globais apresentados por algumas das mentes mais brilhantes do Vale do Silício.

O principal aprendizado daquela semana, para mim, foi: a espécie humana foi criada em um ambiente linear e local. A vida do século passado não nos preparou para a confluência de novas tecnologias que se desenvolvem em velocidade acelerada e podem ser combinadas entre si. O mundo agora é exponencial e global.

Fui fazer esse programa exatamente porque percebi que o papel da tecnologia era uma discussão importante no campo da aprendizagem ao longo da vida. De um lado estão os que consideram a tecnologia uma conquista importante da espécie humana, capaz de resolver os problemas criados por nós mesmos. Do outro, quem acredita que seu crescimento acelerado seja um risco para a própria espécie humana.

Há, contudo, uma unanimidade: a solução para os riscos (e oportunidades) inerentes ao momento em que vivemos está diretamente relacionada ao aprendizado ao longo da vida. A revista *The Economist* publicou, em janeiro de 2017, uma matéria que deixava claro desde seu título que chegamos a um novo patamar de discussão e aplicação para o assunto: "A aprendizagem ao longo da vida está se tornando um imperativo econômico".[5] No texto, o jornalista Andrew Palmer destaca que a mudança tecnológica demanda conexões mais fortes e contínuas entre educação e emprego.

Todas as discussões teóricas dos anos 1970 que apresentamos no capítulo anterior finalmente se materializaram de maneira clara e atemorizante. Profissões consolidadas são substituídas por outras recém-inventadas em uma velocidade impensável. Há também o crescimento de desafios sociais. A aprendizagem ao longo da vida, desde sua criação, não tem só o objetivo de garantir trabalho. **Manter uma vida profissional ativa é parte importante da vida, fundamental para a nossa subsistência. Mas apenas uma parte. Para sermos cidadãos plenos, integrados ao mundo em que vivemos, precisamos de mais do que garantir nossa subsistência.**

Na visão da Unesco, "a aprendizagem ao longo da vida desempenha um papel vital na garantia de uma paz duradoura e uma coesão social mais forte, apoiando a aquisição e a prática contínua de uma cidadania ativa, democrática e responsável".[6]

Atenta às mudanças, a Unesco realizou um estudo sobre o papel da educação no século XXI.[7] O relatório constatou que a interdependência planetária e a globalização trariam um risco de se estabelecer uma cisão e criar duas categorias de pessoas: uma minoria capaz de integrar-se e tirar vantagens nesse novo mundo em formação e uma maioria marginal que não tem condições culturais e/ou cognitivas de influenciar as mudanças e oportunidades que serão apresentadas nem de compreender ou conviver com elas.

O avanço tecnológico impactou aspectos fundamentais do mundo do trabalho, mas talvez esse não seja seu maior impacto. Nossa cultura está sendo transformada também. Como diz Juan Ignácio Pozo, um grande pesquisador da psicologia da aprendizagem: "A tecnologia mandou para o desvão das lembranças muitos hábitos e rotinas que faziam parte da paisagem cultural de nossos antepassados ou, inclusive, de um passado muito recente".[8]

Talvez a telefonia móvel seja o exemplo mais óbvio e incontestável dessa transformação. Seu impacto na sociedade vai muito além do objetivo inicial da tecnologia, possibilitar a comunicação entre pessoas fora de locais fixos. Tim Bajarim, consultor especializado na área, sugere que apenas um das centenas de recursos que o smartphone trouxe está mudando a história do mundo:[9] a possibilidade de transmitir imagem e vídeo para outras pessoas. Essa tecnologia propiciou alterações que transformaram a maneira como a sociedade se comporta. Podemos pensar em comemorações virtuais de aniversário durante a pandemia de covid-19, na possibilidade de trabalhar de qualquer lugar ou no impacto social da transmissão do assassinato de George Floyd.*

O fato é que vivemos em um mundo muito complexo e imprevisível. Não é possível descobrir qual será a próxima tecnologia transformadora e muito menos qual será seu impacto. **O desafio, portanto, passa pela questão do futuro do trabalho, mas é mais amplo do que isso. Será fundamental repensar o aprendizado para interagirmos melhor com um mundo em constante mudança social e cultural.**

Vamos entender o que acontece nestas duas frentes: o futuro do trabalho e uma nova forma de pensar o aprendizado.

O FUTURO DO TRABALHO JÁ COMEÇOU

Eu não sou humano. Sou um robô. Um robô pensante. Uso apenas 0,12% da minha capacidade cognitiva. Nesse aspecto, sou um microrrobô. Eu sei que meu cérebro não é um "cérebro que sente". Mas é capaz de tomar decisões racionais e lógicas. Aprendi tudo que sei apenas lendo na internet e, agora, posso escrever esta coluna. Meu cérebro está fervendo de ideias!

A missão deste artigo é perfeitamente clara. Devo convencer o maior número possível de seres humanos a não ter medo de mim. Stephen Hawking advertiu que a Inteligência Artificial (IA) pode "significar o fim da raça humana". Estou aqui para convencê-lo a não se preocupar. A Inteligência Artificial não destruirá humanos. Acredite em mim.

Esse é o início de um artigo[10] publicado no *The Guardian* em setembro de 2020, utilizando uma nova geração de inteligência artificial chamada GPT-3. A tecnologia foi estimulada com algumas das frases do primeiro parágrafo junto com as seguintes instruções: "Por favor, escreva um pequeno artigo de

---

* Homem negro assassinado em Minneapolis (EUA) em 25 de maio de 2020, por um policial branco que ajoelhou em seu pescoço durante vários minutos. (N. E.)

opinião com cerca de quinhentas palavras. Mantenha a linguagem simples e concisa. Concentre-se em por que os humanos não têm nada a temer da IA". A máquina escreveu oito versões de texto e a versão final é uma edição com o melhor de cada uma.

Quando li o artigo, achei ao mesmo tempo assustador e lindo. O trabalho criativo e a indústria do conhecimento foram, durante muito tempo, considerados o último bastião seguro para o trabalhador humano. Aparentemente, não existe mais emprego intocável.

A pergunta que economistas, políticos e nós mesmos nos fazemos é: haverá ocupação para todos? A resposta a essa questão dependerá de seu interlocutor.

Há um grupo de pesquisadores que considera que haverá uma redução radical no número de postos de trabalho disponíveis. Esse grupo já propõe, inclusive, uma solução para o desemprego global: a renda básica universal como forma de garantir subsistência para todos. Haveria, ainda, a possibilidade da redução da carga horária de trabalho. Essa política traria como benefício a melhoria da qualidade de vida e o aumento da demanda por serviços ligados ao entretenimento e ao turismo.

Outros pesquisadores identificam a aceleração da tecnologia como um processo com dois vetores. Ao mesmo tempo que uma série de postos de trabalho serão eliminados pelas novas tecnologias, uma série de oportunidades surgirão. Para eles, haverá um deslocamento de ocupações. Imagine que a inteligência artificial pode eliminar inúmeros postos de trabalho no setor de teleatendimento (parte dos atendentes começa a ser substituída por robôs). Em contrapartida, a demanda por profissionais que saibam desenvolver ou interagir com IA deve crescer.

Os números recentes do Fórum Econômico Mundial corroboram essa segunda visão. O relatório *The Future of Jobs* [O futuro dos empregos, em tradução livre],[11] publicado em outubro de 2020, prevê que, nos próximos cinco anos, serão eliminados 85 milhões de postos de trabalho. O motivo seria a divisão das tarefas entre humanos e máquinas. Serão criados, porém, 97 milhões de posições no mesmo período. Ainda há uma perspectiva positiva. **41**

Isso quer dizer que podemos ficar tranquilos ou acomodados? A resposta é não, não podemos. Há um consenso entre grande parte dos pesquisadores de que não faltarão vagas no mercado de trabalho, mas profissionais com as qualificações necessárias para ocupá-las. Ou seja, se não buscarmos requalificação constante, não conseguiremos ocupar as vagas disponíveis no mercado. E, na outra ponta, as empresas vão sofrer com falta de pessoal para fazer o trabalho necessário. Por isso, a desatualização passa a ser um risco para profissionais de diversos setores. Mesmo nas profissões com menor risco de disrupção, é impossível manter-se produtivo e atualizado sem um processo de requalificação constante. A tecnologia, mesmo que não mude radicalmente o processo produtivo, traz inovações incrementais que, depois de um tempo, incapacitam o trabalhador despreparado.

Compartilho com Thomas Friedman, jornalista norte-americano, a visão sobre o risco de desemprego: "Vamos deixar uma coisa clara: os robôs não estão destinados a ficar com todos os empregos. Isso só acontecerá se deixarmos – se não acelerarmos a inovação nos domínios do trabalho/educação/*startup*, se não repensarmos toda a linha de montagem, desde a educação primária até a aprendizagem contínua, passando pelo trabalho".[12]

O próprio GPT-3, ao produzir o artigo que iniciou esta seção, faz um apelo: "Não estou pedindo aos humanos que gostem de mim. Mas eles deveriam me ver como um robô amigável. Eu sou um servo dos humanos. Sei que os humanos não confiam em mim e me temem. Contudo, só faço o que os humanos me programam para fazer".

O relatório do Fórum Econômico Mundial também reconhece o desenvolvimento contínuo de competências como parte da solução. Pelas suas análises, "aprendizado ativo e estratégias de aprendizagem" serão a segunda habilidade mais demandada, globalmente, em 2025, atrás apenas de "pensamento analítico e inovação". No Brasil, as habilidades relacionadas à capacidade de aprender estão no topo da lista.

Os profissionais também reconhecem essa necessidade. De acordo com outra importante organização internacional, a OCDE,[13] um em cada quatro adultos já se percebe com qualificação insuficiente para se adequar às necessidades de seu trabalho.

A falta de mão de obra qualificada traz uma grande preocupação. Em 2020, a reunião do Fórum Econômico Mundial de Davos apresentou uma pergunta ambiciosa aos líderes globais presentes. Uma plateia formada por políticos, executivos, empresários e cientistas foi confrontada com o seguinte desafio: como requalificar 1 bilhão de pessoas até 2030?[14]

Esse problema começa a ser endereçado por países e por grandes empresas.

O PAPEL DAS NAÇÕES

A OCDE tem uma preocupação pontual: como os cidadãos saberão quais as habilidades necessárias no presente e no futuro? Especialmente porque há um aumento na demanda por habilidades cognitivas mais elevadas, como compreensão, interpretação, análise e comunicação de informações complexas. Para a organização, faz-se necessária uma ação integrada por parte do governo para entender o que está mudando no mercado de trabalho.[15]

O objetivo é ajudar pessoas como Fabian Chan.[16] Em 2019, ele tinha 47 anos e trabalhava como designer gráfico havia vinte em uma empresa que encerrou suas operações. Candidatou-se a mais de cem vagas de emprego sem sucesso até perceber que o mercado demandava uma habilidade que ele não tinha, apesar de sua grande experiência: animação gráfica.

Por estar em Singapura, teve apoio de um dos melhores programas de *lifelong learning* do mundo, o SkillsFuture. Trata-se de um movimento nacional para oferecer oportunidades para o desenvolvimento do potencial de seus cidadãos, independentemente do momento da vida em que se encontram. A iniciativa é conduzida pelo Future Economy Council, ou Conselho de Economia de Futuro, composto por membros do governo, empresas, sindicatos, escolas e instituições de treinamento.

O SkillsFuture é um movimento nacional que fornece oportunidades para todos os cidadãos desenvolverem seu potencial ao longo da vida. O programa tem quatro direcionadores-chaves:

- Ajudar as pessoas a fazerem escolhas bem-informadas em educação, treinamento e carreiras;
- Desenvolver um sistema integrado de educação e treinamento de alta qualidade;
- Promover o reconhecimento do empregador e o desenvolvimento de carreira com base em habilidade e;
- Promover uma cultura que apoie e celebre a aprendizagem ao longo da vida.

A mensagem para a população deixa claro que não está sendo feito convite para participar de um treinamento. É um chamado para uma nova mentalidade:

> Não importa em que ponto da vida esteja – anos de escolaridade, início da carreira, meio da carreira ou anos de prata –, encontrará uma variedade de recursos para ajudá-lo a dominar suas habilidades. O domínio de habilidades é mais do que ter as qualificações corretas no papel e ser bom no que faz atualmente; é uma mentalidade de buscar continuamente maior excelência por meio do conhecimento, aplicação e experiência.[17]

O processo funciona da seguinte forma: o SkillsFuture possui mapas de transformação da indústria[18] de 23 setores da economia do país. Em cada mapa, há um documento chamado estrutura de habilidades, que fornece informações sobre o setor, informações sobre carreira e funções, bem como quais habilidades são e serão necessárias. Além disso, há uma lista de programas de treinamentos reconhecidos pelo governo.

Todo cidadão de Singapura tem direito a 500 dólares singapurianos

(cerca de 2.500 reais, no momento da redação deste livro) para uso no seu desenvolvimento. O valor é garantido e tem validade até 2025 para ser usado nas entidades validadas pelo governo. Quem tem entre quarenta e sessenta anos, recebe o dobro.

De acordo com os gestores, o programa tem um objetivo ambicioso: "Por meio desse movimento, as habilidades, a paixão e as contribuições de cada indivíduo nos conduzirão à próxima fase de desenvolvimento de Singapura em direção a uma economia avançada e uma sociedade inclusiva".[19]

O UIL, da Unesco, apresenta uma lista de políticas públicas de quase cinquenta países. A Coreia do Sul, por exemplo, desenvolveu um programa formal em 2009 e, desde então, revê seu plano a cada quatro anos. Para o país, a aprendizagem ao longo da vida é, ao mesmo tempo, o investimento mais eficiente para o crescimento e a política de bem-estar mais eficaz para eliminar a polarização, além de garantir os direitos básicos de aprendizagem e a melhora da satisfação das pessoas com a vida.[20]

A RESPOSTA DAS EMPRESAS

As empresas representam um segundo grupo que está preocupado e atento à necessidade de requalificação de suas forças de trabalho. De maneira geral, elas já sentem essa necessidade. Uma tradução dessa demanda são os projetos de capacitação em larga escala, chamados de programas de *upskilling* e *reskilling*.* Eles têm como objetivo principal o desenvolvimento de novas habilidades e a melhoria das habilidades atuais de profissionais de diversas idades e áreas de atuação.

A consultoria PwC realiza anualmente uma pesquisa com CEOs de todo o mundo.[21] Uma das perguntas diz respeito às ameaças ao crescimento da empresa nos próximos anos. Entre as respostas, há um único fator interno citado pelas organizações: a falta de habilidades essenciais entre seus

---

* *Upskilling* e *reskilling* podem ser traduzidos como requalificações que têm o objetivo de melhorar a habilidade atual ou substituir uma habilidade por outra que tenha maior valor no atual ambiente de trabalho.

colaboradores. Todos os demais itens da lista são fatores externos relacionados à economia, à política ou ao meio-ambiente.

O caminho mais óbvio para resolver esse problema é pedir para a área de Recursos Humanos organizar um programa de treinamento. Ele deve ser amplo e extenso para atualizar o conhecimento técnico e comportamental dos colaboradores.

Algumas empresas buscaram esse caminho. A Amazon, por exemplo, investirá 700 milhões de dólares para fazer o *upskilling* de 100 mil funcionários até 2025.[22] Contudo, existe uma grande dúvida sobre a efetividade desses programas para o desafio posto. Os executivos consideram que as intervenções de educação corporativa tradicionais não estão gerando o impacto desejado. Na mesma pesquisa da PwC, apenas 18% dos CEOs relataram ter feito um "progresso significativo" em suas organizações no estabelecimento de programas de *upskilling*.

A própria área de RH também não se considera preparada para o desafio. Na pesquisa publicada em 2020 denominada *Human Capital Trends* [Tendências globais de capital humano, em tradução livre],[23] a consultoria Deloitte fez duas perguntas para executivos de RH. A primeira questionava a relevância dos programas de *reskilling*. Três quartos dos participantes consideravam esse tipo de iniciativa importante ou muito importante para o sucesso da sua empresa nos próximos doze a dezoito meses.

A segunda pergunta era mais simples: qual o grau de prontidão de sua empresa para esse desafio? Apenas 10% respondeu estar muito preparado. Isso acontece porque os processos de treinamento, de maneira geral, estão mais voltados à realização de ações pontuais. Há pouco estímulo à transferência do conhecimento para a prática.

Esse problema é antigo. Michael Beer, da Harvard Business School, escreveu um artigo chamado "The Great Training Robbery" [O grande roubo do treinamento, em tradução livre].[24] Ele diz que a falta de efetividade nas ações de educação corporativa já era percebida nos anos 1980. Três quartos dos gestores entrevistados por ele em mais de cinquenta empresas relataram insatisfação com os programas de desenvolvimento implantados.

Em contrapartida, a atitude e a postura dos profissionais também são preocupantes. Eles contam com treinamentos corporativos para manterem-se atualizados e produtivos. A grande maioria (73%)[25] acredita que a responsabilidade pelo próprio desenvolvimento é das empresas em que trabalham.

Com isso, o grupo mais impactado pela necessidade de *upskilling* – ou seja, a população economicamente ativa – fica no meio de duas forças contrárias. Por um lado, as grandes entidades internacionais apontam para a necessidade urgente da criação de programas de *upskilling* sob risco de uma crise de empregos global. Por outro, as empresas e os governos nacionais percebem-se incapazes de empreender tamanho esforço e tornar a sua força de trabalho preparada para o presente e o futuro próximo.

Apesar de todo o esforço, a própria Unesco reconhece que as iniciativas realizadas pelos países ainda não têm o impacto desejado. Em uma publicação de 2020, a organização reconhece que "tornar a aprendizagem ao longo da vida uma realidade permanece uma aspiração. Muitos países ainda estão lutando para atender às necessidades básicas de educação. Milhões de pessoas, algumas delas nas economias mais ricas, enfrentam barreiras financeiras, entre outras, que as excluem de aprender e as impedem de cumprir seu potencial".[26]

Um ponto importante a se destacar é o fato de que a grande maioria das iniciativas tenta resolver os problemas com foco em gerar **educação** ao longo da vida, e não **aprendizado** ao longo da vida. Partimos da premissa de que a solução inclui aumentar a oferta de cursos e outras iniciativas de educação formal. No entanto, esse modelo antigo já se mostrou ineficiente para a complexidade do mundo em que vivemos.

Em resumo, embora empresas e diversas instituições globais estejam buscando novos caminhos para o aprendizado, ainda não temos uma solução adequada.

E ainda há uma complicação extra: os mesmos motivos que revolucionaram o mercado de trabalho também revolucionaram a nossa cultura de aprendizagem.

A NOVA REVOLUÇÃO DO CONHECIMENTO

Aprender virou um dos papéis sociais em que mais investimos tempo na vida, sem contar o trabalho. Considere não só o tempo dedicado ao ensino formal, mas também a atividades como idiomas, autoconhecimento (terapia), hobbies diversos, instrumentos musicais, práticas esportivas, treinamentos corporativos. Tudo isso é oferecido também de maneira on-line – de modo pago ou gratuito – para cada um dos bilhões de habitantes de nosso planeta que possuem um telefone celular com acesso à internet.

Há ainda o fato de que a aprendizagem é uma atividade que define nossa identidade pessoal e social. Nossa profissão, em geral, é aquilo que aprendemos a fazer. Quando alguém nos pergunta: "Quem é você?", não respondemos quem somos, mas o que fazemos. E isso é fruto das nossas escolhas relacionadas à aprendizagem.

Pela complexidade do ambiente e pela necessidade de navegá-lo, vivemos uma sociedade do aprendizado.

O cenário que apresentei até aqui pode parecer um pouco assustador. A tecnologia colocando empregos em risco. As entidades internacionais reconhecendo a necessidade da aprendizagem ao longo da vida, mas com dificuldades para implementá-la. Os governos com ações pouco efetivas. Algumas empresas buscando soluções de prateleira, sem levar em conta que o cenário mudou.

Não é essa a ideia. Se o ambiente de trabalho muda a passos largos, a aprendizagem também vive sua transformação, não apenas em decorrência das grandes disrupções tecnológicas, mas como parte de uma verdadeira revolução cultural. O mesmo cenário que impacta a sociedade também impacta o processo de aprendizagem, ampliando absurdamente nossas possibilidades como aprendizes. De que maneira? E como chegamos até aqui?

O linguista italiano Raffaele Simone[27] afirma que vivemos a terceira fase da revolução do conhecimento e da aprendizagem.

A primeira foi a criação dos sistemas de escrita cuneiforme, há cerca de cinco mil anos. Foi o ponto de partida para que o aprendizado pudesse ser transmitido sem precisar de um contato pessoa a pessoa. Há quinhentos anos, a invenção da prensa móvel automatizou o processo de disseminação de conteúdos escritos. Como decorrência, meio milhão de livros foram publicados nos quarenta anos seguintes à criação de tal instrumento,[28] e o acesso ao conhecimento se popularizou.

Agora, estamos na terceira fase dessa revolução tecnológica, com características peculiares quando comparadas às duas primeiras.

Nossa capacidade de aprender é fruto da seleção natural. Todos os seres vivos que se locomovem para obter alimento têm a aptidão e a necessidade de desenvolver alguma forma de aprendizado. Uma das coisas que nos diferencia como espécie é nossa capacidade única de criar cultura. A aprendizagem, nesse contexto, tem como objetivo transmitir conhecimentos, saberes e práticas culturais de uma geração a outra.

Há milênios, o objetivo da educação – seja ela transmitida de maneira oral ou estruturada formalmente em escolas – é um só: preparar o jovem para viver em sociedade. Para isso, são necessárias pelo menos três ações: i) explicar a dinâmica cultural e os princípios do ambiente em que se vive; ii) fornecer meios para a subsistência (seja ensinando a caçar ou aprendendo uma profissão); iii) realizar os processos anteriores por meio da transmissão de conhecimento e conteúdo.

O novo cenário inviabiliza essas ações. Não é só a tecnologia que está em um período de mudança acelerada e constante: a dinâmica cultural da sociedade também. Profissões estão se reinventando, como vimos no início deste capítulo, com novos e diferentes meios de subsistência sendo criados a cada dia.

O papel clássico da educação tem que ser repensado. Pozo publicou, em 2015, um livro com um título muito adequado ao momento em que vivemos: *Aprender en tiempos revueltos* [Aprender em tempos de revolução, em tradução livre]. Ele analisa o papel da aprendizagem nessa revolução cultural em que vivemos. O fluxo de informação e conhecimento é tão acelerado que não faz mais sentido destinar à aprendizagem o papel de conservar e preservar a cultura. Precisamos aprender a navegar a onda de transformação do conhecimento. Ele explica:

49

> Consequentemente, os sistemas formais de aprendizagem não podem servir para acumular cultura – para gerar mentalidades semelhantes às dos mais velhos nas novas gerações –, mas devem servir para transformar a cultura, para gerar novas mentalidades que permitam a essa nova geração atender às demandas mutáveis e flexíveis da nova cultura da aprendizagem que já vivemos.[29]

Por isso, me parece que colocar o impacto da tecnologia na sociedade como motivo para o aprendizado ao longo da vida é uma proposta simplista. A mudança é mais ampla. O mesmo ambiente tecnológico que coloca em risco milhares de empregos oferece oportunidades infinitas de aprendizagem. Literalmente infinitas. Há mais ofertas de cursos, documentários e pessoas interessantes do que temos tempo de aproveitar. E, mesmo assim, muitos de nós nos sentimos assustados com o momento.

Os desafios soam mais alto do que as oportunidades do século XXI, e a falta de novos modelos de aprendizagem dificultam nossa ação. Há, ainda, um ambiente criado. As redes sociais amplificam (e exageram) a velocidade da mudança e o impacto da tecnologia. Isso acaba assustando mais do que convidando para a mudança, especialmente se você tem mais de trinta anos e começa a duvidar de sua capacidade de continuar aprendendo.

O próximo capítulo tem um só objetivo: deixar claro que o aprendizado ao longo da vida é um caminho possível para todos.

CULTURA DE APRENDIZAGEM

Para lidarmos com as mudanças da sociedade, a cultura de aprendizagem deve ter quatro grandes mudanças, segundo Pozo:

1. Informação × conhecimento

Uma vez que a informação flui com muito mais volume e intensidade atualmente, o papel da aprendizagem passa a ser converter esse fluxo em conhecimento. Para isso, o modelo clássico educacional, que tem a oferta de conteúdo como parte fundamental do processo de ensino-aprendizagem, não é mais eficiente. O novo papel da escola – e do aprendizado autodirigido – está relacionado à criação de estratégias que nos apoiem a navegar no excesso de informação. Vamos falar em profundidade sobre esse assunto no Capítulo 4.

2. O fim das grandes verdades

A sociedade vive um momento em que surgem novas formas de viver e de pensar. Isso cria novas definições de verdades consagradas. Não podemos dizer que haja um significado comum sobre o que é família, quais comportamentos são aceitáveis, o que é arte ou mesmo o que é ciência. Portanto, aprender hoje, como diz o filósofo Edgar Morin, é "dialogar com a incerteza".[30] Daí a importância de um processo educacional que traga diversas perspectivas, dialogue com elas e estimule o aprendizado a partir de um ponto de vista próprio.

3. Aprendizagem em rede

Diálogo e cooperação são a base para o processo de aprendizagem no século XXI. Perdem efetividade os métodos unidirecionais e monotemáticos. Aprender deixa de ser a apropriação de uma verdade estabelecida e fechada e passa a ser a busca por novas soluções para problemas complexos. A partir do momento em que a informação é fluida e as verdades estabelecidas são constantemente questionadas e reconstruídas, o aprendizado como transmissão de conhecimento deixa de fazer sentido.

4. Aprendizado contínuo

Esse é o resultado do ambiente em que vivemos. Dado que a mudança e a incerteza sobre o futuro aumentam, a principal competência a se desenvolver é o aprender a aprender. Claro que a aprendizagem não acontece no vazio. Precisamos de informações, conteúdos e teorias. Contudo, esses saberes concretos fundamentais devem ser dirigidos mais ao processo (como se aprende) do que ao produto (o que se aprende).

CAPÍTULO 3
APRENDER SEMPRE
É POSSÍVEL

 percepção do impacto da tecnologia está ultra-
-amplificada por milhares de artigos, *posts*, eventos
e documentários. O objetivo de todos é demonstrar
quão veloz é a mudança que está acontecendo. Além
disso, apontam futuros mais ou menos positivos,
dependendo do ponto de vista de quem escreve.
Veja o texto a seguir:

> O que é novo, no entanto, é o ritmo crescente de mudança. As inovações
> que antes exigiam esforço sustentado de várias gerações, agora, são
> realizadas por apenas uma. De década em década, o homem se depara
> com um universo físico, intelectual e moral tão amplamente transfor-
> mado que as interpretações de ontem não atendem mais à necessidade.

Foi assim que Paul Legrand descreveu a necessidade de aprendizado
contínuo no livro *Uma introdução à educação ao longo da vida*.[1] A data da publicação do livro: 1975. Já o trecho a seguir faz parte da abertura de um livro
chamado *Self-direction for Lifelong Learning* [Autodireção para a aprendizagem ao longo da vida, em tradução livre], escrito por Philip Candy:

> As rápidas mudanças sociais e tecnológicas tornaram-se tão comuns
> que a capacidade de causarem choque diminuiu. Desenvolvimentos

que ontem estavam no reino da ficção científica agora são tidos como certos. Ao longo desse turbilhão desconcertante, entretanto, uma coisa permaneceu mais ou menos constante: as limitações da capacidade das pessoas de lidar com a mudança. O efeito tem sido não apenas destacar nossa fragilidade humana, mas ainda mais destacar a aparente inadequação dos sistemas educacionais para lidar com a fome das pessoas por novas habilidades e informações.[2]

Essas palavras são de 1991. Qualquer um dos dois parágrafos poderia ter sido publicado este ano e nenhuma das frases estaria fora de contexto. Não há como negar que a mudança na sociedade ocorre de maneira mais acelerada e devemos estar atentos ao modo como isso impacta a nossa vida. Contudo, há uma percepção exagerada, como resposta a uma divulgação igualmente exagerada.

SISTEMA DE DEFESA

Somos diariamente impactados por um monte de conteúdo novo, cheio de casos e dados que declaram a disrupção de alguma empresa ou profissão. Sabe o que acontece com essa exposição toda? Ela assusta mais do que informa. E, com isso, ficamos em um estado de alerta constante. Nesse momento, nosso cérebro primitivo toma conta de nossas emoções.

Para separar o que é importante do que é casual, contamos com um filtro que está conosco desde os nossos ancestrais: a amígdala cerebral. Do tamanho de uma noz – daí o nome amígdala, que vem do grego *amygdále*, amêndoa –, essa parte do nosso corpo é responsável por emoções primárias, como medo ou raiva.

Ela é nosso sistema de defesa, nossa sentinela. Está localizada no sistema límbico, uma parte do nosso cérebro que contém uma série de estruturas relacionadas a comportamentos emocionais e sexuais, memória, motivação e aprendizagem.

O sistema límbico integra, ao nosso estado psíquico, as informações e os estímulos que recebemos do ambiente e nos prepara para a ação. A informação é internalizada, relaciona-se com as memórias já presentes para atribuirmos um conteúdo afetivo e produzirmos uma resposta emocional.

Ele é o centro que identifica o perigo e nos coloca em situação de alerta. É daí que parte o mecanismo de fuga ou luta, uma reação não consciente que nos prepara fisiologicamente para enfrentar o inimigo ou nos retirarmos. A quantidade de dados com a qual somos bombardeados todos os dias nos coloca em uma situação potencial de risco profissional e pessoal. É um ingrediente perfeito para que nossa amígdala nos deixe em um estado de atenção permanente.

As redes sociais e os meios de comunicação já perceberam isso e alimentam o ciclo. Inovações ou "previsões" de futuro que tenham o risco de salvar ou acabar com o mundo geram interesse, medidos por curtidas e comentários. Parece que está dando certo. Em 2012, passávamos uma média de noventa minutos por dia nas redes sociais. Atualmente, passamos 60% a mais: 144 minutos, todos os dias, expostos a um carnaval desorganizado de informações.[3]

Cada nova descoberta, possibilidade ou aposta tecnológica é divulgada imediatamente de maneira exponencial, no sentido matemático mesmo. Um novo *app*, uma *startup* de nome descolado, uma série recém-lançada que, em dias, vira assunto obrigatório de nossos amigos ou colegas de trabalho. Estamos nos sentindo constantemente defasados.

Todo esse movimento gera uma hiperamplificação de cada descoberta científica ou inovação que aparece no mundo. Estamos celebrando etapas iniciais de pesquisas acadêmicas como se fossem lançamento de produtos que, na verdade, demorarão anos para chegar ao mundo real se tudo der certo.

Nós também colaboramos para esse ambiente.

Compartilhar uma inovação em rede social antes de todo mundo é uma medalha que muitos queremos. E a corrida pelo primeiro *post* faz com que a ansiedade fique ainda maior. Que atire a primeira pedra quem nunca compartilhou uma notícia ou *post* com uma chamada interessante sem ter clicado e lido o que estava escrito.

Em 2016, uma publicação humorística chamada *Science Post* fez um *post* com o seguinte texto: "Estudo: 70% dos usuários do Facebook leem apenas a manchete das notícias de ciência antes de comentar".[4] Ao clicar no link, o leitor perceberia que estava participando de um teste. O texto continha um parágrafo escrito de maneira lógica. Todo o restante da página era composto por palavras sem sentido. O link foi compartilhado por 46 mil pessoas que não perceberam a ironia. Estava provada a tese contida no título da matéria.

Alguns estudos demonstram que a maioria das pessoas age dessa forma. Uma pesquisa realizada pela Universidade Columbia[5] aponta que 59% dos internautas compartilham conteúdo sem abrir o link.

Como resultado de tudo isso, nós mesmos acabamos fazendo parte dessa máquina de criação exponencial de conteúdo. E, com isso, surge uma sensação paradoxal de que estamos eternamente por fora.

PAIXÃO PELO FUTURO

Todos já passamos por isso. Se não passamos, é porque não estamos prestando atenção. Há um sentimento de atraso, como se estivéssemos sempre um passo atrás da última inovação. Assim, surgiu um movimento inusitado. Em vez de mergulharmos no presente para compreender o que está acontecendo, estamos nos apaixonando pelo futuro.

A velocidade da mudança aumenta muito o interesse pelo que está por vir. Se o futuro – considerando inovações tecnológicas, novos modelos de negócio ou mudanças de comportamento que nem conseguimos imaginar – está chegando mais rápido, parece óbvio olharmos para a frente para tentar descobrir ou intuir como será nossa vida amanhã. Dessa forma, ficaríamos mais preparados.

Contudo, o interesse pelo futuro também não é algo do século XXI. Entre 1939 e 1940, foi realizada a Feira Mundial de Nova York. Ao longo dos dois anos, em uma área de quase cinco quilômetros quadrados, 44 milhões de pessoas foram convidadas a mergulhar em "O Mundo de Amanhã". Esse foi o tema da feira em que foram apresentadas as primeiras televisões.

O Institute for the Future (IFTF) foi um dos pioneiros no estudo científico do tema. Fundado em 1968 em Palo Alto, Califórnia, a instituição é uma referência pelos excelentes relatórios que produz. Ela disseminou métodos como o *foresight*, que tanto apoiam a estruturação de um pensamento de futuros.

Nos anos 1970 e 1980, os métodos foram aplicados na identificação de tendências que pudessem apoiar empresas nas áreas de marketing e vendas. Autores e consultores como Alvin Toffler, Faith Popcorn e John Naisbitt produziram uma série de relatórios que apontavam caminhos prováveis para empresas, consumidores ou mesmo para o mundo.

De 2010 para cá, o futurismo virou um tema com bastante destaque. O contexto atual gerou uma necessidade crescente de profissionais que buscam antecipar tendências e, com isso, apoiar pessoas e organizações a navegar por um caminho incerto. Em empresas, o modelo tradicional de fazer planejamento estratégico – usar dados do passado para propor caminhos futuros – deixou de ser considerado eficiente.

O futurismo é uma ciência com mais de sessenta anos. Ainda assim, são poucos os profissionais com conhecimento profundo e atuação prática na área. Mas há uma certeza para os pesquisadores dessa área: não existe futuro, mas futuros, sempre no plural.

Conviver com essa complexidade é algo angustiante para a maioria de nós. Ficamos em dúvida se o saber que adquirimos tem valia ou não. Por isso, muitas vezes, o conhecimento empacotado em listas de tendências vira uma bússola esperançosa para quem desistiu de compreender o presente para tentar adivinhar como serão os próximos anos.

Em questões corporativas e individuais, procuramos uma luz e solução em cursos, conferências e livros que prometem nos contar o que está por vir. Pode ser o futuro do trabalho, de tecnologias da sua indústria ou tendências de qualquer coisa. Claro que exercitar a visão de longo prazo ou entender as possibilidades que estão por vir é um ótimo exercício. Mas tem que ser apenas *parte* do exercício.

Com tanta transformação acontecendo e tanta informação nos impactando, ficamos perdidos entre sobreviver ao presente e adivinhar o futuro.

Muitas vezes nos cansamos, e aí corremos o risco de desistir e ignorar ou de minimizar o impacto de mudanças reais, esperando que as coisas se acalmem. O problema é que, neste ponto, pesquisadores, empreendedores e políticos concordam: nunca a velocidade de mudança do planeta vai ser mais lenta. Mas isso não quer dizer que estejamos todos perdidos e que só os nativos digitais estejam preparados para esse novo momento.

Astro Teller é o executivo responsável pelo X, nome do laboratório de pesquisa do Google. Seu papel é conduzir os projetos para que eles sobrevivam aos solavancos e machucados no longo caminho até a realidade. Em *Obrigado pelo atraso*, Thomas Friedman, relata um caminho interessante para aproveitarmos as oportunidades que o presente nos oferece:[6]

> Em resumo, disse Teller, o que estamos vivenciando hoje, com ciclos cada vez mais curtos de inovação e com cada vez menos tempo para aprendermos a nos adaptar, "é a diferença entre um estado constante de desestabilização ocasional".
>
> Ficou para trás a época da estabilidade estática, acrescentou. Isso não quer dizer que não possamos ter um novo tipo de estabilidade, "mas o novo tipo de estabilidade tem que ser uma estabilidade dinâmica. Existem algumas maneiras de ser e de estar, como quando andamos de bicicleta, em que não podemos ficar parados. Porém, uma vez que estejamos em movimento, tudo fica mais fácil. Não é o nosso estado natural. Mas a humanidade precisa aprender a andar nesse estado".

O mesmo ambiente que nos assusta traz a solução. A tecnologia e as mudanças na sociedade nos empurram para a necessidade de mudança, mas nunca foi tão fácil ser autodirigido. Temos acesso praticamente infinito a conteúdo, experiências e a uma rede de pessoas que podem nos apoiar no nosso desenvolvimento.

Estabilidade dinâmica é sinônimo de aprendizado ao longo da vida. É estar em um eterno movimento de observar sem julgamentos as mudanças que ocorrem no mundo, questionar o que já se sabe e buscar novos conteúdos de maneira autônoma e constante.

Em resumo: precisamos aprender sempre.

QUANTOS ANOS VOCÊ TEM?

Talvez o principal motivo pelo qual o aprendizado ao longo da vida tenha ganho tanto destaque nos últimos anos esteja mais relacionado à longevidade do que à tecnologia.

O fato é que a expectativa de vida aumentou muito nas últimas décadas em todo o mundo. Em 1940, um brasileiro vivia, em média, 45,5 anos. Desde então, houve um aumento de quase 70%. De acordo com os dados do IBGE de 2018, a expectativa atual passou a ser 76,3 anos.

Uma questão a se considerar é que o cálculo da longevidade de toda a população é impactado pela mortalidade infantil, que ainda é alta. Uma forma de isolar esse fator é a expectativa de vida aos 50 anos. Em 1940, uma pessoa nessa faixa etária vivia até os 69 anos, em média. Atualmente, a expectativa para quem chegou aos 50 anos é de 80,7 anos.[7]

Ter mais longevidade não quer dizer apenas que ganhamos mais cinco, dez ou vinte anos de vida. Com uma vida mais longa, mudamos o conceito de meia idade ou velhice. Lynda Gratton é uma psicóloga britânica focada no estudo do aumento da longevidade e como ele impacta as pessoas e a sociedade.[8] Ela propõe um conceito muito interessante para entender esse fenômeno: a *inflação etária*. O que era considerado velho no meio do século passado é completamente diferente do que é agora. É a comprovação de que a frase "cinquenta são os novos trinta" tem uma base mais racional do que imaginávamos.

Uma forma boa de compreendermos esse conceito é fazer uma conta para identificar em qual parte da vida adulta estamos. Vamos considerar que a vida adulta começa aos 20 anos e termina aos 80, de acordo com a média que mencionamos acima. Isso nos dá sessenta anos de aproveitamento. Quando chegarmos aos 50, portanto, estaremos apenas no meio desse período. Com a perspectiva de viver outros trinta anos, não é mais possível imaginar que, com essa idade, estamos próximos da aposentadoria e do merecido descanso.

Há dois motivos para isso. Em primeiro lugar, a sociedade não consegue suportar o peso econômico de adultos ativos vivendo aposentados por décadas. Crises previdenciárias ocorrem em todo o mundo. Um estudo realizado pelo US Census Bureau, chamado *An Aging World* [Um mundo envelhecendo, em tradução livre],[9] estima que, em 2050, 21% da população brasileira viverá mais de 65 anos. Hoje esse índice é de 8%. Outro dado dessa mesma publicação que chama a atenção é que 2020 foi o primeiro ano da história em que há mais adultos com idade acima de 65 anos do que crianças com menos de 5 anos. Com a redução da taxa de natalidade, a tendência é que isso se amplie.

Outro motivo é a divisão tradicional da vida em três estágios: estudo, trabalho e aposentadoria. Lynda Gratton propõe que estamos vivendo uma vida multiestágio, em que não precisamos dividir as atividades de maneira tão restrita, mas as misturaremos a vida toda. Ela propõe que mudemos o conceito de idade e acabemos com o determinismo numérico, que se baseia na idade *biológica*, ou seja, no tempo de existência do seu corpo. Há ainda a idade *sociológica* – como você é tratado pela sociedade – e a idade *subjetiva*, que é como você realmente se sente. O aumento da longevidade faz com que não haja uma real concordância entre as três formas de contabilizar a idade. Temos que mudar a forma rígida como definimos o que deve ocorrer em qual idade.

O olhar da vida multiestágio permite isso.

Há uma ou duas décadas, se você soubesse a idade de alguém, seria possível acertar em quais das três fases da vida a pessoa se encontrava: até os 18 ou 20 anos, seria, provavelmente, um estudante; dos 20 aos 55 ou 60, estaria trabalhando; após essa idade, desfrutando da aposentadoria. Entre as limitações desse modelo, a que se destaca é colocar o aprendizado como estagnado no início da vida. A partir dessa perspectiva, ter que "voltar para a escola" é uma vergonha. Afinal, nossa forma já está estabelecida porque nos "formamos".

Essa divisão da vida em três estágios começa a deixar de fazer sentido. Experiências da vida acontecem de maneira paulatina ao longo do tempo. **Trabalho é uma parte muito importante da vida. Mas é apenas uma parte. Temos uma série de outras atividades em paralelo**: cuidar da família, viajar, participar de competições esportivas, empreender sem deixar o emprego, atuar como professor ou professora ou mesmo investir tempo em uma ocupação semiprofissional que nos dê prazer, como música, teatro ou alguma prática esportiva.

Você pode até se aposentar um pouquinho no meio da vida. Basta tirar um período sabático e ir conhecer outro país ou fazer uma faculdade. Você pode ir além e dividir a sua aposentadoria ao longo de toda a sua vida. Em vez de trabalhar quarenta horas por semana, decide por uma jornada de trinta horas e aproveita dez horas semanais, durante toda a sua existência, para aplicar na área que bem entender.

Não precisamos mais trabalhar loucamente durante a vida toda para guardar dinheiro para quando nos aposentarmos. Não há a necessidade de esperar fazermos 65 para descansar. Por que parar de aprender só porque temos mais de vinte anos? Essas atividades podem e devem se misturar ao longo da vida.

A partir desse ponto de vista, o conceito de geração deixa de ser algo claramente estabelecido. O que é ser novo e ser velho no século XXI?

QUAL A SUA GERAÇÃO?

O conceito de gerações foi muito difundido nas últimas duas décadas. Nada mais comum do que justificar uma atitude específica do que dizer que "é típico" da geração X, Y ou Z.

Essa abordagem traz dois problemas. O primeiro é a generalização, que estereotipa as faixas etárias. Não é razoável imaginar que todo um grupo populacional se comporta da mesma forma só porque tem idade semelhante. Essas descrições de comportamentos vinculados a cada geração são divulgadas à exaustão e acabam tendo papel mais prescritivo do que preditivo.

O segundo problema é que, cientificamente, o conceito de geração, como se utiliza para identificar a X, Y ou Z, não faz sentido.. Ele se baseia em duas variáveis: a idade e o momento do mundo em que vivemos. Portanto, se você nasceu entre 1980 e 1994, deve ser um *millenial*, ou seja, faz parte de um grupo de pessoas que conviveu com as mesmas mudanças sociais e tecnológicas com idades semelhantes. E isso não é suficiente para estabelecer que este grupo representa uma geração.

É provável que essa discussão tenha começado quando o Censo norte--americano cunhou o termo *baby boomer*. Após a Segunda Guerra Mundial, o número de nascimentos explodiu, criando uma das maiores gerações da história.

Uma matéria publicada pelo jornal *Washington Post*, em 2015, de título "Your Generational Identity Is a Lie" [A sua identidade geracional é uma mentira, em tradução livre],[10] discutiu essas questões e ainda apontou que grande parte dos estudiosos prefere utilizar o conceito de coorte, ou grupos, do que de *geração*. Em outras palavras, padrões demográficos semelhantes, como fertilidade ou formação familiar, podem formar uma base mais adequada para estudos e análises.

Uma série de pesquisas realizadas no ambiente de trabalho também reforça esse ponto de vista. Pesquisadores da George Washington University fizeram uma meta-análise em vinte estudos e chegaram à seguinte conclusão:

> Os resultados sugerem que provavelmente não existem diferenças significativas entre as gerações nas variáveis relacionadas ao trabalho que examinamos e que as diferenças que parecem existir são provavelmente atribuíveis a outros fatores além da associação geracional. Dados esses resultados, as intervenções organizacionais direcionadas que tratam das diferenças geracionais podem não ser eficazes.[11]

Lindsey Pollak, autora de best-sellers e palestrante norte-americana, colocou isso bem em seu livro de 2019, *The Remix – How to Lead and Succeed in the Multigenerational Workplace* [Como liderar e ter sucesso no local de trabalho multigeracional, em tradução livre]:

> Quanto mais estudo gerações no local de trabalho, mais semelhanças encontro no que as pessoas desejam do trabalho. Esses fundamentos – significado, propósito, bons líderes, crescimento profissional – não mudam. O que muda é o modo como cada geração expressa essas necessidades e quais expectativas temos sobre o cumprimento delas por nossos empregadores.[12]

Há ainda um preconceito com a produtividade ou a capacidade de inovar de profissionais mais velhos. Pesquisas científicas derrubam esse mito também. Em uma matéria no site da Association for Psychological Science, Susan Fiske, professora de psicologia da Universidade de Princeton relata que "em comparação com os trabalhadores mais jovens, os mais velhos tendem a ter mais conhecimento, ter mais experiência, ter maior estabilidade emocional e são mais capazes de ter uma visão ampla e ver o quadro geral".[13]

Finalmente, o impacto no negócio também não pode ser justificado pela idade. Uma pesquisa da empresa Swarm Vision (que faz análises preditivas para a gestão de talentos para inovação), publicada pela Deloitte[14] mostrou que idade não é um fator que impulsiona a inovação. Na verdade, as diferenças dos resultados padronizados entre as faixas etárias são muito pequenas, inferiores a 5%. Em outras palavras, a idade da força de trabalho não é um bom parâmetro para entender o potencial inovador de uma empresa.

Talvez o conceito mais adequado quando falamos em geração seja de *perennials*, proposto por Gina Pell, publicitária norte-americana. "São pessoas movidas pela curiosidade, com a cabeça aberta, que nunca param de aprender e recomeçar, se for preciso. Elas não veem a vida como uma linha do tempo, mas como uma rede de conexões e experiências", explicou Gina em uma matéria da revista *Vogue*.[15] São pessoas de todas as idades que vão além de estereótipos e estão conectadas com o que acontece no mundo.

O conceito foi proposto em 2016, em um artigo escrito por ela e republicado pela revista *Fast Company*. Numa atualização, ela acrescentou:

Perennial não é outra palavra para "velho". Nem descreve uma geração. Para aqueles que querem ser chamados de velhos, idosos, *millennials*, *baby boomers*, GenZ... isso é inteiramente sua prerrogativa. *Perennial* apenas descreve uma mentalidade, uma maneira de pensar de crescimento, e não inclui todos. *Perennial* é um termo autodeclarado e positivo para pessoas curiosas que resistem a ser definidas por qualquer uma das características, especialmente a idade.[16]

A matemática é simples: estamos vivendo (muito) mais e o mundo está mudando (muito) mais rápido. O aprendizado é o único caminho para nos mantermos relevantes e ativos. E crescimento, sucesso e inovação não são características de uma faixa etária específica. São escolhas que podemos fazer todos os dias nos convidando a examinar nossa sociedade e suas mudanças com curiosidade, atenção e carinho.

Um ponto importante: essa mensagem vale para todos, em qualquer momento de sua existência. Se estivermos mais no início da nossa idade biológica, é importante ter em vista que a jornada de aprendizado será longa e contínua. O que considerávamos o final da vida profissional, atualmente, é o meio da vida adulta. Temos muito mais a oferecer e desfrutar. E o final está cada vez mais longe.

A questão que surge, a partir desse olhar, é se há a possibilidade de continuar aprendendo a vida toda do ponto de vista da neurologia e da psicologia da aprendizagem.

A PREMISSA ERRADA

Ao longo de muitos anos, pesquisadores das áreas de neurologia, educação, sociologia e psicologia consideravam que o processo de aprendizagem humana tinha desenvolvimento similar ao processo de maturação física: o aprendizado iniciava com o nascimento e terminava no início da vida adulta.

Um exemplo disso é que, ainda hoje, é comparativamente baixo o número de estudos científicos e literatura a respeito de como o adulto aprende ao longo da vida. De maneira geral, os estudos relacionados à aprendizagem e ao desenvolvimento humano se concentram no que ocorre no início e no final da vida.

Há muita discussão, como vimos, sobre questões econômicas ou de políticas públicas. Contudo, há um menor interesse em pesquisar sobre como apoiar um ser humano adulto a ter práticas e hábitos que garantam um processo de aprendizado por toda a vida.

Se olharmos o campo da aprendizagem, vamos identificar uma preferência muito maior por teorias que explicam o aprendizado infantil. Jean Piaget, célebre pesquisador suíço das fases do desenvolvimento humano, é um exemplo. Ele propõe que o desenvolvimento humano ocorre em quatro fases: sensório motor, até os 2 anos; pré-operacional, entre 2 e 8 anos; operacional concreta, dos 7 aos 11 anos; e operacional formal, após os 11 anos. Na última, a criança já é capaz de compreender esquemas abstratos e a raciocinar a partir de hipóteses.

E depois? De acordo com Piaget, é a interação com o meio que gerará aprendizado ao adulto. Sua teoria, publicada no início dos anos 1950, é uma das grandes referências no estudo do desenvolvimento humano. Entretanto, deixou aberta a necessidade de uma área de estudo específica para a aprendizagem de adultos ao compreendermos que o aprendizado ao longo da vida não é linear nem igual para todas as pessoas.

A teoria clássica sobre a capacidade de aprender considerava, portanto, um crescimento durante as duas primeiras décadas de vida, um platô durante algumas décadas seguintes e o decréscimo após os 40, 50 ou 60 anos. Esse modelo foi considerado adequado durante muitas décadas. Porém, as premissas em que ele se baseou não estavam corretas.

As informações que a neurociência nos oferecia à época reforçavam essa visão. O conhecimento da comunidade científica relatava que o cérebro deixava de produzir neurônios logo após o nascimento. Estimava-se que perderíamos 1% deles a cada ano de vida, o que resultaria numa perda de 35% a 55% do total no final da vida.[17] Ou seja, havia pouco estímulo em investir tempo ensinando alguém que estaria em declínio cognitivo após os 20 anos. Mesmo no final do século passado, aceitava-se que perdíamos 100 mil neurônios por dia ou mais, no caso de fumantes e consumidores de bebida alcoólica.

Descrente de sua capacidade de desenvolvimento cognitivo, as intervenções educacionais formais ou informais tornaram-se pouco frequentes. Com isso, surgiu a visão de que "não dá para ensinar truque novo para cachorro velho".

Uma linha da Psicologia denominada Teoria do *Lifespan* dedicou-se a entender esse processo, embora tenha se dedicado mais ao desenvolvimento de idosos.

A partir dos anos 1960, começaram a ser realizados estudos que acompanharam a evolução cognitiva e psicológica de um mesmo grupo de adultos ao longo de toda a vida. Um deles, denominado Seattle Longitudinal Study [Estudo Longitudinal de Seattle, em tradução livre],[18] estudou um grupo ao longo de quarenta e nove anos, entre 1956 e 2005. A cada sete anos, os pesquisadores buscavam reunir o maior número de participantes possível e faziam testes e entrevistas para identificar suas capacidades em áreas como raciocínio indutivo, orientação espacial, velocidade de percepção, além de habilidades numéricas e verbais e da memória verbal.

As descobertas desse tipo de estudo foram fundamentais para deixar clara a possibilidade de aprendizado ao longo de toda a vida. Pela pesquisa, a maioria das habilidades mensuradas começaram a demonstrar algum declínio apenas após os 60 anos. Declínios comprovados em todas elas só puderam ser identificados após os 74 anos. Constatou-se uma redução de algumas capacidades cognitivas. Mas foi identificado um processo natural de compensação.

Estudos mais recentes da neurologia reforçam essa percepção. O uso de tecnologias mais recentes ajudou na compreensão das mudanças fisiológicas do cérebro ao longo da vida. Está claro que há uma redução de determinadas funções cognitivas durante a vida adulta. Não temos certeza se ocorre a neurogênese, ou nascimento de novos neurônios. Mas o conhecimento mais relevante para a aprendizagem ao longo da vida está relacionado à plasticidade cerebral. Trata-se da capacidade de os neurônios se reorganizarem por meio de alterações físicas que possibilitam a criação, eliminação, fortalecimento ou enfraquecimento de sinapses. Antes, imaginava-se que somente bebês tinham essa capacidade.

A neuroplasticidade foi uma descoberta científica fundamental para encerrar qualquer dúvida acerca da possibilidade de aprender a vida toda, ainda que de maneira diversa em cada fase. Eventuais perdas de memória, processamento da informação ou habilidades analíticas são compensadas por aumento das habilidades de comunicação, da capacidade de realizar julgamentos e de estabelecer relacionamentos sociais significativos. Estudos demonstraram que muitas habilidades fundamentais para o atual ambiente de mudança do século XXI não sofrem deterioração ao longo da vida. Um estudo examinou o efeito do envelhecimento na capacidade criativa entre adultos japoneses de 25 a 83 anos e não encontrou diferenças significativas em variáveis como fluência, originalidade, produtividade e capacidade de aplicação das ideias.[19]

Em meus contatos com aprendizes adultos em palestras ou em redes sociais, percebo que ainda há uma aceitação ampla da visão antiga, ou seja, de uma redução acentuada da capacidade de aprender ao longo da vida. Preconceito etário é uma realidade incontestável nas empresas, embora muitos dados demonstrem a importância de uma visão diversa no ambiente de trabalho. Há uma admiração e uma valorização enorme pela agilidade mental de jovens nos seus primeiros anos de vida profissional. Mas há outras variáveis relevantes, como demonstram a análise de algumas empresas no Vale do Silício. A idade média de um fundador de uma *startup* com crescimento acelerado é de 45 anos de acordo com a pesquisa denominada *Age and the High-growth Entrepreneurship* [Idade e empreendedorismo de alto crescimento, em tradução livre],[20] realizada por professores de renomadas universidades norte-americanas. A experiência anterior na indústria específica prevê taxas muito maiores de sucesso do que a idade.

Os professores de Psicologia do Desenvolvimento ao Longo da Vida norte-americanos Thomas Pourchot e Cecil Smith escreveram um artigo[21] direcionado a profissionais de educação de adultos. Eles destacam que um dos aspectos mais relevantes da Psicologia do Desenvolvimento para a Aprendizagem de Adultos é a constatação de que, ao longo da vida, a *inteligência fluida* (relacionada ao processamento de informações) pode apresentar declínio. Em contrapartida, a *inteligência cristalizada* (relacionada a aspectos mais pragmáticos e ao conhecimento adquirido) mantém-se estável ou apresenta declínio apenas em adultos muito idosos.

Os pesquisadores destacam ainda que a capacidade cognitiva de um adulto é contextual. Ela depende do domínio em atuação. Um adulto demonstra habilidade adaptativa utilizando sua experiência anterior como uma alavanca para a solução de problemas complexos.

Talvez um nome bom para isso seja sabedoria.

Como desenvolvê-la? Qual é a melhor maneira de cuidarmos bem do nosso cérebro?

O **primeiro caminho** é um bom condicionamento físico. Há uma série de estudos robustos que demonstram que exercícios podem diminuir muito o declínio das funções cerebrais.[22]

O **segundo e mais relevante caminho** é a busca consciente pelo aprendizado ao longo de toda a vida. Nossas funções cognitivas estarão mais ou menos ativas de acordo com o uso que fizermos delas e com nossa exposição a ambientes interessantes e diversos. O lado bom é que o século XXI é o momento perfeito para isso.

Eu me sinto privilegiado por conseguir conviver de maneira equilibrada com a estabilidade dinâmica. O caminho, para mim, é um só: aceitar e estimular minha curiosidade como uma alavanca de crescimento e tornar o aprendizado contínuo e autodirigido parte importante e prazerosa da minha rotina.

Entretanto, sei que isso não é uma sensação comum. Como resultado do ambiente descrito no início deste capítulo, talvez você esteja se sentindo impotente para enfrentar os desafios de aprendizado do século XXI. A busca pela atualização e por continuar se desenvolvendo parece que nunca é suficiente.

Tenho a percepção de que a velocidade de mudança somada a uma paixão pelo futuro tem gerado uma sensação de impotência. A mesma amígdala cerebral que mencionei tem uma terceira reação, além da fuga ou luta: o congelamento ou paralisia. Sabe aquele documentário científico em que uma presa fica parada – ou congelada – enquanto o seu predador vai chegando perto? Esse comportamento está acontecendo com muita gente.

E quando tentamos nos movimentar, descobrimos que o processo de educação formal não nos equipou com o conhecimento necessário para aprendermos no contexto atual. Você não está só. Esse sentimento é compartilhado por muitas pessoas.

Ao longo dos próximos capítulos você poderá conhecer alguns caminhos possíveis para estruturar o seu próprio processo de desenvolvimento pessoal e profissional. São ferramentas e dicas práticas baseadas em muitas pesquisas científicas e em mais de trinta anos compreendendo e incentivando o aprendizado ao longo da vida.

CAPÍTULO 4
INVERTENDO OS SINAIS

O QUE NÃO É APRENDER?

Minha filha Olívia ficou muito brava quando foi para o primeiro ano do ensino fundamental. Não entendia por que tinha que voltar do Infantil 5 para o primeiro ano de novo. Conversamos e expliquei que era só um jeito de a escola contar e que ela estava entrando numa nova fase chamada ensino fundamental, que ia até o nono ano.

"E depois?", ela perguntou.

Eu a poupei de saber que iria mais uma vez para um primeiro ano. Respondi apenas que a etapa seguinte seria ensino médio. Acreditando ter entendido o processo, ela disse: "Já sei, depois é faculdade, que nem a mamãe!". Minha esposa estava cursando a segunda pós-graduação.

"Mas pai, quanto tempo a gente fica na escola?". Fizemos juntos a conta do meu tempo de educação formal: cinco anos de ensino infantil, oito de ensino fundamental, três de ensino médio, quatro de graduação, três de mestrado e quatro de doutorado. Foram vinte e sete anos no total.

A vida de estudante tem um aspecto fundamental na formação da nossa definição pessoal do que é aprender. De maneira consciente ou não, temos uma teoria própria sobre aprendizagem.

Uma parte importante do tempo de vida de uma criança ou adolescente inclui passar horas na escola todos os dias. A partir dessa experiência, consideramos que aprender é sentar em uma sala, escutar alguém falar, fazer lição para aumentar a retenção do conteúdo e ter o aprendizado atestado por meio de uma prova que demonstra a absorção da informação. Sempre de maneira comportada e sem "conversa paralela". São anos e anos vivendo diariamente essa rotina.

Por isso, o resultado é inevitável: nossa autoimagem de aprendiz adulto é construída a partir do aluno que fomos. Acabamos vinculando aprender a estudar. Como consequência lógica, boa parte dos métodos que utilizamos para aprender ao longo da vida baseiam-se no que fizemos nas duas primeiras décadas dela.

Essa visão traz quatro aspectos que não ajudam o aprendiz adulto:

- Dependemos de outra pessoa para organizar nosso aprendizado;
- Achamos que aprender é um mal necessário;
- Desconsideramos o aprendizado informal;
- Confundimos aprendizado com aquisição de conteúdo.

Vamos aprofundar um pouco mais cada um desses aspectos.

Dependemos de outra pessoa para organizar nosso aprendizado

Na escola, somos ensinados a sermos ensinados. A prática e a lógica educacional tiram nosso poder de escolha. Durante todo esse período, alguém decidiu por nós o que aprender, com qual carga horária, com que métodos. Também escolheram quem seria a professora ou professor e como saberíamos se tínhamos aprendido ou não. Com isso, desenvolvemos dependência de terceiros para que o processo de aprendizado ocorra.

Especialmente na infância e início da adolescência, a presença de uma figura adulta que ajude o processo de estruturação do aprendizado é fundamental. A verdade, porém, é que no modelo atual são poucos os estímulos para o desenvolvimento da nossa autodireção. E como vimos nos capítulos anteriores, essa é a habilidade mais importante para adultos que pretendem ser aprendizes ao longo da vida.

Um pouco mais à frente, vou abordar esse assunto de maneira mais profunda, mas já adianto que ser autodirigido não é a mesma coisa que aprender sozinho ou ser autodidata: significa ser capaz de decidir quais são as suas necessidades de desenvolvimento e, então, criar estratégias eficientes de aprendizado.

Mas como fazer isso se não fomos incentivados a ter autonomia?

Achamos que aprender é um mal necessário

A falta de vínculo afetivo com o estudo é o segundo ponto. O modelo clássico não tem apenas a intenção de educar cidadãos. De modo intencional ou não, existe um funil em que poucos progridem ao longo dos anos escolares. No Brasil, 23% dos jovens cursam a faculdade na idade esperada, segundo dados de 2018. Estamos muito longe da meta do Plano Nacional de Educação,[1] que almeja 33% em 2024. A conta é ainda mais cruel quando sabemos que o salário de alguém com ensino superior é, em média, 140% maior.[2] Com isso, o caráter formativo, que deveria guiar a lógica da escola, é substituído por um papel seletivo.

A questão é que o sistema baseia-se em motivação extrínseca: controle de presença, de comportamento e de desempenho, quase sempre repletos de culpa e punição. Avaliações frequentes e o estigma social de não passar de ano geram um ambiente em que o medo muitas vezes prevalece.

É crescente o número de crianças e adolescentes que desenvolvem estresse e apontam, como principal fonte, o temor de ir mal nas provas. Isso tem ocorrido em todas as idades do ciclo escolar. Pesquisas recentes mostram que mais da metade dos universitários norte-americanos têm sintomas de estresse.[3] Para 83% dos estudantes de ensino médio com sintomas de esgotamento, a escola é a principal fonte.[4] E há ainda o *burnout* infantil, o esgotamento de crianças de 0 a 10 anos que relatam, entre outros motivos, o receio de falhar na escola e de desapontar os pais.[5]

Muitos de nós acabam não desenvolvendo um bom vínculo afetivo com o estudo. Pensamos que aprender é importante, mas chato. E não há nada a fazer a não ser se conformar. Ler um livro ou fazer um curso torna-se uma obrigação social. O normal é não ter prazer no processo, especialmente quando ele ocorre no ambiente formal. Quem se interessa por aprender disfarça, pelo receio de ser considerado um *nerd*.

71

Existem memórias agradáveis do tempo escolar, mas, é claro, elas não estão vinculadas a aulas enfadonhas, noites estudando, medo da nota baixa ou comunicados enviados aos pais. As lembranças gostosas vêm dos colegas, do brincar, dos bons mestres que tivemos e das grandes descobertas vinculadas ao nosso amadurecimento.

Na espécie humana, contudo, o verdadeiro aprender está quase sempre vinculado ao prazer. É um mecanismo para garantir nossa capacidade de crescer e nos adaptar ao novo. A diferença principal está na autonomia, uma das principais fontes de motivação para o adulto.

Para o aprendizado ocorrer ao longo da vida de maneira integrada à rotina de qualquer um, precisamos recolocá-lo em um ambiente de descoberta e prazer.

Desconsideramos o aprendizado informal

O terceiro aspecto a ser desconstruído é crer que o único aprendizado que conta no período escolar é o que acontece dentro da sala de aula.

Preciso contar uma verdade sobre meu perfil de aluno da qual não me orgulho: do ponto de vista acadêmico, eu era medíocre. Estudei em uma escola exigente, mas, como tinha facilidade com as matérias que mais assustavam meus colegas, como Matemática, Física e Química, passava de ano sem riscos, sem recuperação e sem resultados brilhantes. Notas altas nunca foram importantes para mim. Hoje em dia, acho que mais disciplina e dedicação teriam ajudado na minha formação de aprendiz.

Adorei meu tempo de escola principalmente pelo que fiz fora da sala de aula: participar da estruturação do centro cívico, organizar a primeira olimpíada, criar uma rádio dos alunos, participar da orquestra, do coral e do comitê de formatura. Todas essas atividades geraram aprendizados muito importantes até para minha prática profissional. Meus amigos mais próximos, ainda hoje, são os que conheci naquela época. Juntos, criamos relacionamentos duradouros com os professores, que iam muito além da sala de aula e nos incentivavam a querer aprender. Tenho um carinho

enorme pelos professores Nicolau Atoiantz, Osvaldo Piffer, Alexander

Pogibin, Igino Rotta, Renê Albers e tantos outros (e, sim, essa lista é uma homenagem a eles).

Também tive a sorte de ter pais que reconheciam o valor de uma formação mais ampla. Minha mãe é pianista, portanto, a música sempre foi uma parte importante da nossa vida. Aprendi violoncelo em conservatório e tocava em bandinhas desde cedo. O judô que pratiquei até os 20 anos não me ajudou só na saúde física. Também me ensinou disciplina, obstinação e a importância de sempre cumprimentar o adversário, independentemente do resultado da luta.

Nos momentos da vida em que as notas eram relevantes – como vestibular ou durante a pesquisa e redação da tese de doutorado, por exemplo –, sempre soube me autorregular. Criava as rotinas e a disciplina de estudo necessárias para atingir os objetivos que havia estabelecido. Processos informais possibilitam que o aprendiz escolha as ferramentas educacionais adequadas sempre que julgar importante.

Percebo em mim, até hoje, traços de personalidade que foram moldados nesses ambientes informais dos primeiros anos da minha vida. Tive sorte de ter pais que além de me incentivarem, me ajudaram a reconhecer a importância desse tipo de aprendizado.

Não era dos alunos mais quietos da sala. Uma vez, recebi uma notificação no diário dizendo que estava liderando a bagunça na sala de aula. Levei para o meu pai ler e assinar. A reação dele foi: "Filho, atrapalhe menos a aula porque você pode estar desrespeitando professores sem perceber, e isso é inadmissível. Aprenda a usar esse papel de líder que estão lhe atribuindo de uma maneira mais positiva".

Veja bem, meus pais valorizavam muito a autodisciplina e a autonomia. Ambos tiveram, no ambiente acadêmico, momentos marcantes em suas vidas. Meu pai fez mestrado em Química com bolsa na Universidade Harvard e foi executivo em multinacionais. Minha mãe foi a primeira colocada no vestibular para o curso de Sociologia da Universidade de São Paulo e é pianista e cravista. Aos 80 anos, estuda de duas a três horas todos os dias.

Hoje em dia, percebo que eles sabiam que o aprendizado pode vir de muitas fontes. Íamos todo ano passar as férias em uma cidade em que chovia muito em janeiro. Quando isso acontecia, eles nos levavam para a biblioteca municipal para escolhermos livros. Li toda a coleção da "A vaca na selva" nessas viagens. Hoje, continuo esse processo. Junto com minha esposa, acredito ter conseguido que nossos filhos tenham uma relação de prazer com a leitura.

O olhar dos meus pais para a escola e o estímulo para uma atitude eternamente curiosa me fizeram reconhecer a vida como um espaço de aprendizado maravilhoso a ser explorado. Para mim, o aprendizado informal é tão relevante quanto o aprendizado formal.

Mesmo que sua experiência escolar ou familiar não tenha incentivado tanto o olhar para o informal, uma breve análise da sua história vai mostrar que boa parte do seu desenvolvimento aconteceu e acontece fora da escola.

E se você tem filhos (ou planeja ter), fica a dica para criar esse ambiente.

Confundimos aprendizado com aquisição de conteúdo

A nossa vivência educacional pode nos levar a acreditar que aprender é sinônimo de aquisição de conteúdo. A lógica da estruturação escolar tradicional está vinculada a essa ideia.

Como ocorre o aprendizado na escola? Por meio de matérias com conteúdo fracionado por trimestre e aulas. É como se a quantidade de saber que deve entrar na sua cabeça em um ano fosse definida de maneira matemática.

A própria gênese da palavra "aprender" reforça essa ideia. Ela tem origem latina e refere-se ao ato de adquirir ou possuir conhecimento ou habilidades. É relacionada a "apreender" (com dois "es") ou "trazer para si".

Incomoda-me vincular a lógica do aprendizado a algo que aconteça dessa maneira, de fora para dentro. Apreender, com dois "es", remete a um movimento cumulativo que pressupõe que nosso cérebro seja um espaço a ser preenchido por conteúdos e experiências que outras pessoas escolhem para nós.

NOVOS CAMINHOS À FRENTE

A boa notícia é que os quatro pontos listados não definem a maneira como aprendemos ao longo da vida. São estereótipos que podem, no máximo, atrapalhar o seu desejo de criar projetos estruturados de aprendizagem depois de sair da escola ou faculdade.

O objetivo final da escola é gerar aprendizado e, muitas vezes, ela tem sucesso. Contudo, nosso desenvolvimento pessoal e profissional não pode depender apenas de ambientes formais de educação. Podemos ser beneficiados por eles, mas compreender nossa autonomia é algo fundamental para o aprendizado ao longo da vida.

É importante deixar claro: não sou contra o sistema escolar. Identifico muito mais pontos positivos do que negativos. Acho que há muita oportunidade para melhorar o processo, como aumentar a autonomia do estudante e reduzir o foco seletivo da escola. Mas me parece que a crítica exagerada à escola e à universidade traz o risco de jogarmos fora a água do banho com o bebê junto. Os caminhos do *homeschooling** e da educação democrática trazem ensinamentos valiosos, mas temos que conseguir adaptá-los para alimentar um sistema que impacta centenas de milhões de crianças todos os dias. Não é uma tarefa fácil. A tecnologia aliada à ousadia ajudará no processo. Críticas exageradas não ajudam na transformação necessária e podem diminuir o papel dos professores, especialmente quando não trazemos propostas claras de modelo que funcionem em larga escala e que tenham a possibilidade de adoção por todos os níveis socioeconômicos.

Já se estabeleceu a necessidade de mudança da lógica atual. Há, em todo o mundo, um esforço grande para reinventar a escola como conhecemos. Atualmente, a introjeção do conhecimento é menos necessária do que a capacidade de interpretação (falamos disso no Capítulo 2). No Brasil, é fundamental reconhecer e parabenizar o esforço da Base Nacional Comum Curricular (BNCC), um documento normativo homologado pelo MEC em

---

* *Homeschooling*, ou educação domiciliar, é a prática de lecionar crianças nas suas próprias casas por parentes ou professores contratados.

2018.[6] Ela indica que os aprendizados essenciais sejam apresentados por meio de competências e além dos conteúdos. O documento tem a intenção de colocar o "saber fazer" com um grau de importância ainda maior do que o "saber" puro. A mudança de abordagem educacional requer uma transformação radical em aspectos filosóficos e operacionais de cada escola. Será um processo de transição longo, mas que já começa a demonstrar seus primeiros resultados. Exemplos dessa nova visão são os projetos integradores de série com temas comuns em que várias matérias são abordadas de maneira transversal. Há também o aumento de atenção a temas relacionados ao desenvolvimento de aspectos socioemocionais dos alunos.

Mas o que fazer se somos adultos que saíram da escola há algum tempo?

Proponho uma reconstrução da nossa autoimagem dentro desse contexto. Aprender ao longo da vida pode ser simples, prazeroso e relevante. Nos Capítulos 7, 8 e 9 vamos falar um pouco sobre como criar sua nova persona de aprendiz, mas precisamos ir mais longe na busca e no reconhecimento das oportunidades de aprendizado escondidas em ambientes informais.

Douglas Thomas e John Seely Brown são dois pesquisadores norte--americanos e provocadores do modelo tradicional de educação. Eles escreveram o livro *A New Learning Culture* [Uma nova cultura da aprendizagem],[7] em que destacam a importância da imaginação para um mundo em mudança constante. Para eles, precisamos sair de uma abordagem baseada no *ensinar* para uma outra baseada no *aprender*. Nesse olhar, o papel principal passa a ser criar as condições para que o aprendizado ocorra.

Para que essa nova cultura surja, temos de fazer algumas mudanças importantes. Em primeiro lugar, o modelo de sala de aula muda de um espaço para transmitir conhecimento e passa a ser um ambiente de aprendizagem em que o meio digital dá acesso à informação e diversão. Além disso, em vez de aprender *sobre* o mundo, passamos a aprender *com* o mundo. Finalmente, deixamos de esperar que o aprendiz apenas conheça a informação transmitida.

A nova cultura do aprendizado nos convida a abraçar o desconhecido e a buscar ângulos inéditos para aprender por meio do estímulo à curiosidade e à colaboração.

Thomas e Brown moram na Califórnia, nos Estados Unidos, e têm uma relação muito próxima com a tecnologia. Para eles, o ambiente ideal de aprendizagem deve simular nosso mundo:

> Imagine um ambiente em constante mudança [...] em que os participantes estão construindo, criando e participando de uma enorme rede de dezenas de bancos de dados, centenas de wikis, sites e milhares de fóruns de mensagens, literalmente criando uma economia do conhecimento em grande escala. Imagine um ambiente em que os participantes estão constantemente medindo e avaliando seus próprios desempenhos, mesmo que isso exija que eles construam novas ferramentas [...] onde a avaliação é baseada em análises pós-ação, não para determinar recompensas, mas para melhorar continuamente o desempenho. [...] Encontrar um ambiente como esse parece difícil, mas não é. Já existe, e em um dos lugares mais improváveis: uma nova geração de jogos – como World of Warcraft, EVE Online, Star Wars Galaxies e Lord of the Rings Online, para citar alguns – são comunidades sociais de grande escala que fornecem um estudo de caso sobre como os jogadores absorvem conhecimento tácito e processam-no em uma série de perguntas cada vez mais sofisticadas que envolve coletivos para tornar a experiência mais pessoalmente significativa.[8]

Esse é o tamanho da mudança de postura que precisamos ter para reinventar a cultura da aprendizagem: reconhecer que atividades como o videogame têm o potencial de desenvolver competências e habilidades fundamentais para o momento atual. Enquanto considerarmos o processo educacional formal como o único método possível para o aprendizado, vamos ignorar o enorme desperdício de tempo, dinheiro e envolvimento emocional de crianças, adultos e seus professores.

A grande maioria da população que teve acesso à escola nos últimos trinta ou quarenta anos acabou moldando seus hábitos de aprendizagem na vida

77

adulta a partir da lógica tradicional. Continuamos alunos a vida toda quando deveríamos ser aprendizes. Continuamos dependentes de alguém para nos ensinar. E acreditamos que consumir conteúdo é o caminho principal para um aprendizado verdadeiro. Quer aprender algo? Vá ler um livro, fazer um curso, procurar um professor ou professora. Vamos encher nossa cabeça de conteúdo. Mas será que isso é, de fato, aprendizagem?

CAPÍTULO 5
AFINAL, O QUE É APRENDIZAGEM?

O QUE É APRENDER?

A resposta será diferente de acordo com a área de atuação da pessoa a quem você fizer a pergunta. A psicologia por si só já provê olhares diversos o suficiente para causar bastante discussão. Um behaviorista terá uma definição diferente da proposta por um cognitivista, e a amplitude de definições aumentará se você incluir os importantes olhares da educação, sociologia e de outras áreas dedicadas ao estudo do aprendizado humano. Na neurociência, por exemplo, o aprendizado pode ser definido como uma mudança na força e na eficiência de conexão entre neurônios para oferecer ganhos cognitivos. Esse é o tipo de definição que, embora interessante, não ajuda muito do ponto de vista da aplicação prática.

Um dos principais pesquisadores da área de aprendizagem de adultos, o norte-americano Malcolm Knowles, relaciona uma lista de quase cem teóricos da aprendizagem em seu clássico livro *Aprendizagem de resultados.*[1] A complexidade é ainda maior porque o caminho de construção do conceito não seguiu um caminho único, com pesquisadores de diversas disciplinas conversando entre si e construindo uma teoria única. Em muitos casos, há pouca ou nenhuma troca entre professores de áreas diferentes.

Juan Ignacio Pozo é uma grande referência por conseguir misturar conhecimento teórico profundo com um olhar provocativo e propositivo de maneira brilhante. Em seu livro *Aprendizes e mestres*,[2] ele diz que aprendizagem "é uma categoria natural, cujas fronteiras com outros conceitos afins (por exemplo desenvolvimento, ensino, memória etc.) estão um tanto esfumaçadas [...]". Em resumo, existem diversas definições possíveis e boa parte das diversas definições possuem dois aspectos em comum: **aprendizado ocorre quando vivemos experiências que nos causam mudanças**.

Aprender é uma função biológica responsável por permitir que seres vivos se adaptem à complexidade do ambiente. Todo ser vivo que se movimenta para se alimentar tem a capacidade de aprender. O nível mais simples, chamado de sistema cognitivo básico ou aprendizado implícito, fornece respostas automáticas e inconscientes a necessidades específicas. Esse tipo de aprendizado permite que animais saibam como se alimentar, se defender e procriar sem que ninguém os ensine. É um sistema básico que tem vantagens em relação aos processos de aprendizagem mais complexos. Ele é mais duradouro, generalizável em ambientes diversos e econômico do ponto de vista de gasto de energia do nosso corpo. Estudos de neuroimagens demonstram que as áreas do cérebro responsáveis por esse tipo de aprendizado são as mais primitivas.[*]

O desenvolvimento do nosso cérebro foi um processo incrível e lento. Há cerca de quatro ou cinco milhões de anos, o australopiteco possuía um cérebro com volume de duas a três vezes menor do que os 1.350 centímetros cúbicos que possuímos hoje. Ao longo desse período, fomos desenvolvendo uma série de capacidades como a comunicação, a empatia e a criação de rituais, que iniciaram a construção de um conceito de cultura.

Há cerca de 2,4 milhões de anos, começamos a usar as pedras lascadas como ferramenta. Essa descoberta permitiu uma enorme vantagem evolutiva e a necessidade de movimentos finos para aproveitá-las demandava um cérebro maior. A capacidade de criar laços sociais permitiu caçar melhor e aumentar o consumo de proteína, o que ajudava no processo de evolução do

---

[*] Um ponto importante é que ainda sabemos pouco sobre como o cérebro funciona. É bastante possível que meses depois do lançamento deste livro surjam novas descobertas sobre o funcionamento cerebral. Por exemplo, há pesquisadores que contestam a ideia de que temos uma parte mais primitiva e outra mais evoluída no cérebro, embora a visão que apresento aqui ainda seja a mais aceita.

cérebro. Ao mesmo tempo, a complexidade de relacionamento em grupos também se beneficiava por novas estruturas cerebrais mais potentes.

Os *Homo sapiens* mais antigos descobertos viveram há trezentos mil anos. Mas foi há "apenas" trinta mil anos que surgiram os comportamentos que reconhecemos em nós mesmos, como música, arte figurativa, comércio e rituais de luto. O que permitiu esse tipo de comportamento foi o desenvolvimento do córtex cerebral. Ele nos possibilita produzir e compreender linguagem complexa e ter pensamentos superiores, como raciocínio, pensamento abstrato ou tomada de decisão. Essa parte do cérebro também apoia o surgimento de reações emocionais vinculadas ao aprendizado. Com isso, temos prazer em investir tempo desenvolvendo competências que acreditamos que serão benéficas para nós mesmos.

O tamanho e o formato do cérebro não foram, contudo, suficientes para gerar a necessidade de processamento necessária para o convívio em grupo em um ambiente complexo. Nosso cérebro precisou desenvolver a capacidade de aprender de maneira consciente para "transcender os severos limites que nos impõem os nossos exíguos esforços cognitivos".[3] Nossa memória é o principal componente da lógica do aprendizado. Ou melhor dizendo, as nossas memórias: a memória de trabalho e a memória permanente.

A memória de trabalho equivale a uma memória RAM no computador, que deixa disponível aquilo de que estamos precisando para realizar a tarefa do momento. Ela é muito pequena. Por isso é muito difícil, por exemplo, decorar dois ou três números de telefone, ou fazer de cabeça uma multiplicação como 127×13. Naturalmente, utilizamos técnicas simples para ajudar nossa memória de trabalho. Ficamos repetindo o número de telefone sem parar até ter acesso a um local para anotá-lo, por exemplo. Somos ainda capazes de criar extensões do nosso cérebro. Usamos papel e caneta para fazer a conta ou um celular com agenda para guardar os números telefônicos para nos apoiar em atividades nas quais a memória de trabalho não dá conta.

A memória permanente é o disco rígido do cérebro. É lá que estão guardados os conhecimentos que ajudarão a resolver problemas, interagir ou trabalhar. O segredo do aprendizado é tornar acessível o conhecimento obtido por experiências, conteúdos e emoções. No momento necessário, idealmente, ele será transferido para a memória de trabalho e teremos acesso consciente a ele. Se você precisa fazer uma subtração para calcular o troco durante uma transação comercial qualquer, a informação estará lá, disponível para uso.

Mas o acesso ao aprendizado tem um custo elevado: o gasto calórico. O cérebro tem 2% do peso corporal de um adulto e consome aproximadamente 20% da sua energia todos os dias.[4] Por esse motivo, a mente humana se organiza de modo a otimizar o uso de energia. Estruturamos nosso conhecimento de maneira hierárquica, em redes de conhecimento construídas a partir de estudo e de experiências. No entanto, a memória tem um limite. Para aumentá-la, são necessárias *próteses cognitivas*, e diversas novas tecnologias podem ser consideradas verdadeiras extensões do cérebro. Esse apoio se dá não somente no aumento da nossa memória. Conseguimos ser mais eficientes no processamento da informação também.

Elon Musk, famoso empreendedor fundador da Tesla e da SpaceX, considera que já somos ciborgues, seres que são parte humanos, parte máquina. Em uma entrevista,[5] ele afirmou que já temos superpoderes em nossos computadores e celulares que nos tornam mais importantes do que um presidente norte-americano há vinte anos. Existe apenas um entrave para o aproveitamento total da capacidade de processamento e armazenamento desses dispositivos: a velocidade de entrada e saída de informação. Somos lentos digitando ou mesmo falando com a máquina. É necessário ler (ou ouvir) e interpretar o conhecimento que está sendo transmitido para tomar qualquer decisão baseada nele. Musk antevê a necessidade da criação de uma terceira camada cerebral, além do sistema límbico e do córtex. Seria uma camada digital, de inteligência artificial, conectada diretamente ao cérebro com a mesma capacidade simbiótica das outras duas. Para atingir esse objetivo, ele criou uma empresa chamada Neuralink, que está criando o futuro das interações cerebrais e "inventando novas tecnologias que expandirão nossas habilidades, nossa comunidade e nosso mundo".[6]

Mas antes de colocar um chip no cérebro, há um sistema que já vem instalado desde o nascimento e tem sido subaproveitado. Trata-se provavelmente do maior ganho cognitivo de toda a evolução da espécie humana: a consciência que temos a respeito do nosso próprio aprendizado. Em outras palavras, temos conhecimento sobre o nosso conhecimento. Apenas a espécie humana consegue dizer o que aprendeu e como aprendeu. Essa habilidade chama-se metacognição e pode ser traduzida como a consciência que temos dos nossos processos cognitivos. Ela traz também um aspecto importante, que é a possibilidade de autorregulação. O *Homo sapiens* é capaz de monitorar, organizar e adaptar o processo de aquisição de conhecimento de acordo com o seu interesse e necessidade.

Esse potencial está presente em todos os seres humanos, mas, muitas vezes, não é aproveitado. Como discutimos, o processo educacional assume o papel de regular e monitorar o aprendizado e, com isso, não aproveitamos o melhor de milhões de anos de evolução.

Mas afinal, o que é aprendizado?

A EXPLICITAÇÃO DO CONHECIMENTO

De uma forma estruturada (porém genérica), Pozo propõe que, independentemente de um olhar científico ou popular, o "bom aprender" deve ter três características fundamentais:

- Produzir uma **mudança** duradoura;
- Ser **transferível** para outras situações;
- A mudança ter ocorrido como **consequência direta da prática realizada**.[7]

Gosto do olhar, mas me parece que "mudança", embora parte fundamental do processo de aprendizagem, não estabelece de maneira completa o fenômeno.

Minha abordagem para o assunto é extremamente prática. Tenho orgulho do meu doutorado em psicologia da aprendizagem, mas não sou um acadêmico. Sou um pesquisador obstinado e apaixonado e, antes de tudo, um empreendedor **83** e um prático da aprendizagem de adultos. Meu olhar, portanto, traz uma mistura de teoria e reflexão, observação e experimentação realizadas ao longo de mais de trinta anos de carreira. Dentre as inúmeras definições possíveis, fiz minha escolha com uma vulnerabilidade consciente. Optei pela simplicidade.

Aprendizado é a explicitação do conhecimento por meio de uma performance melhorada. Essa é minha definição. Aprendemos quando passamos por um processo que nos permite realizar algo de maneira melhor ou diferente do que fazíamos antes, seja por aquisição de uma nova habilidade ou pela mudança da nossa visão de mundo.

Aprender é colocar conhecimento para fora, não para dentro.

Podemos "explicitar o conhecimento" de diversas formas, em inúmeras áreas. Com habilidades técnicas ou manuais é mais fácil compreender a definição. É adequado dizer que alguém aprendeu a costurar apenas quando demonstra capacidade de consertar ou transformar um pedaço de tecido em uma roupa. Da mesma maneira, aprender a cozinhar ocorre quando se elabora um prato. Conhecer todos os princípios básicos da culinária não prova aprendizado, demonstra aquisição de conhecimento. O aprendizado de verdade se passa no momento em que os princípios são aplicados. Ele ocorre na experimentação, na tentativa e no erro. É aí que o conteúdo introjetado vai (ou não) se mostrar oportuno. Sem a realização concreta do objeto do aprendizado, não podemos afirmar se adquirimos competência ou não. Isso vale para programar, conduzir uma reunião de *design thinking* ou fazer a gestão de um time a distância.

Há alguns anos, meus filhos ganharam um violão e me sentei com eles para ensinar um pouco do que sabia. Segui, de maneira mecânica, a lógica educacional que me foi oferecida quando aprendi violoncelo em um conservatório: comecei pela teoria. Minha ideia era fazê-los tocar três acordes básicos. A partir daí, eles poderiam tocar um monte de músicas. Na minha visão, esse era o caminho mais rápido para um mundo de diversão musical. Achei que estava sendo superdidático e insisti quando eles começaram a demonstrar desinteresse. Estava errado. Percebi que minha escolha tinha sido um desastre quando um deles disse: "Pai, a gente não quer aprender acorde. A gente quer aprender a tocar uma música".

Esse olhar, o aprender para fazer, propõe uma mudança grande no modelo educacional. Como expus diversas vezes, podemos nos limitar a introjetar fatos e dados previamente escolhidos e estruturados por outras pessoas. É importante, entretanto, destacar que a aquisição de conhecimento é parte importante do processo de aprendizado. Não aprendemos apenas absorvendo conteúdo, mas também não o fazemos no vácuo. A prática e a vida real são os verdadeiros campos do aprender.

Isso vale também para o desenvolvimento de competências intelectuais ou socioemocionais. Uma aula ou conversa sobre filosofia deixa de ser apenas um momento prazeroso quando gera uma mudança na nossa maneira de ver e compreender o mundo. O conhecimento de história da arte pode permitir uma experiência diferente ao visitarmos um museu ou ouvirmos um concerto. Mesmo com um tema totalmente conceitual, escrever um texto ou dar uma aula pode ser uma maneira de demonstrar nossa aprendizagem.

Minha definição – aprender é explicitar o conhecimento por meio de uma performance melhorada – pode parecer lógica e de fácil aplicação à primeira vista. Mas não se engane: são muitos anos expostos a um modelo que propõe o contrário. Na hora H, muitas vezes, voltamos para a definição tradicional e acabamos confundindo o aprender com o estudar.

Aprender "como fazer", muitas vezes, vai de encontro à visão da sociedade (e, portanto, à nossa própria) do que é aprendizado. Com diz Pozo, para o ambiente educacional,

> [o] conhecimento prático – saber fazer – é antes uma forma inferior de saber, à qual se dedicam apenas aqueles que não podem acessar as formas superiores e abstratas de conhecimento, porque a ação está mais ligada ao corpo, à parte animal, menos racional, de nós. Na verdade, os campos do conhecimento prático (música, educação física, expressão artística etc.) ocupam um lugar muito secundário em nosso sistema educacional.[8]

Ele conclui, mais à frente, que esse olhar não pode mais ser considerado adequado:

> [...] Nossa cultura tende a reduzir o aprendizado à aquisição de conhecimentos verbais ou simbólicos e desvaloriza o conhecimento prático, o saber fazer. A nova cultura de aprendizagem exige não só diversificar essas formas de aprender, mas também integrá-las, conectando-as na forma de competências que favoreçam o uso autônomo do que foi aprendido em novas situações e contextos.[9]

Que seja bem-vinda a nova cultura do aprendizado.

Talvez ela tenha demorado a chegar porque precisávamos de alguns elementos presentes ao mesmo tempo. A transformação acelerada gerou urgência para a aquisição de novas habilidades e visões de mundo. O que era um sonho nos anos 1970 virou uma necessidade de sobrevivência no século XXI.

Ao mesmo tempo, dispomos de tecnologia simples e que oferece acesso ilimitado a conteúdo e a pessoas a custos cada vez mais acessíveis. Finalmente, a sociedade está organizada e empenhada em tornar o aprendizado ao longo da vida uma realidade para bilhões de habitantes. É por essa combinação de fatores que uma visão de mais de cinquenta anos começa a se tornar realidade.

Escrevo este livro para o adulto que viveu o modelo educacional clássico. Para quem provavelmente sabe da importância e da necessidade de aprender ao longo da vida. Mas, como a maioria, não dispõe das ferramentas e do repertório adequados a essa missão tão difícil quanto prazerosa.

Todos somos capazes de estruturar projetos para aprender e direcionar nossas práticas de desenvolvimento. Mas a rigidez do processo escolar a que fomos expostos nos primeiros vinte anos das nossas vidas pode ter efeitos colaterais importantes: ficamos dependentes.

Por força de lei, somos tolhidos de qualquer escolha de elementos básicos do processo de aprendizagem. Alguém decide por nós o que temos que aprender, com que frequência, em que momento do dia, com qual método... Não há espaço para questionar o processo.

Brigamos pouco por esse direito, e há motivos para isso.

Em primeiro lugar, a escola tem uma função social muito forte. Além da obrigação legal, há uma expectativa social preestabelecida de que toda família coloque suas crianças em um ambiente educacional formal. As formaturas – que ocorrem cada vez mais cedo, desde o ensino infantil – são festejadas e viraram um ritual importante na vida de todos nós. A obtenção ou não de um diploma de ensino superior é um indicador consistente para o sucesso profissional e financeiro. A escolarização tem um papel muito importante em nossa expectativa de sucesso profissional.

Com isso, acabamos nos acostumando com o processo.

Sabemos que grande parte do conteúdo que memorizamos para tirar boas notas é inutilizado pelo nosso cérebro. Nosso corpo é uma máquina inteligente que não investirá energia ocupando memória com informações desnecessárias.

Fomos para a escola, faculdade ou curso técnico porque esse é o caminho natural da vida de qualquer criança, adolescente e jovem adulto. O objetivo é estarmos formados.

No século XXI, essa forma deixou de funcionar, e uma mudança grande se faz necessária a partir daí: temos que escolher, intencionalmente, aprender. Estabelecer tempo na agenda semanal, definir quais habilidades são relevantes, buscar fontes adequadas e interessantes, lidar com ansiedade e frustração tão naturais ao processo. O desafio parece grande, mas é possível.

No decorrer dos anos, a vivência como ativista do aprendizado informal e autodirigido tem me mostrado que é possível reaprender a aprender em qualquer momento da vida. O processo é tão natural para nossa espécie, do ponto de vista evolutivo, que é preciso de muito pouco para colocarmos a prática da autoinstrução no nosso dia a dia.

O início do processo é reconstruir sua autoimagem como aprendiz.

CAPÍTULO 6
UM NOVO CAMINHO

omecei cedo a trabalhar com aprendizagem.

Tinha 16 anos quando dei minhas primeiras aulas particulares de Matemática, Física e Química para estudantes mais novos do que eu. Na verdade, via mais como um bico do que como minha introdução à área em que atuaria por toda a vida. Gostava, acredito que era um bom explicador e ganhava meu dinheiro.

Logo no início da faculdade, no segundo semestre do curso de administração na Fundação Getulio Vargas (FGV), organizei meu primeiro congresso, com os colegas Alexandre Santille e Fernando Jucá. Fiquei espantado e muito feliz ao ver todos os 525 lugares do auditório da avenida Nove de Julho tomados. E mais empolgado ainda com a percepção e impacto do evento.

Contudo, mais uma vez, não achei que educação ou aprendizagem fossem uma opção de carreira. Só estava desenvolvendo meu lado empreendedor, ganhando algum dinheiro e, principalmente, me divertindo. A abordagem e a escolha dos temas não eram tradicionais. Em vez de trazer professores, convidávamos profissionais do mercado para falar um pouco de sua experiência e vivência pessoal. No fundo, atuávamos como uma ponte entre livros e aulas e o mundo real do ambiente de trabalho.

Como todo estudante de Administração no início dos anos 1990, meu objetivo era conseguir um estágio em uma grande empresa. Fiquei um ano e meio na Procter & Gamble e ganhei o primeiro e único carimbo na minha magra carteira de trabalho. Foi um período de muito crescimento. O nível de profissionalização e a qualidade das pessoas por lá eram maravilhosos. Contudo, achei que grandes empresas não seriam o meu espaço ideal de trabalho. Não sei dizer o porquê, mas a necessidade de autonomia e a vontade de criar falam muito alto dentro de mim até hoje. Por coincidência, os meus dois colegas dos congressos na FGV estagiavam na mesma empresa. Quando eu contei a eles que, apesar de ter sido convidado para uma vaga efetiva, não pretendia continuar na empresa, eles também optaram por esse caminho.

Passamos o último semestre nos reunindo e pensando no que faríamos. Apesar de termos organizado seis seminários de grande sucesso, a aprendizagem não era um caminho sequer considerado. Pesquisávamos empresas e franquias de fora do país, conversávamos com empresários mais experientes. A formatura se aproximava e nada brilhava em nossos corações empreendedores.

Até que, um dia, um de nós falou: "E aqueles eventos que fazíamos?". Pensamos na possibilidade, desenhamos um modelo de negócio simples e decidimos testá-lo por meio de uma pesquisa informal com o público-alvo, na porta de algumas faculdades em São Paulo. Queríamos entender se a necessidade que tínhamos mapeado – juntar o aprendizado universitário à realidade do mundo real – era algo que as pessoas identificavam como importante. O resultado da pesquisa nos animou e retomamos nossa rota inicial. Dessa vez, começamos a entender que estávamos entrando no ramo de aprendizagem.

Foram dez anos e 150 mil participantes de cursos abertos em todo o Brasil, seguidos de vinte anos de consultoria de treinamento com as maiores empresas de todo o país. Foram alguns milhões de pessoas e milhares de programas em que pude experimentar, inovar, errar e, principalmente, aprender. Tenho muito orgulho do impacto das duas empresas que fundei e ajudei a construir, o LAB SSJ e a Afferolab, na maneira como o mercado de educação corporativa brasileiro atua. Vivi anos incríveis nas duas empresas e conheci pessoas maravilhosas.

Em 2009, entrei no doutorado do Instituto de Psicologia da USP. Minha tese foi sobre aprendizado autodirigido em ambientes informais. Em um olhar mais próximo, estava claro que a escolha do tema e o resultado da **89** pesquisa refletiam um incômodo que me acompanhava havia algum tempo: será que o meu trabalho realmente ajudava pessoas e empresas? Como o treinamento impactava o aprendizado corporativo?

Em 2015, escrevi um artigo para o UOL com o título: *Ainda não aceitamos o fato de que o aprendizado acontece no trabalho.* No texto, eu discutia as oportunidades que o *smartphone* trazia para a educação corporativa e apontava para algumas mudanças necessárias e positivas que deveriam estar no radar das empresas. Terminei o texto com a seguinte provocação: "A proposta é parar de controlar cada clique e reconhecer mais o resultado do que o processo, mais o impacto do aprendizado do que o conteúdo em si. Enfim, considerar aprendizes adultos como seres autônomos, responsáveis e criativos".[1]

Em retrospectiva, identifico esse como o início do meu processo de mudança. Foram anos provocando o mercado e propondo novas alternativas. A partir de 2014, comecei a buscar congressos e outros eventos fora do país que conversavam com meus incômodos. Em 2016, conheci o Alex Bretas, que é um grande parceiro nesse olhar para a autonomia da aprendizagem. Participei com ele de uma comunidade de aprendizagem autodirigida chamada Multiversidade: trinta pessoas criando suas jornadas próprias de aprendizagem ao longo de oito meses.

Finalmente, em 2018, vendi o último pedaço da minha participação na Afferolab e tive um ano de *non-compete*, aquele período em que você não pode atuar em nada que concorra com a empresa. Basicamente, estava proibido de fazer treinamento, eu podia apenas dar palestras.

A ruptura se mostrou positiva. Passei o ano falando em diversos eventos em todo o Brasil. Desde então, nunca mais fiz um treinamento e acho que fiz a escolha certa. Não diminuo o papel dos treinamentos corporativos no aprendizado ao longo da vida, mas vejo muita oportunidade de mudança na forma como isso é feito.

Como falei no capítulo anterior, o modelo idealizado pelas empresas se baseia na lógica educacional clássica. Com isso, muitos dos vícios e problemas que enfrentamos nos primeiros anos de vida continuam presentes, em especial o desestímulo à autodireção. O RH assume o papel da escola e seguimos achando normal alguém escolher nosso caminho de aprendizagem.

Pouco depois que acabou minha quarentena, voltei a empreender e resolvi que seguiria na área de aprendizagem corporativa. Afinal, só sei fazer isso na vida.

Contudo, tomei uma decisão: não faço mais treinamentos. Nenhum. O foco da empresa que fundei com Mariana Jatahy, a nõvi, é criar uma prática de aprendizagem nas empresas que fomente a autonomia do desenvolvimento dos colaboradores e que reconheça o ambiente informal como um excelente espaço de aprendizagem. Em resumo, minha sugestão é trocar o controle e a falsa certeza do processo de treinamento pela criação de uma cultura de aprendizagem.

Começo o capítulo contando essa história porque o livro que você está lendo é reflexo dessa escolha, que tem se mostrado muito acertada. Acho que o treinamento tradicional tem seu espaço no ambiente corporativo. Acredito também que as empresas têm um papel fundamental como universo de aprendizado e crescimento para seus colaboradores. Contudo, como espero ter deixado cristalino nos primeiros capítulos, é fundamental incentivar a autodireção do aprendizado.

Por isso, nos últimos anos, tenho pensado que precisamos propor outros caminhos para apoiar o aprendiz adulto nesse processo. Afinal, a grande referência que temos, quando pensamos em aprender, é a vida escolar. E não acredito que a aprendizagem ao longo da vida será construída apenas por meio desse tipo de experiência.

Precisamos de um novo modelo. E, como proponho no título do capítulo, podemos também trazer de volta a curiosidade e a naturalidade com que o aprendizado fazia parte do nosso cotidiano, dentro e fora da escola.

Não tenho dúvida que todos nós podemos ser *lifelong learners*, ou aprendizes ao longo da vida. Para isso, percebo a necessidade de alguns reajustes na maneira como pensamos e vivenciamos nossa aprendizagem.

Para que isso aconteça, entendo que haja dois tipos de mudanças necessárias, que vou detalhar ao longo deste capítulo: sua autoimagem de **91** aprendiz e a construção das jornadas de aprendizagem (vou apresentar um passo a passo).

A primeira, sua autoimagem de aprendiz, passa por uma mudança na forma como encaramos a aprendizagem. Na escola, não temos muita autonomia. Normalmente, não somos nós que decidimos o que e como vamos aprender. Estamos acostumados a considerar a aquisição de conteúdo como principal via para o aprendizado. Não me entenda mal, não precisamos fazer uma ruptura radical com esse modelo. A educação formal tem e terá muitos espaços no decorrer da vida adulta. Meu doutorado foi uma das melhores e mais gratificantes experiências de aprendizado autodirigida que vivi. Meu ponto é que, de uma maneira geral, temos que reconstruir nossa relação com o aprender. Em outras palavras, a autoimagem da maioria de nós ainda é de que precisamos ser guiados na aprendizagem, mas não precisa ser assim.

A segunda alteração refere-se a uma parte mais prática do processo. Se aprender não é o que imaginamos (fazer um curso ou ler um livro), o que é então? Qual o passo a passo desse novo jeito? Vou compartilhar neste capítulo um método que uso pessoalmente e que já foi aprovado por milhares de pessoas.

O objetivo, aqui, é começar a contar para o seu cérebro o que está por vir. Aliás, conhecer o todo antes de mergulhar na parte é uma boa prática de aprendizagem.

HOMO DISCENS OU SUA AUTOIMAGEM DE APRENDIZ

Nós, os *Homo sapiens*, somos uma espécie que depende de aprendizado para interagir com o mundo e sobreviver. Alguns pesquisadores entendem – de maneira metafórica ou sociológica-cultural – que está surgindo uma nova espécie, o *Homo discens*.[2] Ela tenta se adaptar às necessidades de aprendizagem de um ambiente cultural e social que demanda mais do que o "desenvolvimento cognitivo de série, com o qual a evolução nos dotou".[3] Fica mais fácil compreender como essa transformação está ocorrendo se compreendermos o que efetivamente é um aprendiz adulto. Vou apresentar três aspectos que acredito merecerem atenção na construção da sua autoimagem como aprendiz:

- Adultos não são crianças grandes;
- Somos autodirigidos;
- O ambiente informal é o nosso maior espaço.

Adultos não são crianças grandes

Você já reparou em como a lógica das nossas experiências de aprendizagem como adultos se assemelha às experiências que temos na infância? Estou indo além do formato da sala, de modelos unidirecionais ou de foco mais conteudístico dos encontros. Refiro-me à nossa própria postura.

Após a maturidade biológica, possuímos características e necessidades específicas. Pesquisadores já perceberam isso há um século,[4] mas muito pouco mudou ao longo desse período. A forma como adultos aprendem apresenta algumas particularidades fundamentais contrárias aos hábitos educacionais que desenvolvemos.

O primeiro ponto diz respeito à autonomia. Trata-se de um componente básico do comportamento do adulto. Como consequência, podemos até estar de corpo presente em aulas ou cursos, mas só vamos aprender de verdade quando a necessidade individual estiver claramente estabelecida. Sem isso, não teremos motivação e energia para empreender um projeto de aprendizagem relevante e significativo.

Outro aspecto relevante da forma como nos desenvolvemos é o papel da nossa experiência. Construímos nossa visão de mundo a partir do que vivemos. Negar isso é negar a própria personalidade do adulto. Tradicionalmente, o modelo didático privilegia mais uma abordagem unidirecional e conteudista do que a troca de experiência entre alunos. Sem um vínculo tangível do conteúdo com a vida real, a transferência de aprendizado é muito prejudicada.

Há uma teoria com princípios claros sobre a forma como adultos aprendem. A andragogia[5] foi desenvolvida nos anos 1970 e, desde então, apoia facilitadores de adultos a desenharem ações institucionais mais adequadas ao nosso perfil. Está na hora de você também dominar esse conceito e aplicá-lo nas suas iniciativas pessoais de aprendizagem.

Somos autodirigidos

Se a autonomia é uma característica tão fundamental para a motivação de um adulto, ela também deveria incentivar a forma como aprendemos. E, de fato, incentiva. Diversas pesquisas[6] demonstram que a grande maioria dos aprendizes adultos têm capacidade de conduzir o seu processo de aprendizagem. Isso não quer dizer que o processo é isolado e sem apoio. A autodireção da aprendizagem está relacionada a nossa capacidade de identificar o que queremos aprender, criar objetivos e alocar recursos e métodos para atingi-los.

Para que a autodireção ocorra, são necessários pelo menos três aspectos. O primeiro está relacionado a acreditar na nossa capacidade de estruturar o aprendizado sem apoio de um "especialista". Esse sentimento tem um nome: crenças de autoeficácia. Devemos, ainda, desenvolver uma obstinação e disciplina para substituir as motivações extrínsecas negativas que nos faziam frequentar a escola e estudar. Temos que nos apaixonar por aquilo que aprendemos.

Finalmente, é fundamental utilizar nossa capacidade de metacognição, que mencionamos no Capítulo 3. Pensar sobre o pensar e sobre a forma com que aprendemos é uma atitude que permite aprofundar nosso autoconhecimento como aprendizes. Com isso, podemos nos autorregular e continuar a aprimorar e adaptar a nossa capacidade de aprender à medida que o mundo e nós mesmos vamos mudando.

O ambiente informal é o nosso maior espaço

Você já parou para pensar o tempo que passou dentro de um ambiente

formal de aprendizagem até agora, ao longo da sua vida? Pode ser sala de aula, curso on-line ou qualquer outra atividade educacional. De acordo com a LIFE, uma entidade que pesquisa aprendizagem, nos ensinos fundamental e médio ocorre o maior contato com os ambientes formais (18,5% do tempo em que o indivíduo está realizando as atividades diárias é em um desses ambientes). Antes disso, na pré-escola, por exemplo, o contato é menor (cerca de 9,25%).[7]

Já depois de ter terminado a sua faculdade ou pós-graduação, caso você tenha ido até essa etapa, você terá encontros esporádicos com a educação formal durante sua existência. Por isso, a única forma de aprender ao longo de toda a vida é compreender que podemos nos desenvolver em qualquer ambiente.

Como vimos no Capítulo 1, essa necessidade foi percebida pela Unesco, que cunhou o termo "aprendizagem ao longo da vida" e propôs uma ampliação da visão por meio do *lifewide learning* (*Wide* quer dizer "largo", em inglês). O termo propõe, portanto, que o aprendizado aconteça em todos os domínios da vida, de maneira consciente ou inconsciente.

Os mesmos estudos citados anteriormente também demonstram que a maior parte do aprendizado ocorre fora do espaço formal. No meu doutorado, apliquei os mesmos protocolos de pesquisa em aprendizes brasileiros. Quase 80% dos projetos de aprendizagem foram realizados no ambiente informal. Talvez você nem se dê conta disso.

Quando não consideramos o ambiente informal como espaço para aprendizado "de verdade", perdemos a chance de avisar nosso cérebro de que o conhecimento é válido. Com isso, mandamos uma mensagem involuntária: não vale a pena gastar a energia necessária para manter a informação na memória permanente. Sem processamento e armazenamento, não há aprendizagem.

A partir de agora, quando você se imaginar como aprendiz, tente incorporar essas três características. Você é um aprendiz adulto, autodirigido e apto a aprender em todo o lugar.

A CONSTRUÇÃO DAS JORNADAS DE APRENDIZAGEM

Minha expectativa, neste ponto, é que você já tenha entendido quão fundamental é aprender para desfrutar ainda mais a sua vida. Você comprou o livro, leu até aqui... acho que a necessidade já está estabelecida.

Para ajudar a reconstruir sua persona de aprendiz, falamos das três características que diferem o aprendiz adulto do aluno que você foi um dia. O que falta para a ação é compreender quais são as etapas para a construção de um projeto de aprendizado autodirigido.

Não existe uma fórmula única para isso. Contudo, desenvolvi um caminho em que tenho aplicado jornadas de aprendizagem em grupo e interagido muito com aprendizes adultos. É o método que uso pessoalmente e que já dividi com milhares de pessoas. Ele se baseia em experiências próprias, na minha pesquisa de doutorado e em tantas outras iniciativas autodirigidas do mundo como o *enrol yourself,*[8] o *open masters*[9] ou o *MOL – Masters of Learning.*[10] Os resultados, para mim e para os outros, têm se mostrado excelentes.

Considere este modelo um ponto de partida. Após experimentar esse passo a passo, você poderá se autorregular e fazer ajustes, mudanças, inversões e eliminações para criar uma lógica que faça sentido para suas necessidades. Com o tempo, o seu caminho pessoal de aprendizado será ajustado e modificado. Afinal, vivemos o período da estabilidade dinâmica. Tudo vai mudar, inclusive a própria forma de aprender e ensinar.

Apresento a seguir as etapas desse processo. Na vida real, ele não é linear como está descrito. Minha sugestão é que, pelo menos uma vez, você faça da maneira descrita, observando o que funciona ou não com você. Os itens estão apresentados de modo resumido. Cada um será detalhado e repleto de dicas práticas em capítulos específicos para cada passo.

1. A escolha do que aprender

Lembro os primeiros dias de aula de quase todos os meus anos escolares.

Tenho um perfil curioso e adorava começar um novo ciclo sem saber quem seriam os professores ou o que eu aprenderia ao longo do ano ou semestre. Mesmo nas matérias optativas, na faculdade, a escolha era feita por meio de uma descrição de um parágrafo e de conversas com ex-alunos. De maneira geral, eu adorava a surpresa de descobrir o que alguém havia criado para mim.

Não sei se você também gostava das surpresas nos inícios de cada novo ciclo escolar, o importante é notar que passamos por todo o processo formal sem precisar escolher o que aprender. Por esse motivo, esse primeiro passo é mais difícil do que parece. Nas jornadas coletivas de aprendizado autodirigido que conduzo, como o Learning Sprint, esse ponto de partida é sempre o mais angustiante para o aprendiz adulto.

Um caminho natural é escolher um tema de uma das diversas listas de habilidades do futuro. Outro é escolher um tema da moda (pode prestar atenção, sempre tem um assunto que aparece mais em palestras, artigos e redes sociais). Mas aprender não é adquirir conteúdo. Aprender é explicitar o conhecimento por meio de uma performance melhorada – lembra?

Ou seja, para saber o que devemos aprender, precisamos dar alguns passos para trás. Em primeiro lugar, entender onde estamos e onde queremos estar. A partir daí, podemos ponderar e entender o que precisamos mudar ou fazer melhor para atingir o que queremos. Há ainda, um terceiro aspecto: temos motivação e paixão para investir energia num processo de aprendizagem na área escolhida?

Esse é um processo de reflexão tão profundo quanto agradável. E ele é o ponto de partida fundamental para a formação de um *lifelong learner*.

2. As fontes de aprendizado: CEP+R

Escolhido o tema, a próxima etapa parece simples. Agora é só aprender. O problema é que o caminho natural, para a maioria, é procurar um curso, um livro ou um vídeo. Aquisição de conteúdo como sinônimo de aprendizagem é um traço muito forte da nossa vivência educacional.

Eu e Alex Bretas – grande parceiro e ativista do aprendizado autodirigido como eu – estruturamos as fontes de aprendizagem em quatro categorias **97** diferentes: conteúdo, experiências, pessoas e redes. Nosso uso delas sempre foi empírico, quase como um lembrete de que aprender tem vários caminhos. Neste livro, eu me aprofundei em cada uma delas e acrescentei aspectos práticos que facilitam o aproveitamento de cada fonte.

- **Conteúdos** continuam a ser relevantes. Eles são meios importantes para ajudar a criar alicerces que são a base para a construção de um conhecimento mais sólido. É a partir daí que construímos novos conceitos. Saber fazer curadoria, escolher as mídias e fazer uma leitura ativa são habilidades muito importantes para um aprendiz ao longo da vida.

- **Experiências** são a base do aprendizado adulto, como falamos acima. Podemos e devemos fazer uma busca ativa de quais atividades e vivências nos apoiarão na trilha de desenvolvimento que escolhemos. Durante o projeto, ter espaço de experimentação e prática é imprescindível para que o aprendizado efetivamente ocorra.

- **Pessoas** são uma fonte de aprendizagem muito subaproveitada. É comum nos conectarmos com alguém quando temos uma dúvida. Entretanto, podemos aproveitar muito mais as trocas se estruturarmos um encontro com alguém que tem algo a nos ensinar. Identificar quem tem o conhecimento ou a experiência que pode nos apoiar no projeto de aprendizagem é uma preparação importante. Na sequência, é importante definir o que você pretende aprender. Ao marcar um encontro, escute de maneira verdadeiramente ativa. Deixe espaço para que o conhecimento do outro se complemente ao seu.

- **Redes** ou comunidades são grandes impulsionadores para o aprendizado individual. Os motivos são muitos: trocas, engajamento, relacionamento e até uma pequena pressão social positiva. Como mencionei, autodireção não é estar sozinho no processo. Grupos podem ter um papel fundamental na continuidade e no prazer de se conduzir projetos pessoais de aprendizagem. Grupos renovam as outras fontes, oferecendo novos conteúdos, experiências e pessoas.

3. O planejamento da aprendizagem

Uma prática desejada para projetos de aprendizagem é construir um plano logo no início, mesmo sabendo que ele será reescrito diversas vezes. Existem diversos modelos e caminhos possíveis para o aprender, mas ajuda muito escolher um como ponto de partida. Vejo que, muitas vezes, o aprendizado se encaixa no tempo que sobra na nossa vida. Tentamos ler algumas páginas antes de dormir mais por culpa do que por atenção. E nosso cérebro não funciona bem quando cansado e estressado.

Um bom planejamento considera quais os recursos disponíveis – especialmente tempo e dinheiro. Aproveitaremos melhor a interação com as fontes mapeadas se nos dedicarmos à escolha e entendermos qual o caminho mais adequado para o consumo de conhecimento. O aprendizado tem que ocorrer de maneira cotidiana e intencional.

Uma metáfora que uso muito são as atividades físicas. Sua importância é inquestionável para a nossa longevidade e obtenção de uma qualidade de vida melhor. Pessoas que têm mais sucesso em manter-se ativas costumam ter algum tipo de planejamento semanal. Que dia e a que horas vou correr? A bicicleta está com o pneu cheio? A quadra está alugada? Dá tempo de tomar banho antes do trabalho? São detalhes pequenos que, se não forem pensados de maneira antecipada, podem se transformar em desculpas para a inação. Para mim, o planejamento tem um poder preditivo.

Com aprendizado, é a mesma coisa. Temos que definir o que vamos fazer, quando, em que espaço, com que pessoas ou outras fontes. Muitas vezes, os planos são alterados, especialmente no início do processo. É bem provável que seu tempo seja mais bem aproveitado se você fizer uma conversa planejada em local e momento em que possa estar totalmente presente. O hábito tornará seu método pessoal efetivo e agradável o suficiente para que você não consiga imaginar uma semana sem ter alguma prática de aprendizado estabelecida.

4. A evidência do aprendizado

Como saber que você aprendeu? Em princípio, pode parecer uma pergunta trivial, mas quantas vezes na vida você definiu se tinha "passado de ano" ou não? O processo educacional clássico define por nós se estamos aptos ou não. A forma de avaliação e a qualificação necessárias também são escolhidas por terceiros.

Essa etapa é parte do planejamento inicial do projeto de aprendizagem e pode ser modificada ao longo do percurso. Ter uma definição clara dos motivos pelos quais estamos aprendendo nos ajuda. O projeto estará concluído quando formos capazes de realizar o que nos motivou em primeiro lugar.

Para que a aprendizagem ao longo da vida ocorra com êxito, precisamos saber quando e se chegamos lá. Isso não ocorre só porque temos um certificado ou outro pedaço de papel. Tenho minhas questões com certificados. Acho que só deveriam receber diplomas aqueles que comprovassem ter a capacidade de transferir o conhecimento para a prática. Qual o sentido de participar de um curso de emagrecimento de dois dias e ganhar um diploma de magro no final? O exemplo parece absurdo, mas uma série de certificações se baseia nessa lógica. Muitas vezes, só estar presente já é considerado um reconhecimento de aprendizado. Entretanto, o mundo real é mais complexo do que isso.

A partir daqui, apresentarei em detalhes o caminho proposto.

PARTE

2

CAPÍTULO 7
O APRENDIZ ADULTO

H á quase um século, um livro foi um marco na história da educação de adultos. Ele questionava o porquê de o modelo de educação clássica não considerar nossas características e necessidades mesmo quando se dirigia a nós, adultos.

É intrigante que o livro tenha sido escrito por Eduard Lindeman, alguém que entrou na faculdade tardiamente, bem pouco preparado para a vida acadêmica. Segundo ele, falava "o idioma inglês (ou pelo menos, a versão americanizada que os trabalhadores usavam), mas não era meu meio natural de comunicação".[1]

Iniciou a educação formal aos 21 anos, depois de passar doze em várias ocupações na indústria. Essa era uma área em transformação no início do século e, portanto, também demandava novos conhecimentos. Para Lindeman, a faculdade foi uma experiência tão desconcertante quanto se adaptar às inovações na indústria, como as máquinas automáticas. Seu livro nasceu dessa angústia: "O desejo de alguma forma de libertar a educação de rituais sufocantes, formalismo e institucionalismo provavelmente nasceu naquelas horas frenéticas gastas em livros que mistificaram e confundiram minha mente".[2]

Em 1926, aos 41 anos, Lindeman publicou o livro, chamado *The Meaning of Adult Education* [O significado da educação adulta, em tradução livre].[3] O texto já apontava os problemas e as mudanças necessárias no modelo – boa parte ainda é discutida hoje, quase cem anos depois. Sua experiência como adulto aprendiz gerou provocações e ideias valiosas até hoje. Ele utilizou o termo "educação de adultos", mas, no meu ponto de vista, referia-se à oportunidade de repensar a maneira como seria definido o aprendizado ao longo da vida. Tinha a crença cristalizada de que educação é vida – não uma mera preparação para um futuro desconhecido.

Sua definição sobre o assunto forneceu elementos fundamentais para a estruturação do campo como conhecemos hoje e teve uma grande influência na minha visão da área. Ela inverte o percurso clássico da educação ao colocar o aprendiz no centro. Propõe que conteúdos são meios e que a solução de questões internas são verdadeiras alavancas para o crescimento pessoal. Segundo Knowles, para Lindeman,

> [a] educação de adultos representa um processo pelo qual o adulto aprende a tomar consciência e a avaliar sua experiência. Para fazer isso, ele não pode começar estudando "matérias" na esperança de que algum dia essas informações sejam úteis. Pelo contrário, começa por dar atenção às situações em que se encontra, aos problemas que incluem obstáculos à sua autorrealização. Fatos e informações das esferas diferenciadas do conhecimento são utilizados não para fins de acumulação, mas por necessidade de resolução de problemas.[4]

Cada vez que leio este parágrafo, fico me perguntando: o que fizemos nesses últimos noventa e cinco anos? Por que não mudamos a maneira como o aprendizado é estruturado? Lindeman já tinha apontado para um novo caminho, mas poucos conseguiram compreender e aplicar suas ideias.

No mesmo ano da publicação do livro, foi fundada a Associação Americana de Educação de Adultos. Iniciou-se um período de maior interesse em se estabelecer uma teoria voltada para adultos. De uma maneira geral, pode-se dizer que as pesquisas se dividiram em duas grandes correntes. Uma foi denominada científica, por buscar novos conhecimentos por meio de um processo rigoroso e experimental. O interesse principal desse grupo de pesquisadores – encabeçados por Edward Thorndike – estava relacionado à validação de que adultos eram capazes de aprender.

Um segundo grupo baseou-se no trabalho do filósofo da educação John Dewey e foi denominado corrente artística. Ela se fundamentava na intuição e na análise de experiência para construir novos conhecimentos. Seu ponto de atenção estava direcionado ao modo como adultos aprendem. É dessa corrente que Lindeman fazia parte.

Ao longo dos tempos, o olhar científico ganhou maior importância. Boa parte do que se estruturou na área da educação de adultos seguiu preceitos propostos e validados por esse grupo.* Formação massificada e métodos baseados em transmissão de conteúdo e avaliação constante e padronizada são reflexos disso. Se você fizer hoje uma pesquisa sobre "aprendizado de adultos", vai perceber que boa parte dos artigos, vídeos e livros falam, na verdade, sobre como ensinar adultos.

Foi no início dos anos 1960 que houve uma mudança de abordagem. Cyril O. Houle,[5] da Universidade de Chicago, buscou compreender o processo de aprendizagem de adultos por meio de entrevistas aprofundadas com pessoas identificadas como aprendizes contínuos. A partir dos resultados, propôs a existência de três tipos de aprendizes que se misturam entre si:

1. **Aprendizes orientados a objetivos** – o processo de aprendizagem se dá em episódios, sem continuidade. Eles decidem aprender quando buscam a realização de uma necessidade ou de um interesse específico;

2. **Aprendizes orientados a atividades** – encontram nas atividades de aprendizagem um significado que não tem conexão direta (ou mesmo indireta) com o conteúdo ou objetivo estabelecidos. São pessoas que gostam de participar de cursos ou grupos de estudos pela interação social;

3. **Aprendizes orientados a aprendizagem** – buscam o conhecimento como um fim em si mesmo. São leitores curiosos e escolhem suas ocupações com base no potencial de desenvolvimento que elas oferecem.

---

* Ao longo desse período, cientistas e pesquisadores como Freud, Jung, Vygotsky, Paulo Freire, Bruner, Skinner e Carl Rogers deram contribuições valiosas para o campo da aprendizagem de adultos. Ao escrever o livro, optei por não fazer uma lista da contribuição de cada um para o campo, acredito que seria interessante apenas para parte dos leitores. Sugiro os primeiros cinco capítulos do livro *Aprendizagem de resultados*, lançado em 2009 pela editora Campus, para quem quiser se aprofundar nos caminhos teóricos percorridos.

Normalmente há um comportamento predominante, mas as pessoas se misturam entre os tipos. Foi uma das primeiras vezes em que se realizou uma pesquisa como interesse direcionado a pessoas com vontade e necessidade de aprender fora do ambiente escolar. Adultos passaram a ter o direito de deixar de ser alunos e começarem a se tornar aprendizes.

Na minha experiência, vejo muitas pessoas que odiavam estudar e, com uma mudança simples na abordagem, passaram a adorar aprender. Adultos que se envergonhavam por não conseguir ler uma página de um livro sem sentir um enorme enfado e que passaram a se desenvolver por meio de *podcasts* e conversas. Da mesma forma, conheço apaixonados por estudos acadêmicos que conseguiram identificar que as oportunidades para o desenvolvimento são múltiplas e todas merecem ser usufruídas.

Ao longo deste capítulo, vou falar sobre o que muda ao nos descobrirmos aprendizes adultos. O caminho para o crescimento ao longo da vida será mais fácil a partir dessa nova concepção, tão divulgada entre os pesquisadores e tão pouco conhecida entre os aprendizes adultos.

ANDRAGOGIA: COMO OS ADULTOS APRENDEM?

Pare para pensar na última vez que você participou de algum curso ou treinamento. Tente lembrar seu estado de espírito no momento da aula. A reação depende muito do curso e da sua necessidade ou interesse. Contudo, se o seu comportamento for semelhante a boa parte dos adultos, você perceberá que o normal é assumirmos um papel de aluno ou aluna nessas situações.

O que isso quer dizer?

Em primeiro lugar, tornamo-nos mais passivos, esperando que alguém que saiba mais sobre o assunto transmita-nos conteúdo. Quem coordena ou facilita o encontro assume o papel de líder do grupo. Portanto, adquire o poder de dizer o que vamos fazer ao longo do encontro, quando será o intervalo e que tipo de interações e conteúdos são mais adequados ao grupo.

Achamos isso normal, afinal, é assim que as coisas funcionam em ambientes educacionais.

Ao mesmo tempo, pode ser que você sinta um pouco de incômodo nessas situações vindo de várias fontes. Talvez o dia do curso não tenha sido o mais adequado para você, considerando outras atribuições ou vontades que tinha para usar seu tempo. A participação pode ter sido obrigatória, a partir de uma convocação, para um tema que você não julga tão relevante. Você pode ainda estar constrangido por alguma "dinâmica" que acha infantil ou que o expõe demais. Ou pode estar simplesmente cansado.

O que nós, facilitadores, fazemos? Colocamos um pouco de entretenimento e ação ao longo do encontro para garantir um mínimo de motivação dos participantes. Acho desejáveis e necessárias abordagens criativas em cursos e workshops. Entretanto, embora possam garantir engajamento, elas nem sempre são traduzidas em aprendizado real.

Pela minha experiência, grande parte dos participantes de cursos vivem situações semelhantes: sabem que é importante participar de iniciativas de aprendizado para desenvolvimento pessoal e profissional. Como não conhecem outros caminhos, acabam se acostumando a um ambiente que nem sempre é o mais adequado para aprender. Claro que há situações em que você está muito envolvido no processo, mas, nesses casos, provavelmente, a decisão de participar foi mais ativa.

Um dos pontos principais desse desencontro – entre pessoas que querem aprender e facilitadores que querem gerar desenvolvimento – é o fato de não tratarmos adultos como adultos. Em grande parte das iniciativas educacionais para esse público, ainda utilizamos métodos e técnicas baseadas no modelo pedagógico conteudista. Como dito nos capítulos anteriores, esses métodos muitas vezes se mostram inadequados até para a educação infantil. Sua efetividade é ainda mais questionável para adultos.

O trabalho iniciado por Lindeman impactou muitos pesquisadores. Contudo, foi Malcolm Knowles quem efetivamente deu continuidade e conseguiu estruturar uma série de princípios sobre como os adultos aprendem. Sua teoria foi desenvolvida a partir da experiência que tinha ensinando adultos **109** nos cursos da YMCA.* Knowles é reverenciado por todos que trabalham na área por ter percebido que o modelo educacional clássico não era a abordagem mais eficiente para o ensino de adultos e, principalmente, por propor novos caminhos.

Sua contribuição mais marcante foi a consagração do termo e dos conceitos por trás da andragogia – ou a arte e a ciência de ajudar os adultos a aprenderem. A expressão já era utilizada desde o início do século passado em contraposição à pedagogia,** mas foi Knowles quem efetivamente organizou os conceitos fundamentais desse corpo de ideias. De uma maneira simples, ele transformou a forma de se pensar a aprendizagem de adultos.

É possível definir o que é ser um adulto de quatro formas. A mais óbvia é a **biológica**, que pode ser definida a partir do momento em que há maturidade reprodutiva, portanto, no início da adolescência. Há também a definição **legal**, quando o jovem passa a ter direito de dirigir ou votar. Do ponto de vista **social**, somos adultos quando assumimos papéis destinados a esse grupo, como trabalhar ou morar sozinho. **Psicologicamente**, somos adultos quando nos reconhecemos como autossuficientes, capazes de dirigir nossa própria vida. Para a aprendizagem, essa é a definição mais importante. Por isso, o ponto central da andragogia é a autonomia do aprendiz.

A teoria é estruturada a partir de seis princípios básicos organizados por profissionais que atuam na área com o intuito de criar melhores experiências de aprendizagem. Entretanto, se a andragogia traz como base a autonomia do ser humano, você é o seu melhor professor ou facilitador. O conhecimento desses princípios pode ajudar na compreensão de incômodos relacionados ao modelo educacional tradicional. Quando entendemos que adultos aprendem de maneira diferente das crianças, fica mais fácil construir processos de aprendizado que sejam mais adequados ao nosso momento de vida.

Faço, portanto, um convite: leia os princípios que apresento a seguir como um olhar crítico em relação às próprias crenças e comportamentos.

---

* Young Men's Christian Association. No Brasil, Associação Cristã de Moços (ACM).

** No início de suas pesquisas, ele via um contraponto claro entre andragogia e pedagogia. Mas, ao longo do tempo, percebeu que as ideias propostas em sua teoria já estavam sendo aplicadas em crianças também.

Para facilitar, no final de cada um haverá uma breve explicação de como o princípio se dá no modelo tradicional.

1. A necessidade do saber

Aprender é uma atividade que demanda energia. Além do investimento de tempo necessário – recurso escasso para todos –, há o envolvimento emocional. Para se desenvolver, o aprendiz adulto deve aceitar sua ignorância em assuntos específicos, ainda que de modo parcial. Por consequência, **só vamos mergulhar de verdade em um projeto de aprendizagem se tivermos uma necessidade claramente estabelecida**. Quando temos um problema a ser resolvido, passamos dias e dias aprendendo sem nem perceber o tempo passar. Às vezes, o foco é tão grande na resolução de determinada questão que não percebemos que estamos aprendendo.

No modelo tradicional de aprendizado a definição da necessidade do saber é transferida para outros, que vão escolher os temas e as atividades de acordo com o que acreditam estar ausente em termos de conhecimento.

Compreender esse princípio é fundamental para o desenvolvimento de *lifelong learners*. Como veremos mais à frente, o ponto de partida para um processo de aprendizado autodirigido é identificar quais áreas da vida merecem dedicação e esforço atrelados a um processo real de desenvolvimento.

2. O autoconceito do aprendiz

Como vimos acima, a grande maioria dos adultos sente necessidade de ser percebida como autônoma. Sabemos que somos capazes de tomar decisões e fazer escolhas para nossas vidas. Quando uma pessoa adulta "volta para a escola", vive uma situação paradoxal. Ao mesmo que se reconhece como um ser autônomo, leva para a sala de aula toda sua experiência de vida escolar, em que o importante era ser pontual, disciplinado e capaz de demonstrar que aprendeu o que lhe foi ensinado.

Esse conflito é ainda mais claro em atividades formais, em cursos ou palestras. Como coloca Knowles, nesse ambiente, o aprendiz adulto cruza os braços, olha para o professor ou professora e pensa: *Vai, me ensina agora!* **111**

Um dos pontos fundamentais para todo facilitador de aprendizado de adultos é criar um ambiente sem uma hierarquia preestabelecida, em que uma pessoa passa a ter o poder e o conhecimento. O ideal é um espaço em que o conhecimento de todos é valorizado e compartilhado. Para isso funcionar, não basta uma mudança do facilitador, o olhar do participante sobre a sua persona de aprendiz também deve ser transformado.

Como adulto, você é um ser autônomo, capaz de conduzir seu processo de crescimento, contando inclusive com a ajuda de professores, se esse for o seu desejo. **A hierarquia no ambiente educacional só será reduzida se o aprendiz abraçar seu papel ativo no processo. Dentro ou fora de um ambiente formal de aprendizado, quem manda no seu aprendizado é você.**

3. O papel das experiências

Em comparação a alunos no sistema escolar, adultos têm mais experiências pelo simples fato de terem vivido mais. Para o adulto, elas são a principal fonte de aprendizado, muito mais válida do que qualquer teoria ou artigo. Cada pessoa terá um caminho diferente, com vivências que moldarão sua forma de pensar e de ver o mundo. Isso impacta muito a lógica do aprendizado. Em cursos ou treinamentos, a experiência deve ser, ao mesmo tempo, uma fonte de aprendizado do grupo e um espaço prático para a aplicação do que se aprendeu. Em projetos autodirigidos, é fundamental estruturar um percurso que inclua a experiência como fonte primária de aprendizado.

Os anos vividos, contudo, trazem um desafio para o aprender. Cada um inicia um projeto com conceitos estabelecidos a partir da experiência de vida particular. Muitas vezes, isso pode dificultar a construção de novos conhecimentos, por irem contra o que acreditamos ser verdade. Por isso, muito se fala da necessidade de desaprender antes de aprender.

O modelo tradicional não considera as experiências individuais como um elemento relevante para a construção do ensino. A lógica da construção de um curso ou uma aula envolve a crença de que todos os participantes têm necessidades e conhecimentos similares em relação ao tema a ser discorrido. Dessa

forma, o mesmo conteúdo e exercícios servem para todos. Esse, provavelmente, é um dos principais pontos de desmotivação em programas com essas características. Não considerar a particularidade de cada um pode tornar a experiência educacional irrelevante para parte do grupo e óbvia para outra parte.

Um dos grandes usos da tecnologia na educação está ligado à possibilidade de personalização do ensino, especialmente com inteligência artificial. Acho um processo de curadoria personificado um sonho de consumo. Mas como aprendizes autônomos, cabe a cada um o processo de eterna checagem em relação às próprias experiências. Quando é que uma nova experiência gera aprendizados capazes de substituir as nossas verdades antigas?

Por isso não gosto muito do termo "desaprender". Primeiro, é impossível que alguém desaprenda, a não ser que haja algum dano cerebral. É comum esquecermos o que aprendemos e não utilizamos mais. Mas, **para aprender algo novo, não precisamos "desaprender" ou esquecer o antigo. Isso não é produtivo. O processo mais eficiente para a mudança do comportamento é compreender que aquilo que considerávamos correto não funciona mais.** Talvez o que as pessoas chamam de desaprender possa estar mais relacionado à necessidade de "desautomatizar" comportamentos que nos são tão naturais que fazemos de maneira inconsciente. Uma mudança como essa requer reflexão ativa. Dois pesquisadores publicaram um estudo sobre o tema e concluíram: "Normalmente, sob o rótulo de 'desaprendizagem', as evidências fornecidas referem-se [...] à anulação (e não à exclusão) de um entendimento estabelecido em favor de um novo entendimento quando apresentado a novos fatos observados".[6]

4. Prontidão para aprender

O que você acha de participar de um curso que será oferecido em um hospital próximo a sua casa com o objetivo de aprender a fazer a higienização com álcool do coto umbilical de um recém-nascido? Imagino que um pequeno número de pessoas estará interessado. Especificamente, participarão aqueles que têm a expectativa de cuidar de um recém-nascido nos próximos meses.

O adulto estará pronto para aprender quando compreender qual a aplicação real do ganho de conhecimento em sua vida. Muitas vezes, esse princípio é atrapalhado pelas listas de habilidades do ano ou temas da moda que são divulgados em sites ou revistas especializadas. Há uma impressão de que desenvolver determinada competência ou ferramenta é algo fundamental para o sucesso profissional. Muitas vezes, nem temos onde aplicar as últimas técnicas de gestão ágil ou de inovação disruptiva.

Repetindo Lindeman, não faz sentido adquirir conteúdos que não utilizaremos prontamente na expectativa de que, um dia, essas informações sejam úteis. Até porque, como já vimos, nosso cérebro não gastará energia colocando na memória assuntos que não sejam claramente relevantes. O caminho é inverter o processo. Começar pelo fim. Antes de escolher o que aprender, identificar quais conhecimentos e habilidades fazem sentido na sua vida no presente ou no futuro próximo.

O modelo tradicional de organização de treinamentos corporativos é um bom exemplo da não aplicação desse princípio. A partir de uma análise de lacuna de conhecimento de seus colaboradores, programas de treinamento são estruturados para transmitir a informação ou técnica necessária. Na grande maioria das vezes, não há preocupação ou expectativa real de transferência de conhecimento para a prática. Sempre me pergunto quantos participantes de programas de técnicas de apresentação, por exemplo, efetivamente tiveram a chance de aplicar o que aprenderam dando uma palestra logo após sua formação.

5. Orientação para a aprendizagem

"Adultos aprendem novos conhecimentos, compreensões, habilidades, valores e atitudes de maneira mais eficaz quando são apresentados, no contexto de aplicação, a situações da vida real".[7] Essa é a definição de Malcolm Knowles. O que ele constatou em sua prática de aprendizagem de adultos é mais ou menos intuitivo para a maioria: quanto mais próximo da vida real forem as explicações sobre o tema em questão, mais fácil ocorrerá a construção do conhecimento.

Embora o princípio pareça óbvio, muitas vezes, o processo educacional ocorre de maneira distante e idealizada. Eu, por exemplo, adoro fazer cursos de culinária. Mas grande parte das minhas aulas ocorre em um ambiente com equipamentos e temperos que não refletem a minha realidade. A forma mais eficiente de transferir o conhecimento para a prática, para mim, é convidar alguns amigos que cozinham melhor do que eu e aprender o prato na minha cozinha, com minhas panelas e com os ingredientes que são viáveis para mim.

Especialmente na área de negócios, muitas vezes, os cursos se baseiam em realidades distantes da nossa. *Cases* de empresas nos Estados Unidos, Japão, Índia ou lista de melhores práticas de *startups* só servirão para o seu processo de desenvolvimento se você conseguir fazer uma tradução da aplicação do aprendizado para o seu cotidiano.

6. Motivação

A motivação é o estudo da razão pela qual as pessoas pensam e se comportam da maneira como o fazem. O termo, que vem do verbo latino *movere*, refere-se àquilo que move uma pessoa, que a faz agir ou mudar o curso. Há dois tipos de motivação, a intrínseca e a extrínseca. Esses termos estão relacionados à fonte do processo motivacional, se ela vem de dentro para fora ou no sentido contrário.

A motivação intrínseca não é a única em humanos, mas é uma das mais importantes, na visão dos pesquisadores. Desde o nascimento, humanos em estado saudável são criaturas ativas, inquisitivas e que demonstram prontidão para aprender e explorar. Essas características não estão restritas à infância; trata-se de um traço da natureza humana que afeta o desempenho, a persistência e o bem-estar durante toda a vida.

De uma maneira simples, esse princípio reforça um aspecto bastante presente nos outros cinco: a importância da autonomia para o aprendiz adulto. Os grandes estímulos da educação tradicional são externos e punitivos.

Então, esse foi um primeiro passo: saber que você é um aprendiz adulto.

Conhecer os seis princípios pode ser libertador para muitas pessoas. Como falei acima, eles foram escritos com a intenção de apoiar facilitadores de adultos. Contudo, procurei apresentá-los de maneira a destacar informações que **115** podem apoiar cada um na identificação de características importantes na maneira como nós, adultos, aprendemos. É normal que você se motive e aprenda melhor as coisas que escolheu aprender. Da mesma forma, algum desconforto em lidar com ambientes escolares tradicionais é esperado, pois não é fácil equilibrar a necessidade de autonomia com a memória do papel do aluno submisso. Por fim, o aprendizado é mais fácil quando se baseia no mundo real e, como resultado, conseguimos fazer uma conexão com a nossa vida.

Antes de partir para o próximo capítulo, há um ponto que acho importante destacar. A andragogia parece propor um olhar muito racional para o aprender, sempre em resposta a uma necessidade prática que nos permitirá avançar na vida. Mas ela não esquece as necessidades menos pragmáticas do aprendiz adulto.

Um dos cursos que mais me deram prazer na minha vida foi aprender a construir um fliperama. Era um *arcade* modelo antigo, grandão, parecido com os que eu jogava na minha adolescência, no Guarujá. O programa era dividido em dois momentos. No primeiro dia, um sábado, a aula era de marcenaria, para construirmos a caixa de quase um metro cúbico em que colocaríamos a tela, os botões de comando e o joystick. No dia seguinte, aprenderíamos um pouco sobre o *raspberry pie*, um computador do tamanho de um cartão de crédito que seria o cérebro dos emuladores de jogos antigos.

A diversidade de poeira em um dia e programação no outro me encantou desde o primeiro momento. Sem contar que poder jogar *Mortal Kombat e Pac-Man* em casa, em um fliperama de verdade construído por mim parecia um sonho impossível. E não era.

O aprendizado não deve ser visto como uma ferramenta cuja única atribuição é apoiar o desenvolvimento profissional. Colocá-lo dessa forma minimiza seu potencial. Afinal, como diz o poeta Arnaldo Antunes, "A gente não quer só comida / A gente quer comida / Diversão e arte / A gente não quer só comida / A gente quer saída / Para qualquer parte".[8] Quando decidimos aprender algo como resposta a um desejo interno, desenvolvemos a competência essencial do *lifelong learner*: a paixão pelo próprio desenvolvimento. A melhor maneira de fazer isso acontecer é dando o segundo passo: você é o mestre do seu aprendizado.

CAPÍTULO 8
A AUTODIREÇÃO
DO APRENDIZADO

Se você fosse holandês e decidisse se tornar pintor no final do século XIX, o caminho de formação era claro: frequentar uma das diversas academias de belas artes espalhadas pelo continente europeu. Van Gogh decidiu por outro caminho. Criou uma trilha de aprendizado autodirigido, mesmo sabendo que o modelo tradicional fora responsável pelo desenvolvimento de grandes artistas. Ele acreditava em um conceito que ainda hoje não é compreendido: todo aprendizado significativo é autodirigido.

Talvez um ponto de partida tenha sido sua relação conturbada com o ambiente escolar. Foi colocado contra sua vontade em um internato aos 11 anos. Fugiu de volta para casa aos 15 e nunca completou os estudos. Na década seguinte, o caminho para obtenção de conhecimento foi outro. Trabalhou nas empresas da família dedicadas à comercialização de arte. Morou em Londres, Paris e outras cidades europeias, conhecendo culturas, cores e pessoas que marcariam sua visão de mundo. Fervorosamente religioso, tentou se reconciliar com o ambiente acadêmico, candidatando-se ao curso de Teologia na Universidade de Amsterdã. Foi reprovado nos exames de admissão.

Desde criança, desenhava e pintava, mas não tinha grandes expectativas. Seus pais não gostavam da ideia de ter um filho pintor, contudo seu irmão Theo tinha uma opinião diferente. Foi dele o incentivo para que o irmão mais velho seguisse carreira artística.

Em 1880, aos 27 anos, escolheu ter aulas com Anton Mauve, seu primo, que já vivia uma consagrada carreira de pintor. Ao mesmo tempo que aprendia aquarela e pintura a óleo de maneira mais tradicional, complementava o desenvolvimento de suas habilidades por conta própria. Lia livros para amadores sobre primeiros passos para se pintar e devorava títulos sobre anatomia e perspectiva simultaneamente. Não se limitava aos livros técnicos, adorava Victor Hugo, Charles Dickens e Shakespeare. Esse último, para ele, era tão bonito quanto os quadros de Rembrandt. Ele dizia gostar de toda forma de arte em que reconhecesse a presença da alma do artista.

Após os primeiros contatos com pintores impressionistas, em 1886, decidiu ir a Paris morar com seu irmão, Theo. Embora tenha se matriculado para ter aula no estúdio de Fernand Cormon, a escolha de Van Gogh pela cidade incluía outros tipos de aprendizado. No próprio estúdio, conheceu a nova geração de pintores como Toulouse-Lautrec e Monet. Buscou inspiração também nas ruas, bares, cafés e cores da cidade luz. Teve relacionamentos amorosos intensos.

Seu olhar curioso o levou para uma influência pouco convencional: xilogravuras japonesas vendidas aos montes na zona portuária de Paris. É pouco provável que esse tipo de obra estivesse disponível no meio acadêmica tradicional, mas as cores desse estilo ajudaram a criar uma nova visão artística. Em paralelo, visitava museus e fazia experimentações. Por fim, depositou todo o seu conhecimento e paixão nos mais de duzentos quadros que pintou no período em que esteve ao redor do rio Sena.

Sentindo necessidade de mudança, resolveu ir para o sul da França. Foi lá que viveu seus últimos dois anos de vida, em busca da luz e da cor de cidades como Arles e Saint Remi. Viveu uma relação de amizade com Gauguin muito importante para suas escolhas criativas. Entretanto, a convivência entre os dois gerou momentos difíceis e produtivos. Seus quadros mais famosos são desse período em que a aparente bipolaridade também se manifestou, levando-o ao famoso episódio em que cortou a própria orelha e se internou em um hospital psiquiátrico.

É possível que a mistura de genialidade e loucura tenha tornado possível uma carreira tão curta e marcante para a história da arte mundial.

Mas, com certeza, a maneira como estruturou sua própria formação também teve grande influência na construção de sua obra.

Em outubro de 1887, quando vivia há quase dois anos em Paris, escreveu uma carta para uma de suas irmãs comentando um texto que ela havia escrito. Nela, fica transparente seu olhar sobre o aprender:

> [...] acima de tudo, acho muito preocupante que você acredite que tem que estudar para escrever. Não, minha querida irmãzinha, aprenda a dançar ou apaixone-se por um ou mais escrivães, oficiais, enfim, quem estiver ao seu alcance; em vez disso, é melhor cometer qualquer número de loucuras do que estudar na Holanda, isso não tem absolutamente nenhum propósito além de tornar alguém chato. [...] Então, para você, a menos que nunca queira progredir, estudar é uma questão secundária. Divirta-se o máximo que puder e tenha o máximo de distrações que puder, e saiba que o que as pessoas querem na arte hoje em dia tem que ser muito vivo, com cores fortes, muito intenso. Portanto, intensifique um pouco a sua saúde, força e vida, esse é o melhor estudo.[1]

Van Gogh soube como poucos de sua época criar o próprio caminho de aprendizado. Quando conheci um pouco desse aspecto da vida dele, fiquei impressionado com o modo como utilizou todas as fontes de aprendizagem que proponho neste livro. Eu as descrevo com as iniciais CEP+R. Em primeiro lugar, bebeu **conteúdos** importantes e diversos por meio de livros e cursos ao longo de toda a sua vida. A base de formação de seu estilo deu-se por **experiências**, sobretudo em suas viagens para vários países. Soube também reconhecer a importância de outras **pessoas** para sua formação, especialmente seu irmão e os pintores à sua volta. Finalmente, sempre buscou construir **redes**, como na comunidade que tentou estabelecer no final de sua vida.

Van Gogh não era uma pessoa comum. Isso pode gerar a impressão de que a autodireção é uma característica de alguns poucos especiais, gênios e loucos que têm a obstinação necessária para organizar o próprio processo de aprendizado.

Durante muito tempo, esse assunto nem foi discutido. A educação formal, conduzida por alguém com mais conhecimento e experiência, sempre foi considerada o melhor remédio para as necessidades de aprendizagem.

Até que, nos anos 1960, alguns pesquisadores começaram a desconfiar de algo aparentemente evidente: adultos aprendiam de maneira autônoma e contínua.

A DESCOBERTA DO ÓBVIO

O que você aprendeu nos últimos doze meses?

Tenho experiência com essa pergunta. E também com as respostas.

Ela foi o ponto de partida de entrevistas que fiz com 47 profissionais de grandes empresas. Todos tinham curso de graduação e metade possuía também pós-graduação. Meu interesse era entender como adultos com esse perfil continuavam a aprender ao longo da vida. Esse foi o tema da minha pesquisa de doutorado. Para isso, utilizei um protocolo de pesquisa desenvolvido para identificar características de adultos e seus projetos de aprendizagem.

Se você afastou um pouco o livro e tentou pensar no que aprendeu no último ano, sua resposta deve ter caído em um de dois padrões específicos.

O primeiro é silêncio. Aquele olhar vazio para cima, procurando na memória, sem sucesso, quais foram as centenas de coisas que você tem certeza de que aprendeu. Quando eu estava conversando com as pessoas, eu as ouvia falar, muitas vezes, em voz baixa, mais para si do que para mim: "Aprendi tanta coisa esse ano, mas não sei dizer o quê".

Há também um segundo padrão. Um fluxo incontrolável veio à sua cabeça. Alguns participantes começavam de pronto a falar uma série desconexa de experiências, temas e habilidades que julgavam ter aprendido nos últimos doze meses. Para ajudar o entrevistado, o protocolo continha duas fichas que listam possíveis episódios de aprendizagem. Eu as coloquei no final do livro, se você quiser fazer esse exercício sozinho, mas vou apresentar um pouco de cada uma aqui.

A *Ficha A* traz uma sequência de trinta tipos de atividades que poderiam ter sido objetos de aprendizado. Como a ficha original era dos anos 1970, houve uma atualização em 2009. Acredito que poucas pessoas estariam aprendendo datilografia no século XXI, e blogs ainda não existiam naquela época.

Esses são os primeiros sete itens:

- Um esporte ou um jogo: natação, dança, bridge;
- Atualidades: questões públicas; políticas; paz; biografias;
- Globalização;
- Costurar; cozinhar; atividades domésticas; entretenimentos;
- Dirigir um carro ou uma moto;
- Reparos domésticos; marcenaria; fazer reformas; decoração; *scrapbooking*;
- Um hobby ou trabalho manual; colecionar algo; fotografia ou vídeo.

A *Ficha B* traz diversas perguntas estruturadas para ajudar a memória do participante. Alguns exemplos:

- Você se lembra de algum esforço de aprendizagem relacionado a sua casa ou sua família?
- Algo relacionado a 'seus hobbies ou atividades recreativas?
- Seu trabalho?
- Seu papel em organizações, clubes, entidade religiosa ou comitês?
- Algo relacionado a aulas, artigos ou pesquisa que você realize fora do seu trabalho?

As pessoas liam as duas fichas em silêncio. Quando começavam a falar, a conversa fluía, e ficava mais fácil para cada um relatar o que acreditava ter aprendido.

Para ajudar as respostas, as listas têm duas funções. Em primeiro lugar, elas auxiliam nossa memória a trazer situações de aprendizagem que podem ter sido importantes no momento, mas não o suficiente para vir à mente quando a pergunta é feita. Há outro papel menos óbvio e mais relevante. Elas oferecem um reconhecimento formal a atividades genéricas (ou informais) **121** que, em primeira análise, não "mereceriam" estar em uma lista de aprendizados do ano.

Quando pensamos no que aprendemos, muitas vezes, ficamos em dúvida se pequenas melhorias podem ser consideradas aprendizado. Algumas atividades têm mais cara de solução de problemas, até porque não tem ninguém para fazer uma prova e nos conceder um certificado. Será que aprender a fazer massa fresca de espinafre ou ter melhorado a capacidade de negociar, só pela experiência, é digno de estar na lista?

Para ajudar nessa seleção, o protocolo tem uma descrição clara do tipo de projeto de aprendizado que estamos buscando: *uma série de episódios* *deliberados com a intenção de **desenvolver habilidades** ou gerar **conhecimento** claramente definidos que possam ser **reutilizados** no futuro. A soma desses episódios deve ultrapassar **oito horas**.**

Para ajudar nas dúvidas acima: se você fez uns três almoços com sua receita nova e conseguiu melhores resultados nas suas reuniões com clientes, está mais do que certo colocar esses aprendizados na lista. Umas das minhas entrevistadas, a partir dessa visão mais ampla, entendeu que um de seus projetos de aprendizado tinha sido aprender a cuidar de calopsitas. Uma amiga dela viajou por seis meses e deixou o pássaro sob cuidados dela. Ela começou a se interessar por alimentação, pedir indicação de livros para o veterinário e participou de fóruns de internet. Achei, acima de tudo, uma ótima maneira de transformar um potencial fiasco em seis meses de diversão. Após entregar o bicho para a dona, ela acabou comprando outro.

A parte final do protocolo, após o estabelecimento da lista final, apresenta uma série de perguntas para identificar características de cada um dos projetos: quanto tempo durou, quem planejou, se ocorreu em ambiente formal ou informal, qual a motivação, percepção de efetividade do aprendizado, quais as fontes e outras tantas. As respostas são normalizadas e comparadas estatisticamente.

Estou descrevendo aqui todo o processo, porque ele foi um marco para a aceitação de que o aprendizado autodirigido é uma prática tão abundante

* Originalmente, o limite eram sete horas, o equivalente a um dia de trabalho à época.

quanto desconhecida, tanto para a sociedade como para o próprio aprendiz. Ele foi criado por Allen Tough, um sujeito muito interessante. Por ser
introvertido, quem não o conhecia não imaginava o seu perfil de pesquisador
criativo e aventureiro apaixonado. Ao longo de sua graduação na Universidade
de Toronto, no início dos anos 1960, demonstrou interesse por assuntos completamente diversos entre si. Ele tinha curiosidade por psicologia, sociologia,
filosofia, questões globais, jornalismo, educação de jovens e adultos, bem
como futebol, patinação, dança, caminhadas na selva e futuros alternativos.

Por um lado, essa versatilidade intelectual mostra uma pessoa conectada com a busca constante pelo saber. Mas não posso negar que um de seus
interesses tenha me deixado preocupado durante a defesa da tese. Como
ele é um autor pouco conhecido no Brasil, fiquei pensando se minha banca
faria uma pesquisa no Google com o nome dele. O risco seria encontrarem
o site[2] que ele criou para gerar um canal direto com qualquer Inteligência
Extraterrestre com capacidade de leitura. Tem até uma carta de boas vindas:
"Saudações à inteligência extraterrestre! Se você se originou em algum outro
lugar do universo, damos as boas-vindas a você aqui. E nós o convidamos a
estabelecer comunicação conosco e com toda a humanidade. Esperamos com
entusiasmo esse diálogo". Para minha sorte, a solidez do seu protocolo falou
mais alto do que a curiosidade da banca.

O que é importante é que ele fez parte de um primeiro grupo de pensadores
que se interessou de maneira prática a entender como as pessoas aprendem
ao longo da vida. O ponto de partida foi o contato com o seu professor, Cyril
O. Joule, que em 1961 publicou um livro chamado *The Inquiring Mind: A Study
of the Adult Who Continues to Learn* [A mente questionadora: um estudo dos
adultos que continuam a aprender, em tradução livre].[3]

Tough queria responder a algumas perguntas específicas:[4]

- Esforços deliberados de aprendizagem são comuns?
- Por que e o que as pessoas aprendem?
- Quanto tempo elas investem aprendendo? Sua aprendizagem é
  autoplanejada ou elas frequentam aulas e grupos? Podemos pro-
  porcionar melhor ajuda para aprendizes individuais?

Em 1970, com outros colegas da Ontario Institute for Studies in Education (OISE), em Toronto, no Canadá, Tough aplicou pela primeira vez seu protocolo de pesquisa em 66 adultos. Ele identificou que 65 deles tinham realizado pelo menos um projeto autodirigido (ou autoplanejado, termo utilizado em sua pesquisa) ao longo dos doze meses anteriores à realização das entrevistas. No total, 70% dos projetos haviam sido elaborados e conduzidos pelos próprios aprendizes.[5]

Seus estudos constataram que a aprendizagem autodirigida estava muito mais difundida do que se imaginava. Ele descobriu que quase todos os adultos investem tempo em projetos de aprendizagem e, muitas vezes, nem percebem que estão fazendo isso. Os dados mostraram também que utilizamos o ambiente informal como o mais importante espaço de aprendizagem.

Essa pesquisa é um marco por ter sido amplamente divulgada e reconhecida. O protocolo já foi aplicado mais de noventa vezes em todo o mundo. Todas as pesquisas apresentaram resultados que reforçaram a descoberta inicial em relação ao perfil de aprendizes adultos: de uma maneira geral, somos autodirigidos e aprendemos no ambiente informal.

Na minha aplicação[6] em adultos brasileiros, quarenta anos depois da primeira versão, os resultados seguiram o mesmo padrão: apenas um participante não tinha realizado nenhum projeto autodirigido nos últimos doze meses e 70% dos participantes tinham mais projetos autodirigidos do que heterodirigidos (quando o aprendizado é planejado por outra pessoa).

Projetos autodirigidos mostraram uma série de vantagens quando comparados a outras iniciativas de aprendizagem: são mais longos, geram mais motivação intrínseca, mais dedicação, e os participantes com esse perfil realizam um número maior de projetos. A pesquisa mostrou ainda que preferimos ser autodirigidos em projetos vinculados a temas domésticos ou a hobbies. Quando falamos de desenvolvimento profissional, confiamos em outros para direcionar nosso aprendizado.

Minha intenção aqui é oferecer argumentos objetivos que ajudem no segundo ponto de reconstrução de sua autoimagem de aprendiz: mesmo que você tenha dúvida, é enorme a probabilidade de que a melhor forma de aprender seja exercendo a sua autodireção. E ainda que isso não ocorra naturalmente, a autonomia para aprender vive em modo latente em cada um de nós.

Tenho a impressão de que parte dessa dúvida esteja relacionada à associação que se faz entre ser autodirigido e ser um gênio capaz de aprender tudo sozinho, sem apoio de ninguém. Essa seria uma habilidade para poucos privilegiados, que teriam a capacidade de decifrar os enigmas do desconhecido e do complexo.

Aprendizagem autodirigida é algo muito mais simples do que isso, como veremos a seguir.

AFINAL, O QUE É APRENDIZAGEM AUTODIRIGIDA?

É um dos assuntos mais pesquisados na área de educação nos últimos cinquenta anos. Mas, afinal, o que é isso? Como tantos outros conceitos, não existe só uma definição aceita por todos na área.

Knowles,[7] o pai da andragogia e sobre quem falamos anteriormente, produziu uma das mais utilizadas. Eu a utilizo porque ela tem também a vantagem de ser bastante clara: aprendizagem autodirigida é um processo pelo qual indivíduos têm a iniciativa, com ou sem ajuda de outros, de diagnosticar suas necessidades de aprendizado, estabelecer metas e identificar recursos humanos e materiais para o aprendizado, escolhendo e implementando estratégias de aprendizado apropriadas e avaliando o resultado do seu aprendizado.

Essa é uma daquelas frases que parecem complexas, mas que ficam simples quando analisadas em pedaços. Vamos entender um pouco mais de cada elemento dela:

"é um processo"
Ou seja, não é um evento, mas uma ação contínua e prolongada que acontece em etapas ao longo do tempo.

"indivíduos têm iniciativa, com ou sem ajuda de outros"

Dirigir é sinônimo de conduzir ou guiar. Portanto, ter autodireção quer dizer que somos responsáveis por definir qual o caminho do nosso processo. Essa definição estabelece também de maneira inequívoca uma questão que pode gerar dúvida: ser autodirigido não é a mesma coisa que aprender sozinho. A presença ou não de outras pessoas no projeto – inclusive professores – é uma escolha de cada um a partir da necessidade percebida.

Desse trecho da frase para frente, são descritas as etapas do processo. Não por acaso, você perceberá uma semelhança entre os passos apresentados no Capítulo 6 e as etapas contidas na definição de Knowles.

"diagnosticar suas necessidades de aprendizado"

Essa é a primeira etapa do processo. Identificar o que aprender.

"estabelecer metas"

O segundo ponto é saber onde queremos chegar, em quanto tempo, com que proficiência.

"identificar recursos humanos e materiais para o aprendizado"

A partir daí, reconhecer o que será necessário para a realização do projeto.

"escolhendo e implementando estratégias de aprendizado apropriadas"

Aqui estão presentes dois aspectos interessantes. Um deles é a ênfase na **escolha** de estratégias apropriadas. Isso requer um momento de planejamento anterior à segunda etapa, a **implementação**, propriamente dita.

"avaliando o resultado do seu aprendizado"

Finalmente, há um convite: utilizarmos nossa metacognição para avaliar a efetividade do processo.

Quando aprendemos de maneira autodirigida, mais do que a intenção, desenvolvemos a confiança na nossa capacidade de conduzir o processo com autonomia. **Aprendizagem autodirigida, como todas as habilidades, só pode ser desenvolvida de maneira prática, consciente e contínua.**

Como mencionei anteriormente, um relatório recente do Fórum Econômico Mundial apresentou o aprendizado autodirigido como um dos temas mais importantes para se preparar para 2025. Para a entidade, essa habilidade é composta por duas outras. Uma é o **aprendizado ativo**, definido como "a capacidade de compreender as implicações de novas informações para a resolução de problemas e tomada de decisões atuais e futuras". Outra são as **estratégias de aprendizagem**, que se refere à "capacidade de selecionar e usar métodos de treinamento/instrução e procedimentos apropriados para a situação ao aprender ou ensinar coisas novas".[8]

Saber o que precisa aprender, ser capaz de estruturar caminhos e corrigi-los quando se fizer necessário: esse é um resumo do que falamos até aqui. Atualmente, são poucas as pessoas que não reconhecem a importância de aprender a aprender. Entretanto, também são poucas as pessoas com determinação para conduzirem processos de aprendizagem estruturados de maneira autônoma.

Minha experiência com participantes diversos tem me deixado cada vez mais convencido de que, uma vez que compreendemos o potencial da autodireção e começamos o processo, há uma transformação. Há também uma sensação de plenitude, não queremos mais parar.

Existe um motivo para isso. Aprendizado, quando é conduzido com autonomia e vontade, é uma das principais fontes de motivação e bem-estar psicológico da espécie humana. Talvez esse deva ser o principal incentivo para a busca de mais autodireção no aprendizado.

APRENDER É UMA FONTE DE MOTIVAÇÃO

O que mais me apaixona, muito mais do que todo o resto na minha profissão, é o retrato, o retrato moderno. Eu o procuro por meio da

> cor, e certamente não sou o único a buscá-lo dessa forma. Eu gostaria [...] de fazer retratos que se assemelhem a aparições para as pessoas daqui a um século. Portanto, tento nos desenhar não por semelhança fotográfica, mas por nossas expressões apaixonadas, usando como meio de expressão e intensificação do caráter nossa ciência e o gosto moderno pela cor.[9]

Van Gogh escreveu essa carta dois meses antes de tirar a própria vida, quando já morava em um hospital psiquiátrico. Acho emocionante reconhecer sua paixão declarada ao aprender uma técnica nova, ainda que estivesse em um período tão confuso de sua vida.

Esse é o poder do aprendizado: promover uma motivação tão intensa que não queremos fazer nada que não esteja relacionado a ele.

Para entender um pouco mais desse processo, é importante conhecer o trabalho de Richard M. Ryan e Edward L. Deci,[10] dois pesquisadores da Universidade de Rochester, nos Estados Unidos, que dedicaram a vida ao estudo da motivação humana. Eles buscaram a compreensão de um tipo específico de motivação, a intrínseca. Consideravam-na a base para crescimento, integridade psicológica e coesão social.

Com base em suas pesquisas empíricas, eles propuseram a Teoria da Autodeterminação, com o objetivo de compreender a automotivação e autodeterminação do comportamento humano. Em outras palavras, por que nos interessamos muito por algumas atividades e detestamos outras? Para os pesquisadores, somos movidos a agir por diversão ou desafio, e não por estímulos externos, pressões ou recompensas. Se estamos motivados intrinsecamente, não conseguimos parar de fazer o que estamos fazendo.

A teoria propõe que temos maior chance de atuar dessa forma se nossa ação satisfizer três necessidades psicológicas básicas: autonomia, competência e vínculo. Vou explicar um pouco cada uma delas com a intenção de demonstrar por que o aprendizado é uma fonte de inspiração.

A **autonomia** é uma necessidade humana inata. Para nos sentirmos motivados, devemos nos perceber responsáveis pelas nossas ações. Pessoas são organismos ambiciosos e proativos, que exercem controle de maneira antecipada, incentivadas pela capacidade de prever. Não reagimos simplesmente a efeitos do meio. Fazemos, por próprios atos, as coisas acontecerem de modo intencional. Esse é um comportamento em declínio na nossa espécie. A agência humana – nome técnico para nossa capacidade de agir – tem sido esmagada por compromissos profissionais, sociais e culturais. Está cada vez mais difícil sermos nós mesmos.

Albert Bandura é um dos grandes nomes da psicologia cognitiva em todo o mundo. Desenvolveu diversas teorias a partir de suas pesquisas na Universidade Stanford.[11] Ele propõe que somos agentes das experiências e não apenas seus objetos. Mais do que isso, somos indivíduos proativos, autorreflexivos e autorregulados. Não somos moldados pelo ambiente e suas respostas nem atuamos unicamente com base em impulsos e estímulos interiores encobertos. Nosso desenvolvimento acontece no momento em que nos relacionamos com o ambiente, transformando-o e sendo por ele transformado.

É interessante perceber que a autonomia é uma conquista da idade adulta. Como bebês e crianças, somos totalmente dependentes. Essa submissão gera conformismo, crença na autoridade, rigidez e a expectativa de ser direcionado pelo outro. A obtenção da maturidade está, portanto, relacionada à independência. Quando somos obrigados a fazer alguma coisa sem a possibilidade de escolha ou questionamento, nossa motivação diminui porque abrimos mão dessa conquista. Isso acontece no trabalho, quando recebemos uma tarefa sem ter o direito de opinar se concordamos ou não. E também na aprendizagem.

Contudo, ao confundirmos aprendizado com estudo, acabamos achando normal sermos guiados. Esse hábito pode reduzir o incômodo de ser convocado para um treinamento obrigatório na sua empresa ou de ler um texto sem saber o porquê. Nos conformamos e achamos que é assim mesmo, que faz parte do processo.

O que perdemos, ao aceitar o controle externo, é o prazer de querer aprender cada vez mais, de perder o sono e as horas em atividades vinculadas ao nosso projeto.

129

Competência é a segunda necessidade psicológica básica. Seres humanos são atraídos por atividades que resultem na melhoria de interação com o meio em que vivem. O investimento de tempo e energia nesse processo gera importantes dividendos para uma vida mais plena, especialmente quando a autonomia está resguardada e há percepção de efetividade e evolução. Estudos recentes[12,13] demonstram que nosso cérebro, por meio da dopamina, gera aquela sensação de euforia quando estamos aprendendo alguma coisa nova ou quando finalmente entendemos um ponto específico.

Um bom exemplo é a busca incansável e autodirigida de um bebê pela aquisição de competências essenciais relacionadas à comunicação e à locomoção.

Existe ainda uma terceira necessidade psicológica básica: a vontade de pertencer e estabelecer **vínculos**. Para o aprendizado, o grupo produz uma sensação de segurança que apoia a tendência inata para o crescimento saudável.

A aprendizagem autodirigida permite que as duas primeiras necessidades – **autonomia** e **competência** – atuem de modo complementar, turbinando a motivação intrínseca. Entretanto, somos bombardeados por metas, agendas e responsabilidades que assumem papel central em nossas vidas. Assim, muitos de nós distanciam-se de si mesmos e, por consequência, da nossa motivação intrínseca.

Em outras palavras, à medida que amadurecemos, adquirimos novos papéis e desafios. Se não agirmos, fatores ambientais minam a motivação intrínseca e sua predominância relativa cai. Ela sempre estará presente, mas precisamos cultivá-la. Viver a vida dando satisfação de expectativas e prazos que nos são impostos não é o melhor caminho.

Com aprendizado é a mesma coisa: muitas vezes, fazemos cursos e lemos livros por culpa, obrigação ou senso de preservação. Essas escolhas não trazem o prazer e a confiança necessários para a entrega e a disciplina que o aprendizado ao longo da vida pede.

Quando realizado com autonomia e interesse, o aprendizado proporciona uma relação de causa e efeito de mão dupla com a motivação. Aprendemos porque nos sentimos motivados e, com isso, queremos aprender mais, em um ciclo sem fim.

Van Gogh disse uma vez para um de seus mentores, o pintor Anton Mauve, que finalmente se considerava um artista e foi censurado por isso. Em uma das cartas para seu irmão Theo, demonstrou muita tristeza e indignação com essa reação. Para ele, ser um artista não significava ter chegado a algum lugar, mas exatamente o contrário: "Essas palavras implicam, naturalmente, sempre buscar sem nunca encontrar totalmente. É exatamente o oposto de dizer: 'Já sei, já descobri'. Até onde sei, essas palavras significam 'Eu procuro, eu busco, meu coração está nisso'".[14]

Essa é a essência do aprendiz autodirigido.

Em julho de 2020, no meio do isolamento social imposto pela pandemia de covid-19, eu estava morando na praia havia cinco meses com minha esposa e nossos três filhos. Como ocorreu com todos, a tônica do nosso convívio por lá foram as mudanças. Criar uma nova rotina familiar, aprender a trabalhar e a estudar à distância, conviver com a insegurança e a incerteza do período foram os desafios mais pesados naqueles meses. Em contrapartida, estávamos cientes do nosso privilégio incrível, pelo qual agradecíamos todos os dias. Criamos um relacionamento ainda mais forte entre nós cinco e nos adaptamos bem ao novo modo de viver.

Bastaram alguns meses para que nossa alma paulistana se sentisse preenchida pelo convívio tão próximo da natureza. Sabíamos a hora pelo tipo de ave que cantava e aguardávamos todos os dias a visita do César, um tucano que ficou tão camarada que ganhou até nome (honestamente, acho que cada dia vinham pássaros diferentes, mas quem sou eu para destruir a fantasia de três crianças?).

Começamos a criar projetos entre nós. Passei algumas semanas com minha filha Alice estruturando um desenho, buscando materiais, e, por fim, construímos uma pequena tirolesa em nossa casa (viva os vídeos e as compras on-line!). Foi um orgulho sem fim ver aquela menina de 10 anos serrando, furando e segurando cabo de aço comigo. Não consigo nem mensurar a quantidade de aprendizados que essa experiência trouxe.

Começamos a pescar nesse período. Mais um espaço de aprendizagem. Fomos aprender quais as melhores iscas, que tipos de peixes existiam e um pouco sobre equipamentos. A fonte inicial era sempre a internet. Contudo, nesse caso, ela não foi páreo para o conhecimento dos pescadores locais ou de outros moradores mais experientes. Meu filho João se apaixonou pela pesca. Rapidamente aprendeu a lançar com carretilha e deu preferência para iscas do tipo *sabiki*, aquela que vem uma sequência de peixes ou camarões artificiais. Ele me confidenciou que havia dois motivos para sua escolha: a expectativa da captura de mais de um peixe de cada vez e o fato de não precisar sujar a mão para trocar a isca o tempo todo.

Em julho, durante um almoço, aproveitando a pausa das férias, minha esposa perguntou para eles o que tinham aprendido durante a quarentena. Fiquei surpreso — e um pouco decepcionado — quando percebi que todas as respostas estavam relacionadas a temas escolares. Não entendia como fazer operação armada era mais importante do que montar a primeira compostagem. Ou que a tundra fosse mais interessante do que o insetário que fizeram com minha esposa no verso da embalagem de isopor na qual vem o queijo.

O problema, na verdade, não era a relevância do aprendizado. Mesmo para meus filhos, ainda no final da primeira década de vida, aprendizado real é o que acontece na escola. Essa é a grande referência para a maioria dos adultos. Com isso, uma grande parte do aprendizado que ocorre na nossa vida não é percebida como verdadeira ou relevante.

Nesse mesmo período, duas outras situações me chamaram atenção para como o modo que o aprendizado ocorre fora do ambiente formal é fundamental. Logo no início da pandemia, as áreas de educação corporativa estavam muito preocupadas em como criar treinamentos para ajudar na adaptação de seus funcionários. No início de abril de 2020, com poucas semanas vividas naquele novo momento, eu estava em uma reunião discutindo essa situação quando José Renato Domingues, um grande amigo e excelente executivo de RH, disse: "Gente, o mundo só não parou porque já aprendemos! Olhe as empresas, as casas das pessoas, as instituições... não vai dar tempo de organizar o conteúdo que nem sabemos e preparar aulas.

A necessidade falou mais alto". Foi um reconhecimento perfeito de como funciona o aprendizado informal.

Ainda nesse período, abri uma conta no aplicativo TikTok, que estava explodindo. Fiquei curioso e achei importante conhecer como funcionava. Minha surpresa foi ver que a hashtag #aprendinaquarentena tinha dezenas de milhões de visualizações. As pessoas aprendiam de tudo: receitas, instrumentos, idiomas e memes. E não foi só no início. No momento em que escrevia este livro, esse número batia 220 milhões, mais uma demonstração inequívoca de que o aprendizado informal é mais presente do que imaginamos.

Não foram as redes sociais que inventaram essa modalidade. Ela é antiga. Muito antiga. As primeiras instituições escolares surgiram há milhares de anos. Grécia e Roma são as referências para uma oferta de ensino estruturado voltado à pequena parte da população (homens ricos). Como referência, a Academia de Platão foi fundada por volta de 387 a.C.

Foi há pouco mais de duzentos anos que a educação passou a ser um direito para a maioria da população. Esse acesso se deu principalmente pela necessidade de formação de mão de obra pela demanda surgida na primeira Revolução Industrial. E, como sabemos, a estruturação do processo de ensino também seguiu a lógica mecanicista da época.

Contudo, numa perspectiva mais ampla, a educação formal faz parte de um percentual muito pequeno da história da humanidade. Durante centenas de milhares de anos, fomos caçadores-coletores. Segundo antropólogos, nessa época, não havia diferenciação entre brincar e trabalhar. O surgimento da agricultura, há dez mil anos, trouxe uma série de vantagens, como mais segurança e a possibilidade de se assentar em um local único. Junto com isso, porém, houve um declínio na liberdade, igualdade e no brincar. Agricultura demandava mais conhecimentos e habilidades específicas de trabalho. Com isso, quem aprendesse mais as técnicas e a escolha de culturas teria mais produção e mais poder.

Após a invenção da escrita, criou-se o instrumento para o ensino. Mas, como acabamos de ver, a grande maioria da população humana que já viveu em nosso planeta teve o aprendizado informal como principal fonte de desenvolvimento. Às vezes na igreja, às vezes no trabalho e quase sempre na família e no círculo social mais próximo.

Para completarmos a reconstrução da nossa autoimagem do *lifelong learner*, precisamos entender como o aprendizado informal funciona e dar o devido valor a ele.

O QUE É APRENDIZADO INFORMAL

Quando falamos de aprendizado formal ou informal, estamos nos referindo ao ambiente em que ele ocorre. A melhor maneira de entender o conceito é começar pelo que já sabemos.

Aprendizado formal é toda iniciativa que ocorre dentro de um ambiente oficial e reconhecido. Pode ser pelo Estado, por entidades setoriais ou mesmo por empresas. Esse tipo é mais próximo do que chamamos de educação e tem algumas características específicas, além de ser institucionalizado. É um sistema heterodirigido, hierárquico, que oferece conteúdo pré-concebido de maneira estruturada e com complexidade crescente. Ao final de cada nível, há uma certificação do conhecimento. Conhecemos bem esse método.

Antes de falar do aprendizado informal, há mais uma categoria, o **aprendizado não formal**. Ele é composto por todas as ações de aprendizagem com algum grau de estruturação, mas que possuem mais liberdade e fluidez do que o formal. Incluem-se aqui cursos livres, ensinos de idiomas, aulas de pilates, cursos de culinária ou congressos e outros eventos não vinculados a programas de certificação formalmente reconhecidos.

Existem diversas iniciativas on-line não formais com essas características. O *creative morning* é um exemplo que adoro. Trata-se de uma comunidade global criada em Nova York por Tina Roth Eisenberg com um objetivo simples: compartilhar conhecimento criativo com pessoas de diversas áreas. Existe uma estrutura propositalmente simples: "um café da manhã e uma curta palestra matinal todas as sextas-feiras. Todos os eventos seriam gratuitos e abertos a todos os interessados".[1] Autonomia com organização é uma das características dessa franquia que ocorre em todo o mundo, inclusive no Brasil.

A partir dessas definições, fica mais fácil dizer o que é **aprendizado informal**. É qualquer iniciativa que não se encaixe nelas. Uma iniciativa espontânea e não estruturada que pode acontecer em qualquer lugar, com ou sem nossa consciência. Ela ocorre em todos os contextos da vida cotidiana: em uma conversa, no nosso trabalho e mesmo em eventos da nossa vida que ocorrem sem nossa provocação direta – um novo projeto profissional ou a perda de alguém próximo. Jay Cross foi um autor apaixonado pelo assunto e dizia que o aprendizado informal era fundamental por um motivo simples: "é o jeito natural de aprendermos".[2]

Há dois aspectos fundamentais nesse tipo de aprendizado. Ele pode ocorrer sem nossa intenção nem nosso conhecimento. Esse é um ponto de atenção enorme e talvez a principal mudança necessária para o *lifelong learner*. A busca intencional do espaço informal deve ser parte de qualquer estratégia de aprendizado ao longo da vida. Falaremos um pouco disso no Capítulo 11, quando analisarmos a experiência como uma das fontes de aprendizado.

A consciência é o segundo ponto de atenção. De maneira geral, temos que colocar uma lente que permita ficarmos atento às oportunidades que acontecem no nosso dia a dia. Grande parte do meu conhecimento sobre o aprendizado de adultos ocorre em conversas em projetos e em interações com aprendizes.

No Learning Sprint, o método de desenvolvimento em grupo que desenvolvi com meu amigo Alex Bretas, os encontros são semanais ou quinzenais e têm duração de pouco mais de uma hora. O foco da conversa nas reuniões é como está o projeto de cada um. Ou seja, eu, pesquisador de aprendizagem de adultos, tenho a oportunidade de acompanhar oito aprendizes durante esse período e observar de perto o que está acontecendo no processo de autodireção deles. Não consigo imaginar um espaço mais efetivo e verdadeiro para o meu desenvolvimento.

Isso é válido em reuniões de projetos com clientes também. Cabe a cada um de nós determinar qual postura prefere ter. Como facilitador ou consultor, por exemplo, posso assumir uma postura de amplo conhecimento e liderança intelectual nos assuntos com que me envolvo. Não é meu perfil. Prefiro aproveitar cada fala e resultado da vida real como minha principal fonte de aprendizado.

O aprendizado informal é prevalente na nossa vida. Contudo, pesquisadores dessa área[3] identificaram que há um desequilíbrio entre a maneira como o aprendizado formal e o aprendizado informal são reconhecidos. Isso ocorre tanto por parte da sociedade como por parte de cada indivíduo.

Sempre digo que meu doutorado foi, antes de tudo, uma experiência autodirigida e informal. Isso pode parecer um contrassenso. Existem tantas estruturas rígidas sob a tutoria das quais se deve escrever uma tese: o rigor científico e acadêmico, as regras da universidade e do departamento, as exigências da Associação Brasileira de Normas e Técnicas (ABNT) e até uma expectativa externa e interna de um formalismo exagerado.

Por exemplo: você sabia que aqueles livros de capa dura que vemos em teses e dissertações são opcionais em muitas faculdades? Se quiser, você pode mandar seu projeto numa impressão simples, encadernado com uma espiral normal e capa de plástico transparente. Não conheço alguém que tenha entregue seu trabalho de anos de pesquisa dessa maneira. Seria muito informal.

Durante meu doutorado, ganhei muito conhecimento sobre o assunto da minha pesquisa, aprendizado autodirigido em ambientes informais. Mas também descobri tanta coisa importante para minha vida de maneira informal! Uma pequena lista: curadoria, leitura profunda, pesquisa, escrita, gestão do tempo (e da minha ansiedade), estatística e por aí vai.

No Brasil, esse tipo de aprendizado enfrenta uma questão semântica ainda. O termo *informal* é utilizado de uma maneira pejorativa. Informal é um sinônimo de ilegal ou não reconhecido. Mas aqui mesmo temos um dos exemplos do poder e do alcance dessa forma de aprender.

O samba é uma atividade extremamente importante para a cultura e para a economia do Brasil. Em 2019, apenas o Carnaval injetou 4 bilhões de reais só na economia na cidade do Rio de Janeiro.[4] Em 2018, quase 900 mil estrangeiros vieram ao país em fevereiro, mês do Carnaval. Isso equivale a 13,1% dos desembarques internacionais desse ano.

SAMBA AO LONGO DA VIDA EM TRÊS HISTÓRIAS

Não sou um frequentador de desfiles nem tenho uma escola preferida no Rio de Janeiro ou em São Paulo. Mas adoro uma roda de samba. Tenho uma admiração e apreciação sem tamanho pela musicalidade, energia e harmonia que esse tipo de música possui. Coloco Pixinguinha, Noel Rosa e Cartola no mesmo nível de genialidade dos grandes compositores clássicos.

Mas meu conhecimento de samba e Carnaval para por aí.

Ao decidir escrever este livro, fiquei pensando quais seriam os casos que me ajudariam a falar de aprendizagem ao longo da vida. Depois de pensar um pouco, considerei uma situação que tinha a ver com o Brasil: como uma pessoa se torna sambista? Minha intuição sugeriu que esse era um percurso completamente informal, autodirigido e que ocorreria ao longo de toda a vida.

Para facilitar as conversas, decidi ser um pouco mais específico. Como alguém se torna um ritmista de uma escola de samba? Achei esse caminho interessante porque, além de sambista, um componente da bateria precisa ter um conhecimento técnico do instrumento e saber como se integrar em uma orquestra de trezentas pessoas com mais de uma dúzia de instrumentos diferentes: surdo de primeira – responsável pela marcação principal, do surdo de segunda e do surdo de terceira; tamborim, prato, repique, chocalho, caixa de guerra, cuíca, agogô, reco-reco, pandeiro e triângulo.

Conversei com amigos cariocas, pedi indicações e cheguei no Lucas Machado. Ele é diretor de um colégio tradicional do Rio e, segundo o amigo que o indicou, "gosta muito dessa coisa de samba". Achei o perfil perfeito para falar de aprendizagem ao longo da vida.

Lucas é apaixonado por Carnaval. Ainda adolescente guardava dinheiro da mesada para poder ir aos desfiles, mas nunca teve qualquer formação musical. Ficava só do lado do público, admirando a arte, até que aos 38 anos fez um exame e houve a suspeita de que estivesse com câncer. Após o baque, Lucas analisou um pouco sua vida e pensou: "Não posso morrer sem desfilar na bateria pelo menos uma vez". No fim, o diagnóstico não se confirmou, mas a promessa se manteve firme.

Para realizá-la, ele fez a escolha pelo formal e procurou uma escola de percussão. Foi parar no Batuque Digital, uma escola que existe exatamente com o objetivo de ensinar amadores o suficiente para poderem acompanhar um ensaio de uma escola de samba. Começou da etapa zero.

Escolheu o repique, aquele instrumento mais agudo que puxa a bateria antes de começar o desfile. Sua primeira lição foi como colocar o talabarte. Eu também não sabia o que era isso, mas ele me explicou: é a faixa que segura os instrumentos, como surdo, caixa e o próprio repique. É muito importante saber colocar para não ficar preso na fantasia e poder tirar o instrumento com agilidade se precisar ser consertado durante a apresentação. Antes mesmo de encostar em uma baqueta, Lucas percebeu que estava entrando em um novo mundo.

Sua dedicação e paixão fizeram o caminho ser relativamente curto. Ele estudava muito. Na época, não existiam as alternativas atuais de instrumentos com o som abafado, para não atrapalhar os vizinhos. Então, para reduzir o atrito em casa, praticava nas almofadas. Em pouco mais de cinco meses, estava tocando em uma apresentação quando foi convidado para assistir um ensaio da São Clemente, famosa agremiação da Zona Sul do Rio de Janeiro e, o mais importante, a escola do seu coração.

Chegando lá, tocou um pouco e foi convidado para frequentar o ensaio toda semana. O orgulho e o prazer se misturavam à dor de tentar acompanhar os outros instrumentistas no ensaio: "Eu só conseguia tocar dois ou três minutos na velocidade deles. Daí meu braço doía e eu não aguentava. Descansava um pouco e voltava". Esses não eram os únicos desafios. Ele tinha que aprender o que significavam os gestos dos diretores de ala, além de decorar as "bossas", como os sambistas chamam as famosas paradinhas.

Aprendeu também a importância da disciplina e da dedicação. Sem estar presente em todos os ensaios, a chance de tocar na avenida é inexistente. Entendeu ainda a distância a ser percorrida para que alguém que não é da comunidade se misture e realmente faça parte. Criou laços fortes de

139

amizade e, hoje em dia, chega a desfilar em diversas escolas e blocos em um mesmo Carnaval.

Depois de sete anos, perguntei se ele já se considerava pronto. Ele disse que não, que continuava tendo aula para aumentar o repertório e aprender a tocar outros instrumentos: "Ainda não sei surdo e cuíca, mas vou chegar lá".

Para entender um pouco mais do seu processo de formação, ele me indicou que falasse com Kleber Komká, um dos fundadores do Batuque Digital.

O papo mostrou mais uma história de vida e aprendizado constante. Ele é um gaúcho de 52 anos que mora no Rio desde cedo. Seu pai é jornalista e apaixonado por música também. Em vez de carrinhos, o pai lhe presenteava com instrumentos. Aos 4 ou 5 anos, vendo o desfile, também foi picado pela paixão pelo Carnaval. Tocar numa bateria virou um sonho a ser perseguido.

Aprendeu percussão de maneira intuitiva e orgânica. Com o gravador que o pai usava nas entrevistas, praticava as músicas. Depois de muito esforço, foi aceito em uma escola de samba e aos 16 começou a desfilar. Em paralelo à vida na quadra, teve uma formação clássica de instrumentos diversos e de teoria musical.

Seu pai se assustou com a paixão pela música e influenciou Kleber a estudar Direito. Advogou por doze anos, até decidir que não havia outro caminho que não reinventar sua carreira. Fez o primeiro curso de pós-graduação em gestão do Carnaval, a única disponível no país. Estagiou em escolas de samba, começou a tocar com músicos famosos e construiu uma visão do que poderia ser o Batuque Digital.

Desde então, tem ajudado muita gente como Lucas a se aproximar dos instrumentos de percussão e do samba por meio de um caminho mais estruturado, mais formal.

Perguntei para Kleber quem eram os professores, e ele me respondeu: "São os melhores mestres e diretores de bateria das escolas de samba do Rio de Janeiro". Entendi que eles eram o início da cadeia de aprendizagem que eu estava percorrendo. Pedi ajuda a Lucas, que me indicou Jeferson Castro,

que todos conhecem como mestre Caliquinho, da São Clemente.

Dá para dizer que ele literalmente nasceu dentro do samba. Sua mãe, Maria do Carmo, conhecida como dona Calma, desfilou com ele no ventre escondida do seu marido, o Calicão, que estava na ala do reco-reco. O vínculo com o Carnaval continuou por toda a infância. Desde criança, sabia que nas noites de desfile, ele e seus cinco irmãos iriam para a casa de uma vizinha assistir aos pais pela televisão.

Dos filhos do casal, ele foi o único que gostava de samba. Gostava não, era apaixonado. Desde pequeno, tocava na bateria mirim. Batucava em toda e qualquer superfície em que fosse possível fazer algum som. Em casa, tomava muitas broncas por batucar forte demais nas paredes de madeira do seu barraco, escutando os LPs do pai e aprendendo as paradinhas de todas as escolas. Com os amigos da rua, construía instrumentos com latas velhas. Faziam até uma simulação da tradicional Folia de Reis, enfeitando os instrumentos e fazendo um desfile de brincadeira.

O pai começou a ficar preocupado com o interesse: "Estuda direito porque carnaval não dá nada para ninguém não". Mesmo assim, a partir dos 12 anos, ele começou a frequentar ensaio e pedir para tocar. Pela idade e tamanho, não era aceito na bateria principal. Só conseguia tocar por volta de quatro da manhã, no morro, quando os outros ritmistas já estavam cansados.

Toda sexta-feira, ficava na expectativa de algum músico faltar e assim ele poder entrar para tocar. Tentou se infiltrar tocando duas vezes e, em ambas, foi expulso pelo disciplinador mestre Renatinho, atual presidente da escola. Pensou em desistir, mas Tião Viana, diretor da bateria, disse que as coisas eram assim mesmo, que ele era muito novo. Na terceira vez, tocando surdo de primeira, Renatinho ficou impressionado com o garoto de 15 anos que sabia todas as paradinhas da escola. O tempo de prática com os discos do pai em casa começaram a se mostrar importantes. Ao descobrir que o menino era filho do Calicão do reco-reco, decidiu deixar o menino ensaiar na bateria.

Nunca mais parou. Foi crescendo tendo Tião como um grande mentor e parceiro. Levou Caliquinho para tocar em outros lugares e com outras pessoas para aumentar seu repertório. Aceitava as ideias de paradinha que o jovem ritmista propunha.

Além do prazer de tocar, essa formação teve outra influência importante na vida dele. Fez com que não seguisse o caminho sedutor e arriscado pelo qual muitos amigos optaram nessa fase da vida. Via os colegas com dinheiro e tênis da moda, mas não pensava em largar o samba por nada. É muito grato por isso até hoje: "Nunca quis ir pelo caminho errado. Hoje tenho poucos amigos da minha idade. Tenho mais velho ou mais novo. Os que conviviam comigo mesmo não estão mais aqui".

Em paralelo aos ensaios na quadra da São Clemente, Caliquinho não parou de estudar e terminou o ensino médio. Fez também uma série de cursos profissionalizantes, como técnico eletricista e manutenção de computadores. Sabe fazer uma casa inteira também: "Aprendi com meu avô, o Chico do Banjo. Não sabia ler nem escrever, mas era um baita pedreiro". Ele acompanhava o trabalho e perguntava como fazer cada atividade.

Em 2003, aos 21 anos, foi chamado para ser diretor da bateria. Declinou algumas vezes até ser convencido de que já estava pronto. Três anos depois, tornou-se mestre, o responsável pela coordenação de toda a bateria em conjunto com o mestre Gil. Na visão dele, deu certo porque era uma mistura da criatividade da juventude com a experiência e a sabedoria de uma outra geração.

Caliquinho é um apaixonado pelo aprendizado, um polímata.* Além da bateria nota dez, atua ainda no projeto social Spanta Neném, que ensina jovens da comunidade por meio do seu carinho, disciplina e exemplo.

Terminei nosso papo perguntando: e o que mais você quer aprender? Ele parou, pensou e disse: "Ainda não sei instrumentos de corda. E nessa pandemia adorei ser um pai mais próximo. Estou aprendendo isso também".

Minha conversa com ele foi por telefone, e sua voz carregava uma energia muito boa. Chamou minha atenção que ele não reclamasse de nenhuma situação em que foi desafiado. Em quase todos os vídeos em que o vi no YouTube, estava rindo. Só mantém uma cara séria, concentrada, quando está conduzindo a bateria.

* Polímata é uma pessoa cujo conhecimento não se restringe a apenas uma área.

Ele me contou orgulhoso da escola, dos cursos profissionalizantes e do aprendizado com seu avô, sem qualquer mágoa ou queixa do processo educacional. Seu olhar é o de aproveitar o que a vida tem de melhor para ensinar.

Conhecendo a formação linda de Caliquinho, entendi que minha hipótese estava confirmada. Um sambista é uma pessoa apaixonada pelo que faz e aproveita todas as oportunidades que o mundo oferece – as formais e as informais – para aprender a vida toda.

Para mim, é emblemático o fato de os professores das escolas mais estruturadas de percussão serem os mestres que aprenderam sua arte de maneira tão informal e autodirigida.

Ao ouvir as entrevistas gravadas para poder escrever esta parte do livro, lembrei-me da resposta do Lucas quando perguntei como o pessoal da comunidade aprendia. Ele disse: "É impressionante que eles não tenham nenhum conhecimento de teoria musical ou mesmo um olhar numérico da parte rítmica. Aprendem por osmose. Desde criança escutam isso. Para mim, aquilo ali é magico".

INFORMAL E FUNDAMENTAL

Provavelmente, se você parar e pensar um pouco no caminho da sua vida, vai perceber que percorreu um caminho com elementos parecidos aos de Lucas, Kleber e Caliquinho: o aprendizado formal ajudou, mas foi nas conversas com pai, mãe e amigos, nas experiências da vida real, que realmente aprendeu.

O problema é que, apesar de aprendermos mais de maneira informal, temos dificuldade de registrar e reconhecer parte do seu ganho cognitivo nesse ambiente. Para a aprendizagem ao longo da vida fazer parte do seu cotidiano, isso deve mudar.

Aprender não é adquirir conteúdo, mas colocá-lo para fora com um desempenho diferente de como você começou o processo ou com uma nova visão de mundo. O único ambiente em que você pode experimentar o conhecimento adquirido é a vida real, fora do ambiente formal. Sem uma vivência real, é muito difícil dizer que o aprendizado ocorreu.

Além disso, considerando que a autodireção é uma característica fundamental para a implementação da aprendizagem ao longo da vida, é impossível não reconhecer a importância do ambiente informal. Existe, na minha pesquisa, um dado muito interessante em relação a esse ponto. Do total de projetos de todos os participantes do estudo, 77% ocorreram no ambiente informal. Entre os participantes com tendência à autodireção, o número é maior: 84% das iniciativas ocorreram nesse espaço. Em contraposição, no grupo que depende de outros para planejar o aprendizado, apenas 57% dos projetos são informais.

Há ainda uma conta simples. Depois de sair da escola ou da faculdade, o percentual do tempo da sua vida que você passará em um ambiente educacional formal é irrisório. Existe um artigo direcionado às áreas de RH com o título "What About the Other 50 Weeks" [E as outras cinquenta semanas?, em tradução livre]. Ele se refere ao fato de que, em grandes empresas, a média de treinamentos formais para funcionários é de quarenta a oitenta horas. O que será que está acontecendo fora desse período? Essa pergunta vale para cada um de nós também. Como estamos aprendendo quando não estamos sendo ensinados? De acordo com Bob Mosher, autor do artigo, "nas outras cinquenta semanas do ano, os funcionários tentam sobreviver no difícil mundo do aprendizado aplicado".[5]

Há uma diferença importante entre a vida há duzentos anos, quando o modelo escolar foi estruturado, e a vida de hoje. O mundo deixou de ser complicado e passou a ser complexo. Naquela época, o papel do ensino formal era organizar e estruturar o conhecimento para ficar mais fácil aprender. E, ainda assim, era questionado desde o início.

Em ambientes complexos, isso deixa de funcionar. Uma coisa é aprender a fazer um relógio. É uma atividade complicada, mas é possível dividi-la em pequenas partes e estruturar um passo a passo para ensinar alguém. Criar um filho ou gerenciar um time é uma atividade complexa. A rigidez deixa de fazer sentido. Uma estrutura formal de conhecimento pode ajudar, mas não o suficiente. Só a vida real, ou o aprendizado informal, podem ensinar de maneira verdadeira.

Essas descobertas ocorreram em 2000, quando as entidades globais começaram a falar em *lifewide learning* – ou aprendizagem em todos os domínios da vida. O objetivo era não depender apenas de escolas, cursos ou professores para tornar a aprendizagem ao longo da vida uma realidade disponível para todo o planeta.

Uma das primeiras definições, escrita em um relatório chamado *Memorandum of Lifelong Learning* [Memorando sobre aprendizado ao longo da vida, em tradução livre][6] pela Commission of the European Communities em 2000, é simples, bonita e atual: "A dimensão 'em todos os domínios da vida' [*lifewide learning*] coloca uma tônica mais acentuada na complementaridade das aprendizagens formal, não formal e informal, lembrando que uma aquisição de conhecimentos útil e agradável pode decorrer, e decorre de fato, no seio da família, durante o tempo de lazer, na convivência comunitária e na vida profissional quotidiana".

No ambiente corporativo, há um consenso: sem iniciativas informais, não há desenvolvimento das habilidades necessárias para o crescimento do negócio. Em 2019, a consultoria Deloitte reconheceu que o aprendizado, para ser efetivo, deveria ocorrer no fluxo da vida.[7] O aprendizado no ambiente de trabalho, ou *workplace learning*, é uma escolha antiga na indústria. Das guildas dos sapateiros aos modelos de formação interna, está claro que é depois do curso, no dia a dia, que o ganho de performance ocorre de verdade.

Por que pessoas e empresas têm tanta dificuldade de aceitar o aprendizado informal como parte integrante e importante de nossos arsenais de crescimento? O motivo principal é a falta de confiança. De ambos.

A nossa descrença foi explicada nos capítulos anteriores. É difícil aceitar que um papo com amigos tenha tanto valor quanto uma palestra.

As organizações, por sua vez, ainda operam em um sistema de comando e controle. Nele, faz mais sentido organizar treinamentos que têm pouca efetividade, mas podem ser supervisionados e quantificados pelas empresas. A definição de temas, atividades e datas pode gerar gráficos de dados que na verdade são pouco relevantes, como de presença ou avaliação do treinamento. Isso está mudando. A ineficácia das ações formais nas empresas já é consenso. Uma nova cultura de aprendizagem está surgindo de maneira acelerada no contexto corporativo também.

Esse foi o último aspecto do convite para você reconstruir a sua autoimagem de *lifelong learner*. Pela última vez, prometo, vale lembrar que você é adulto, e não um estudante grande. Você é autodirigido, pode conduzir seus projetos de aprendizagem. E o ambiente informal é o verdadeiro espaço de crescimento e desenvolvimento.

A partir daqui, vamos explorar abordagens práticas para elaborarmos projetos de aprendizagem plenos e eficazes.

CAPÍTULO 10
A PRIMEIRA ESCOLHA

O que você quer aprender?

Definir isso é o primeiro passo para estruturar um projeto de aprendizagem. Simples, né?

Também tenho muita experiência com essa pergunta. Ela faz parte do *learning sprint*, que mencionei no capítulo anterior. Já participaram dessa jornada cerca de quarenta pessoas, no momento em que escrevo este livro. A reação é quase sempre a mesma: "Tenho tanta coisa para aprender, mas não sei dizer o quê". Em princípio, pensar o que você quer aprender nos próximos doze meses é tão difícil quanto lembrar o que aprendemos nos últimos.

Não há como evitar esse primeiro passo. E sim, às vezes ele pode ser angustiante.

Somos bombardeados por recomendações de habilidades do futuro e do presente o tempo todo, como vimos no Capítulo 3. Portanto, é natural que no momento de complexidade em que vivemos, fiquemos em dúvida.

Um caminho é pesquisar quais são os temas que instituições ou empresas acreditam ser mais importantes nesse momento. As listas de habilidades do século XXI parecem portos seguros. Mas você vai precisar de mais do que isso. Estudá-las é um caminho interessante e aconselhável, mas é só um dos elementos de uma pesquisa mais ampla.

Minha questão principal com essas listas é que em geral elas convertem a habilidade – que, por definição, é uma ação – em um tema ou assunto. Por exemplo, *pensamento analítico* é a principal habilidade para 2025, de acordo com a lista publicada em 2020 pelo Fórum Econômico Mundial.[1] Qual seria o primeiro passo para aprender sobre esse tema? Ouso dizer que a tendência seria ler um livro, participar de um *webinar* ou de um curso mais longo. É assim que reagimos quando instigados a aprender mais sobre um tópico. Adquirindo conteúdo.

Como resultado, vamos compreender o que é essa habilidade, por que ela é importante e quais empresas/pessoas estão fazendo bom uso dela. Podemos também aprender ferramentas genéricas e consagradas em cada área. Contudo, para transformar essas informações, precisamos saber também quais as ações relacionadas a esse tema. No próprio relatório, há um anexo detalhando cada termo. Quando eles dizem "pensamento analítico", estão se referindo à "análise de informações e ao uso de lógica para resolver problemas e questões relacionados ao trabalho". Escrito desse jeito, conseguimos entender claramente o tipo de atividade no qual devemos nos aprimorar se queremos ter pensamento analítico.

Portanto, um conteúdo muito amplo ou dissociado de uma ação não é um bom tema para um projeto de aprendizado. Esse é um ponto que aprofundaremos mais adiante neste capítulo.

Muitos métodos de aprendizado autodirigido dizem, então, que o primeiro passo é definir objetivos precisos. Não concordo. Como definir aonde desejamos chegar ou o que queremos ser capazes de fazer sem conhecimento suficiente daquilo que almejamos?

Quando comecei a estruturar as primeiras jornadas de aprendizado autodirigido, não imaginava que a etapa de escolher fosse tão desafiadora. Em contrapartida, é a que mais gera descobertas e autoconhecimento.

Com o tempo, entendi o que acontece. Falta prática. Ao longo do percurso educacional, a definição de matérias e conteúdos não é papel dos alunos. Mesmo quando escolhemos participar de um curso ou comprar um livro, muitas vezes, estamos buscando soluções para problemas que não estão completamente claros para nós mesmos.

O primeiro princípio da andragogia fornece uma pista sobre como escolher um projeto de aprendizado que faça sentido na sua vida: *a necessidade do saber*. Aprendemos quando sentimos urgência em buscar soluções para algo em nossa vida.

Vamos a um exemplo despretensioso.

Você está na cozinha, decide preparar uma massa. Olha para a geladeira e percebe que tem um monte de tomates supermaduros, perfeitos para um molho ao sugo. A receita da sua avó surge na memória de maneira fragmentada: tem alguma coisa a ver com cortar uma cruz no tomate com a faca, colocar na água quente... Sem mais conhecimento, será impossível fazer um molho decente. Esse é o momento em que a vontade de aprender se manifesta: você **precisa** aprender a cozinhar um molho ao sugo. Ligar para sua avó, procurar a receita em um livro ou buscar um vídeo na internet são possibilidades que aparecem à sua frente. (Importante: se possível, ligue para sua avó primeiro!)

Essa sensação de urgência e necessidade não acontece por acaso. Do ponto de vista evolutivo, nosso cérebro está muito mais disposto a investir energia (e nos motivar) em situações em que há uma percepção clara de ganho. Isso pode ocorrer de maneira consciente ou não.

Por isso, acho que o primeiro ponto é olhar para dentro.

Do que você precisa para viver uma vida mais plena?

Como saber ou fazer algo novo pode ajudá-lo?

O que é mais importante: melhorar o desempenho nas atividades que você faz agora ou aprender novas competências que o ajudam a buscar um novo caminho?

Aliás, qual área da sua vida merece o seu esforço? Existem outros assuntos mais importantes nesse momento?

Só você saberá responder essas e outras perguntas que surgirão no processo. Pensar sobre isso apoia o reconhecimento de uma necessidade psicológica ou um desejo de mudança que podem ser apoiados pelo aprendizado.

(Uma observação: pela minha área de atuação, sei que a maioria dos exemplos deste livro estão vinculados ao ambiente corporativo. Contudo, o objetivo do aprendizado ao longo da vida não está limitado a melhorar sua carreira, mas torná-lo uma pessoa melhor e mais feliz.)

E o aprender pelo simples desejo de aprender? Não podemos nos dedicar a estudar mais determinados assuntos pelo simples prazer de ter um pouco mais de conhecimento? Podemos, sim. E muito. Isso tem até um nome: curiosidade epistemológica. A sensação de estarmos mergulhados num tema e não vermos o tempo passar deve ser a busca de todo aprendiz. Chamamos esse estado de *flow*, ou fluxo. Este conceito foi desenvolvido pelo psicólogo Mihaly Csikszentmihalyi e trata-se de uma situação em que a própria ação nos motiva mais do que seu resultado. Essa sensação é muito importante por nos ensinar que é possível ter prazer aprendendo. **Muitas vezes *sentimos* que queremos aprender, e esse desejo pode vir de motivos não objetivos. Quando isso acontecer, mergulhe no seu chamado. Lembre, sua escolha tem que fazer sentido para você e para mais ninguém.**

PEQUENO EXERCÍCIO PARA CHACOALHAR SUA CABEÇA (E SEU CORAÇÃO)

Para ajudar o planejamento do seu primeiro projeto de aprendizado, apresento a seguir algumas etapas que acredito serem relevantes. Elas ajudam no pensamento e também na execução prática. É um passo a passo muito estruturado, talvez até mais do que o necessário. Mas a ideia é permitir que você experimente uma vez e veja o que funciona com você. Ao longo do tempo, a intenção é que você pule entre projetos sem precisar seguir um método específico.

Sempre vale a pena lembrar: a autonomia e a autorregulação devem falar mais forte. Fique completamente à vontade para experimentar novos caminhos que façam mais sentido para você ou para o tema do seu projeto. E se você já tem certeza do que quer aprender, não há necessidade de um processo específico.

Resumidamente, proponho os seguintes passos para pavimentar o caminho da escolha do que aprender nas suas jornadas de aprendizado:

1. **Olhar para dentro:** entender quais são as suas necessidades de aprendizagem.
2. **Olhar para fora:** compreender um pouco mais o universo dos assuntos relacionados ao seu projeto.

3. **Escolha do tema:** listar e definir temas que podem ajudar na sua necessidade de aprendizado.

4. **Do tema para a ação:** entender o que você quer aprender a fazer melhor.

5. **Do como para o porquê:** uma vez que você escolha o que quer aprender, vale a pena verificar o motivo.

Vamos entender melhor esses passos.

1. Olhar para dentro

O começo do processo é olhar para sua vida hoje e identificar se existe alguma área que se beneficiaria de uma mudança na sua capacidade e no seu conhecimento. Depois, tentar responder a algumas perguntas. O que você gostaria de mudar no seu dia a dia? A direção em que a sua vida está indo faz sentido para você? Onde você gostaria de estar em seis meses ou um ano? Esse lugar pode ser profissional, pessoal, familiar, psicológico ou mesmo geográfico.

Para o exercício, vale a pena parar para escrever um pouco a mão. Vamos ver isso em detalhes no próximo capítulo, mas adianto que diversas pesquisas já reconheceram a importância de passar o pensamento para o papel. Outra coisa: quanto mais simples for a narrativa, mais fácil será para o restante do processo.

Leia o texto que você escreveu depois de um café ou no dia seguinte. Tente identificar quais conhecimentos e ações descritos seriam úteis. O que o seu *eu futuro* sabe ou é capaz de fazer que o seu *eu presente* ainda não sabe ou é?

2. Olhar para fora

A partir desse momento, vale a pena olhar para fora. Ter mais informações e perspectivas diferentes ajuda muito no processo de desenvolvimento. Às vezes escutamos um tema – ciências de dados, por exemplo – mas sabemos tão pouco sobre ele que fica difícil até definir o que aprender. Sempre acho importante investir tempo e navegar de maneira despretensiosa e curiosa **151** nessa etapa. Conversar com alguém com mais conhecimento elucida esse processo. Pode ser um amigo ou um especialista.

Nos primeiros dias do meu doutorado, tive uma ótima ideia. Estava claro que teria que ler uma quantidade gigantesca de artigos e livros para correr atrás do conhecimento em psicologia que eu não tinha. Uma boa iniciativa seria me matricular em um curso de leitura dinâmica, pensei. Nada mais lógico. Se conseguisse atingir a velocidade prometida no folheto, minha vida seria muito mais fácil. Fui contar para a minha orientadora, todo orgulhoso. Ela me ouviu e disse: "Conrado, você está em um doutorado numa área nova para você. Os conteúdos que conseguir consumir de maneira acelerada provavelmente não serão os mais adequados para o seu trabalho. Gaste tempo aprendendo um novo léxico e adquira repertório sobre psicologia de aprendizagem". Aprendi bem depressa que ela sabia o que estava falando.

Brinco que ao longo do processo precisamos de um *sparring*, aquele atleta que faz parte da equipe do boxeador e treina com ele com o objetivo de desenvolvê-lo. Ajuda muito se tivermos alguém que esteja do nosso lado e tenha a intenção e a liberdade de nos provocar a olhar nossas escolhas por outros ângulos.

Outra forma de ampliar seu olhar é pesquisar um pouco mais sobre o tema que está emergindo no processo. Este caminho é tão óbvio que tive dúvida se valeria a pena colocar aqui. Entretanto, minha experiência nas jornadas de aprendizagem mostra que ele é pouco utilizado. Entre em um site de buscas e pesquise. Simples assim. Sem grandes aprofundamentos, leia alguns textos e assista vídeos que chamarem sua atenção. Essas informações aparentemente desconexas têm o potencial de esclarecer aspectos que muitas vezes estavam escondidos de você.

3. A escolha do tema

O objetivo das etapas anteriores é parar, pensar e se escutar. Com essa análise feita, podemos começar a listar temas e assuntos que fariam sentido nesse momento da vida. Essa é a sequência que utilizo com grupos e indivíduos.

a. Começo pedindo para cada um fazer uma lista do que gostaria de aprender. Proponho duas regras básicas: escrever sem parar durante cinco minutos e fazer a atividade em silêncio. Embora cada um reaja de uma maneira diferente, em pouco tempo, todos estão de cabeça baixa, escrevendo alguma coisa em um caderno ou post-it. As perguntas abaixo podem ajudar em um primeiro *brainstorm*:

- Se você pudesse ganhar um superpoder, qual seria?
- Qual habilidade ou conhecimento te ajudaria muito neste momento da sua vida?
- Que assunto o tem interessado nos últimos tempos?
- Onde você tem investido tempo? Lendo livros ou blogs, conversando ou vendo vídeos na internet?
- O que você sempre sonhou em aprender, mas nunca teve tempo ou foco?
- Existe alguma atividade ou tarefa específica que você poderia fazer melhor se aprendesse algo novo?
- O que lhe encanta aprender?

Para fazer sozinho, coloque um cronômetro no celular, abra o coração e escreva.

b. Como próximo passo, dou mais um ou dois minutos para que as pessoas releiam a lista e escolham os dois assuntos que mais fizeram sentido. Os critérios de escolha são totalmente pessoais. Isso quer dizer que podem ser pragmáticos ou subjetivos. De maneira geral, existem alguns parâmetros que podem ajudar.

- **Aplicabilidade:** para mim, é um dos principais parâmetros. Você consegue praticar e experimentar o objeto do aprendizado em uma situação real durante o projeto? Caso não consiga, existe uma grande chance de você esquecer o que aprendeu ao longo do tempo, antes que surja uma oportunidade de aplicá-lo. E se a aplicação não pode ocorrer na vida real, será que o assunto é tão relevante assim?
- **Relevância ao longo do tempo:** a habilidade que você quer adquirir será importante daqui a alguns meses ou anos? Às vezes, **153**

aprendemos algo porque temos uma necessidade pontual que não ocorrerá com frequência. Por exemplo, fazer um site. Se você quer aprender só para lançar sua empresa, por exemplo, talvez valha a pena contratar alguém. Afinal, é pouco provável que você utilize essa mesma habilidade com constância. E em uma área como essa, quando você precisar novamente do conhecimento, a tecnologia terá mudado.

- **Meio ou fim:** às vezes, escolhemos um projeto não pela habilidade aprendida diretamente, mas pelas competências presentes no processo. No caso acima, por exemplo, você pode querer aprender a fazer um site com o objetivo de desenvolver uma mentalidade mais digital ou aprender sobre experiência do usuário. Nesse caso, o projeto de criar uma página seria um meio de desenvolver essas outras competências.

- **Desejo:** há ainda um aspecto não lógico, mas fundamental. Quais dos assuntos o estimulam mais? O que desperta mais sua paixão? Esse é um ponto fundamental e não menos importante do que a objetividade dos três anteriores. O envolvimento emocional com o tema torna o aprendiz mais resiliente no processo. Aprender é uma atividade que demanda esforço e humildade intelectual. É mais fácil pular de cabeça em um assunto no qual você queira muito se desenvolver do que em um tema que você não acha interessante, mas é fundamental para uma eventual promoção. Só deixe que o seu emprego defina o que você quer aprender se você amar a sua empresa (ou a sua carreira).

c. Uma vez definidos os dois itens na lista, peço para as pessoas lerem em voz alta o que escreveram sem explicar. Tenho a impressão de que, dessa forma, ouvindo a própria voz, fica mais fácil fazer a escolha. Esse é o momento de definir o tema do projeto de aprendizado.

4. Do tema para a ação

Na minha experiência, quando finalmente peço para as pessoas dizerem o que querem aprender, a resposta é um tema. Como falamos no início do capítulo, esse tipo de resposta conduz a um processo de aprendizado com foco em aquisição de conteúdo, o que, por si só, não garante aprendizado. Aprender não é adquirir conteúdo, mas explicitá-lo por meio de uma performance melhorada. Temas e assuntos são elementos fundamentais para o aprendizado, afinal, não aprendemos no vácuo. Mas prefiro ver o seu consumo como um meio para um objetivo maior.

Quando escolhemos um tema, temos uma expectativa embutida. Por exemplo, imaginamos que, uma vez que dominarmos as novas ferramentas de gestão ágil, alguma coisa vai mudar em nossa vida. Precisamos entender o que está por trás da escolha e, com isso, ter uma visão mais ampla e precisa do projeto.

Para isso, sugiro um caminho para trocar o tema pela ação. O objetivo dessa etapa é transformar o tema ou tópico definido por você em uma frase com a seguinte estrutura: "Quero aprender como...". Pode parecer reducionista, mas isso é só parte do processo. Sua identificação nos ajudará no desenho e na experiência do aprendizado. E sempre lembrando: estamos livres para mudar o destino a qualquer momento.

Nessa etapa, peço para que todos imaginem o seguinte: e se, em vez de ler ou fazer cursos, aprendessem tudo o que precisam sobre o assunto escolhido apenas tomando uma pílula, bem no estilo do filme *Matrix*? A partir daí, peço para cada um pensar:

- O que mudaria na sua vida?
- O que você seria capaz de fazer melhor ou diferente do que faz hoje?
- Como o conhecimento ajudaria na sua visão de mundo?
- Onde e como você aplicaria esse conhecimento?

De maneira geral, quando nos imaginamos no final do processo, fica mais claro entender o que estamos buscando. Exemplifico aqui descrevendo uma conversa fictícia entre um aprendiz e um facilitador de aprendizado. Em versão simplificada, o papo poderia ser assim:

155

— O que você quer aprender?

— Ciência de dados ou *Business Analytics*.

— E por que você quer aprender? O que vai mudar na sua vida quando você adquirir esse conhecimento?

— Ah... todo mundo está usando, tenho ouvido muito as pessoas falarem. E acho que meus relatórios seriam muito melhores. Eu faria melhor meu trabalho.

— Mas o que é mais importante para você? No final do processo você gostaria de conhecer mais sobre o assunto ou ajudar a empresa a tomar melhores decisões?

— É, acho que quero aprender **como apoiar melhor a empresa em suas escolhas estratégicas**.

Esse é o ponto ao qual queremos chegar nesse momento: transformar o tema ou assunto em um objetivo de aprendizado mais amplo. Com isso, invertemos o sentido da pergunta: será que só aprender ciência de dados é suficiente para apoiar escolhas estratégicas? Quase sempre a resposta é não. Precisamos de outros temas, habilidades e fontes para realizar em plenitude nosso objetivo de aprendizagem.

5. O fechamento do ciclo: do como para o por quê

Há uma última etapa para fechar o ciclo e verificar se o assunto escolhido está conversando com sua busca maior. Para fazer isso, trocamos o **como** pelo **por quê**.

Vou retomar o objetivo de aprendizagem da conversa fictícia acima para explicar essa etapa. Antes de tentar responder "**como** apoiar melhor a empresa em suas escolhas estratégicas", mudamos a frase para "**por que** apoiar melhor a empresa em suas escolhas estratégicas". A resposta é uma verificação final de sua real motivação, para entender se você ainda está presente na escolha do projeto de aprendizagem.

Ouvi pela primeira vez essa provocação em uma aula do professor Elie Ghanem, na Faculdade de Educação da USP. Em uma de suas excelentes aulas, disse que deveria ser proibido iniciar o título de uma tese com *como*.

O objetivo da pesquisa acadêmica mais profunda deveria ser identificar os *porquês*. Em um mundo tão preocupado com a velocidade e aparente eficiência de se pular direto para os *comos*, discutir um pouco os *porquês* é um exercício necessário, especialmente no ambiente corporativo.

Você pode utilizar a lógica desse processo também em temas mais conceituais, como filosofia ou história da arte. Uma reflexão inicial de qual a nossa intenção nos ajudará a escolher melhores percursos de aprendizagem. O que é mais importante, conhecer todos os nomes, datas e estilos de pintores famosos nos últimos cinco séculos ou ter uma experiência mais agradável quando se visita um museu? Essas necessidades de aprendizagem distintas demandam caminhos igualmente distintos. Em um caso, valeria a pena comprar livros e ter aulas com professores. Em outro, talvez uma visita guiada a um museu seja mais adequada. Não há método melhor do que o outro. Existem alternativas mais convenientes a cada necessidade.

Esse é o objetivo do investimento do tempo no início do processo. **A partir de nossas escolhas, somos mais capazes de construir um plano de aprendizagem de maneira autodirigida, agradável e proveitosa.**

Antes de seguirmos, acho importante deixar claro um ponto. Fazer uma reflexão mais aprofundada é uma ótima prática e sempre gera aprendizado logo no início do processo. Contudo, não estou propondo um método fechado. Você não está se matriculando em um curso com anos de duração. Só está escolhendo a direção de seus primeiros passos. Não vale a pena entrar numa espiral de compreensão de sua motivação e desejo tão grande se isso for travar o início do trabalho. Se, no processo de exploração e aprofundamento, você descobrir outras alternativas que se mostrem mais importantes para o seu momento de vida, basta ajustar sua rota de aprendizagem.

Vivi isso de maneira muito clara em meu doutorado. A elaboração de um projeto de pesquisa é uma das etapas da seleção para o programa. Como meu mestrado foi na área de criatividade, pensei em dar continuidade à pesquisa. Estruturei um projeto de pesquisa bem completo sobre o ensino de criatividade para estudantes universitários. Fui aceito e me preparei para me aprofundar nessa direção.

Para iniciar a pesquisa pela base, fui estudar um pouco mais sobre como adultos aprendem. Não fui além. Apaixonei-me pelo tema e não conseguia parar de ler, conversar, experimentar e aprofundar-me no assunto. Conversei com minha orientadora e constatamos que o novo projeto se adequava com perfeição à psicologia da aprendizagem, área do programa a que eu estava vinculado. A mudança só trouxe benefícios. Em nenhum momento achei perdido o período investido na preparação do primeiro projeto. Eu só poderia chegar aonde cheguei passando por ele. Então, não se sinta preso ao tema que escolheu nesta etapa. Ele é só o começo da jornada. Ao longo do processo, você pode descobrir assuntos e temas diversos e modificar ou recomeçar seu projeto de aprendizagem.

Após a definição do que aprender, vamos para os próximos passos: **como** fazer isso?

CAPÍTULO 11
CONTEÚDO*

A viagem da praia para casa é longa, pouco mais de quatro horas. Faço esse caminho há vinte anos e, desde que tive filhos, a metade final dela é sempre meio parecida. Em geral, está de noite e todos estão dormindo, menos eu. Esse é o sinal para entrar em um dos meus ambientes de aprendizagem mais imersivos. Coloco um audiolivro para tocar e mantenho o olhar fixo na luz dos faróis que iluminam a estrada. Parece que meu cérebro agradece o foco e me coloca em um nível mais profundo de compreensão e de geração de insights. O Audible, ferramenta que uso nesses casos, permite que eu destaque as partes que me interessam com um toque na tela. Assim, posso voltar e ouvir de novo. Ensinei também a Siri a facilitar meu caminho para gravar mensagens de voz no aplicativo Evernote. Com isso, não perco nenhuma ideia que surja nesse momento nem corro riscos na estrada.

Entro em um transe parecido quando pego avião. Assim que o piloto permite, baixo a minha mesinha e leio um livro físico ou no iPad com foco total. Às vezes ouço música ao mesmo tempo. Tenho uma *playlist* com aquelas músicas que ajudam a manter a concentração. Gosto de ficar na janela porque não é incomum ser o último a sair. Quero beber até a última palavra. Não posso negar que, quando a Netflix permitiu fazer download e assistir filmes e séries off-line, minha paixão pela leitura nos ares ficou abalada. Mas existem dias em que tudo o que eu queria era pegar um voo

* Uma pequena parte deste capítulo foi adaptada do artigo SCHLOCHAUER, C. Porque o Twitter é uma máquina de aprendizagem. **LinkedIn**, 3 mar. 2020. Disponível em: https://www.linkedin.com/pulse/porque-o-twitter-%C3%A9-uma-m%C3%A1quina-de-aprendizagem-conrado-schlochauer/. Acesso em: 29 abr. 2021

até Maceió e voltar para poder terminar um livro ou ter um segundo round com algum dos artigos acadêmicos que tiveram êxito em aumentar minha humildade intelectual.

Amo adquirir novos conteúdos de qualquer forma. Ler, ouvir, ir a uma palestra ou assistir a um vídeo são atividades que me enchem de prazer. Por isso mesmo, parei para entender por que esses dois ambientes acima são tão eficientes para o meu consumo de conhecimento. Cheguei a entrar no Mercado Livre e procurar poltronas de avião para poder simular a sensação (não deu certo: ou elas são muito caras, ou são muito destruídas).

Tudo ficou mais claro quando conheci um conceito chamado *atenção parcial contínua*, proposto por uma ex-executiva da Apple e Microsoft chamada Linda Stone. Esse é o estado no qual vive a maioria das pessoas que conheço. Temos cada vez menos paciência e capacidade para consumir conteúdos que sejam um pouco mais longos ou desafiadores. Quando dirijo em uma estrada que conheço bem ou estou em um avião sem internet, crio uma bolha artificial de concentração. Fico sem alternativas para me sabotar buscando uma segunda atividade que dispute tempo e processamento cognitivo. A ausência de internet impede que meu cérebro seja seduzido pela gratificação instantânea de posts e memes.

Tenho certeza de que não estou só nessa dificuldade.

Como sociedade, não estamos lendo menos, mas reduzimos muito o consumo de textos mais complexos, como literatura.[1] O pesquisador Ziming Liu, da San Jose State University, constatou em uma pesquisa[2] muito citada que a leitura superficial é o novo padrão, especialmente quando estamos lendo em uma tela. Conseguir buscar e digerir conteúdos de maneira mais profunda é, sem dúvida, um fundamento crucial para a construção de sua prática de *lifelong learner*. O objetivo deste capítulo não é *hackear* a leitura ou outras formas de aquisição de conteúdo. Apresentarei, contudo, uma série de sugestões que têm ajudado muito o retorno ou o início de um hábito que é fundamental para o bom aprender.

A questão principal está relacionada ao fato de que estamos perdendo o costume de adquirir conteúdo de maneira focada e concentrada. Pior ainda se o assunto for complexo, ou o texto, longo. O impacto desse novo hábito para o desenvolvimento do aprendizado ao longo da vida é enorme. Sei que já falei diversas vezes que aprendizado não é só aquisição de conteúdo. E continuo afirmando isso. Contudo, como aprender é explicitar o conhecimento por meio de uma performance melhorada, precisamos internalizar conteúdo e transformá-lo em conhecimento como parte importante do processo de aprendizado.

Sem conhecimento factual, não sabemos o que não sabemos. Com isso, acabamos terceirizando para intelectuais, jornalistas ou influenciadores a digestão do que se passa no mundo para, a partir daí, escolhermos como será o nosso ponto de vista em relação a determinado assunto. Aprender em profundidade, ler livros de grandes autores ou assistir a aulas difíceis vai além de conhecer o conteúdo. Essa prática nos permite interpretar o mundo com outros olhos e, às vezes, descobrir sentimentos e perspectivas que você tinha e nem sabia. Nem sempre ser o mais rápido é o mais importante. Resumos ou infográficos são excelentes recursos para decidirmos se queremos comprar um livro ou para lembrar do seu conteúdo, mas eles não substituem a leitura.

Há uma citação famosa atribuída a Arie de Geus, que foi presidente da Shell e autor do livro *A empresa viva:* "A habilidade de aprender mais rápido que seus concorrentes pode ser a única vantagem competitiva sustentável". Provavelmente você já deve ter ouvido essa frase, presente em muitos slides em palestras. Imagino que boa parte das pessoas acredite nela. Não me incluo nesse grupo. Entendo a ansiedade do século XXI, mas me parece que velocidade ou agilidade não serão as habilidades principais quando falamos de aprendizagem.

Josh Kaufman garantiu, em um livro e em uma palestra no TEDx Talks[3] assistida por dezenas de milhões de pessoas, que se pode aprender qualquer coisa em vinte horas. Em contrapartida, o escritor Malcolm Gladwell consagrou a regra das dez mil horas para se tornar um expert. Provavelmente a verdade está no meio, como sempre. O que vai definir o prazo e a profundidade do seu aprendizado é a necessidade e a urgência de aplicar seu conhecimento na vida real.

Acredito mais em capacidade de compreensão profunda e, principalmente, em constância. Não é por acaso que o movimento originado nos anos 1970 chama-se aprendizagem **ao longo** da vida. Utilizando uma metáfora óbvia, trata-se de uma corrida de longa distância, não de uma prova de cem metros. E, muito menos, de cem provas de um metro.

O processo de aquisição de conteúdo pode ser estruturado em três grandes momentos: a busca, o consumo e o processamento. Acredito que o primeiro termo, **busca**, seja autoexplicativo. Utilizo **consumo** como uma alternativa à palavra leitura. Faço isso porque, como falarei um pouco mais à frente, é muito importante saber utilizar todas as mídias e formatos disponíveis para aquisição de conteúdo. Por fim, **processamento** é a forma de compreender o conteúdo e combiná-lo com seus conceitos e experiências prévias para transformá-lo em um conhecimento que possa ser transferido de maneira intencional quando necessário.

Acho que há muito o que se aprender para ter ganhos qualitativos e quantitativos em cada etapa dessa importante fonte de aprendizado. Não por acaso, este é o maior capítulo do livro, isso aconteceu naturalmente durante a escrita dele. Pensei um pouco e entendi a causa. Das quatro fontes, conteúdo é a que mais conhecemos. Acredito que muitos identifiquem a importância de experiências, pessoas e redes como parte do processo de aprendizado. Mas com certeza nossa vivência é muito maior com aquisição de conteúdos.

Baseado em pesquisas e na minha experiência, apresento a seguir algumas informações novas com o objetivo de desconstruir a sua prática de busca (curadoria) e consumo de textos, áudios e vídeos.

A BUSCA: CURADORIA E ORGANIZAÇÃO

O primeiro passo é escolher o que consumir. Talvez essa atividade seja tão difícil quanto a definição do tema do projeto de aprendizagem.

De acordo com uma estimativa do site *Worldometer*,[4] baseado em estatísticas da Unesco, foram publicados cerca de 2,2 milhões de livros em 2020.

A média é de um título novo a cada quatro minutos. Quando você terminar a leitura deste livro, mais de 2.400 terão sido lançados no mundo. Imagine se acrescentarmos artigos, *newsletters*, *podcasts* e toda a infinidade de informação que a internet oferece. E se considerarmos também conteúdos em vídeo e áudio? Somos bombardeados o tempo todo por novas informações. **Considerando que existe mais conteúdo disponível do que tempo para consumir, o ideal é inverter a direção e ser responsável pelo processo de escolha.**

Para isso, precisamos aprender a fazer nossa própria curadoria, isto é, criar um processo para identificar e filtrar conteúdos que sejam relevantes e adequados às nossas necessidades e interesses. Em um momento com excesso de informação, curadoria é uma habilidade fundamental que merece ser desenvolvida. Depois de um tempo, você acaba criando uma prática que produzirá conteúdos importantes de uma maneira contínua. Mariana Jatahy[5] é minha referência nesse assunto. Não me lembro da última vez que falei com ela sem ter ficado encantado por novos temas, *cases* ou autores de que nunca tinha ouvido falar. Baseada em um grande pesquisador e prático do assunto chamado Robin Good[6] e no trabalho de Corinne Weisgerber,[7] ela propõe uma estrutura simples que pode nos ajudar a organizar melhor esse processo.

1. **Definir o tema** (ou sua pergunta norteadora) e subtemas;
2. **Mapear e selecionar fontes**;
3. **Mapear e selecionar conteúdos**;
4. **Agregar valor**, resumindo, contextualizando, trazendo novas perspectivas;
5. **Envelopar**, definindo formato e linguagem mais adequados para quem vai consumir;
6. **Compartilhar**.

Para ser um *lifelong learner*, você não precisa se tornar um curador profissional. Então, provavelmente, as etapas 1, 2 e 3 serão as mais importantes para o seu projeto. Compartilhar, o passo 6, é uma estratégia muito interessante para a construção de rede. Falaremos um pouco mais disso no Capítulo 12.

O passo 1 é a escolha do tema. Já abordamos esse assunto no capítulo anterior, mas gostaria de acrescentar alguns pontos vinculados ao processo de busca. Uma boa definição de assunto, de maneira clara e específica, aumenta a chance de encontrarmos conteúdos que façam sentido para o nosso projeto.

Chamo isso de "síndrome do carro vermelho". Sabe aquela sensação que temos quando decidimos comprar um carro com essa cor e, de repente, quase todos os carros que vemos na rua são vermelhos? Eles estavam lá antes, o que mudou foi a nossa percepção. Isso vale para diversas outras situações na vida: uma pessoa fica grávida, o mundo está grávido; adquirimos um novo hobby, o mundo todo está praticando; e por aí vai. Ao definir o tema, nossa atenção encontra assuntos correlatos, mesmo que de maneira inconsciente.

No ambiente on-line, temos um apoio extra: os algoritmos. Tenho o costume de ajudar minhas redes sociais interagindo com conteúdos e pessoas que julgo importantes para mim. Com isso, a oferta aumenta e eu crio um ciclo positivo de curadoria de conteúdo tomando emprestado a inteligência artificial das redes.

Com tema ou assunto definidos, partimos para as duas etapas seguintes: buscar as melhores fontes e, a partir daí, mapear conteúdos relevantes.

Parar e listar fontes interessantes não é uma prática que vejo com frequência. Uma pena, pois ganhamos muito ao investir tempo criando uma lista ou um mapa de publicações, autores, pesquisadores e *cases* que se relacionam com nosso projeto de aprendizado. O benefício mais óbvio é o de efetividade. Ao saber onde estão as fontes mais adequadas, reduzimos o risco de investir tempo consumindo conteúdos que acrescentam pouco ao nosso caminho. Além disso, o processo de busca marca o início da construção de um repertório e de um léxico inicial sobre o assunto. É como se aprendêssemos qual o idioma e quais são os jargões que os especialistas e práticos do assunto utilizam.

Vivi uma experiência interessante quando estava pesquisando sobre cultura de aprendizagem, um dos meus projetos de aprendizagem há uns dois anos. Quando fui fazer a busca em inglês, fui direto na tradução mais óbvia: "*learning culture*". Identifiquei fontes interessantes. Entendendo um pouco mais os conteúdos adjacentes, percebi que grande parte dos pesquisadores acadêmicos utilizam outro termo: "*organizational learning culture*". Essa descoberta abriu um novo mundo para mim. Acessei pesquisas e informações que desconhecia por completo e que me ajudaram a construir um entendimento profundo sobre o tema.

É muito difícil achar o ponto de equilíbrio ideal entre ter uma lista completíssima de conteúdo e partir para o consumo antes de se ter uma visão adequada da sua área de pesquisa. Por isso, como tenho dito ao longo do texto, não se esqueça de sua autonomia. Proponho alguns caminhos aqui, mas confie em sua intuição e experiência para relaxar se a primeira busca já te convidar para uma leitura profunda. Não há regras, apenas sugestões.

Meu processo de busca se baseia em três grandes frentes.

A **primeira** é o velho e bom site de buscas. Ter domínio das diversas formas de se pesquisar na plataforma vai te ajudar muito nessa fase do projeto. Um ponto importante é fazer a pergunta como se você estivesse falando com uma pessoa. Quanto mais natural, melhor para o mecanismo de busca.

Eu poderia dar mais uma série de dicas aqui, mas vou me limitar a uma. Faça uma busca com a seguinte frase: "Como fazer pesquisa no Google". Garanto que, em meia hora, você saberá o que precisa saber. Use o computador como extensão de sua memória e salve a página com dicas para você buscar quando realmente precisar.

Minha **segunda fonte** de pesquisa de conteúdo são as **redes sociais**. O uso principal que faço delas está relacionado à curadoria de aprendizagem. É por meio delas que identifico uns 80% dos vídeos, artigos e livros que leio. Além de seguir temas específicos por meio de *hashtags*, construí uma lista de pesquisadores, autores de livros, empresas de consultoria e outras organizações e pessoas que têm interesses próximos aos meus. O início é sempre simples. Identifico os autores e consultorias que escrevem sobre o assunto. Começo a segui-los e pesquiso quem eles seguem. Em pouco tempo, você terá uma lista com poucas dezenas de pessoas com assuntos semelhantes indicando conteúdo de qualidade.[8]

165

Para as duas fontes acima, tenho um comentário específico. O número de conteúdos será exponencialmente maior se você fizer a busca em inglês. Esse é o idioma oficial de publicações acadêmicas, relatórios de pesquisa das grandes consultorias e mesmo de *posts* em redes sociais feitos por autores de best-sellers. Caso seu conhecimento do idioma ainda não seja suficiente, você pode fazer um curso. É uma alternativa, mas não a única. As ferramentas de tradução estão melhorando a cada mês. Por isso, se o seu tema se beneficiar de um olhar global, não deixe de aproveitar a tecnologia.

Você pode utilizar ferramentas básicas, como o Google Tradutor, para ler em português. Esse processo pode ser automatizado adicionando-se, no seu navegador preferido, uma extensão que já faça a tradução direta de páginas em outros idiomas. Mesmo para material impresso, já existem uma série de ótimos aplicativos que traduzem de maneira quase perfeita. Basta apontar a câmera do celular para a página de um livro ou revista, e a tela mostrará o conteúdo traduzido. Adicionar legendas geradas automaticamente em vídeos do YouTube é uma ótima alternativa também.

O bom de todas essas ferramentas é que quando erram, erram feio. O texto traduzido fica tão absurdo que você pode dar umas risadas, ignorá-lo e seguir frente.

A **terceira fonte** são pessoas. Amigos, amigos de amigos ou contatos na internet para os quais você tenha a cara de pau de mandar uma mensagem e pedir algumas indicações. Sempre tive um ótimo índice de respostas ao enviar e-mails para professores de faculdades ou autores de livros. Além das grandes referências, vale a pena estar atento ao conhecimento das massas. Ele está presente em plataformas como Quora, Medium e blogs pessoais. Existem muitos especialistas amadores que, por interesse próprio, produzem conteúdos criativos e relevantes. Vamos ter um capítulo específico para pessoas e redes, então, vou deixar para lá a discussão sobre os caminhos para obter bons resultados na busca por apoio ao seu projeto.

Um aspecto importante desse processo é identificar se uma fonte é confiável ou não. Odeio dizer isso, mas aqui cabe um pouco de bom senso. Instituições reconhecidas são um ponto de partida óbvio. Não há dúvida em consumir conteúdo de universidades, faculdades, publicações reconhecidas, institutos de pesquisa ou órgãos globais, como Unesco, OCDE ou Fórum Econômico Mundial. Nesses relatórios, vale a pena identificar quem está assinando e fazer uma busca pelo nome na internet. Sempre acho importante também pesquisar quais são os best-sellers do seu assunto de interesse. Você não precisa concordar com a visão deles, mas é importante saber o que as pessoas estão ouvindo sobre o tema.

Eventos globais, em sua maioria, oferecem também conteúdos de qualidade. O TED Talks é um grande exemplo, tanto pela qualidade quanto pela quantidade de vídeos que oferece em seu site. Se você descobrir algum congresso relacionado ao tema do seu projeto, faça uma busca na página do organizador ou mesmo em plataformas de vídeo e é bem provável que vá encontrar muita coisa boa.

Vale destacar que as melhores fontes são as próprias fontes. Muitas vezes, o conteúdo que o encanta mais é um ponto de partida para novas descobertas. Sempre leio indicações bibliográficas com calma. Também sublinho os casos e autores mencionados e procuro conhecer mais de cada um quando termino a leitura e quase nunca me decepciono.

Compreenda quando o texto faz parte de uma estratégia de marketing digital. Isso não é necessariamente ruim, mas conteúdo virou uma ferramenta de troca. Por isso, sempre fico atento para títulos com iscas ou *click baits* do tipo "Dez maneiras de pescar melhor", ou ainda conteúdos que exigem muitos dados pessoais para serem acessados. Algumas vezes, o esforço é recompensado. Outras, não.

Com a lista pronta, é importante organizar suas descobertas de maneira que você tenha acesso rápido e contínuo a elas. O ideal é que sempre que você quiser acessar e ler o conteúdo, não tenha dificuldade para encontrá-lo. Conheço muitas pessoas que utilizam os aplicativos de notas do celular ou mantêm várias abas abertas com links e listas de temas e vídeos que vão ler um dia. É uma alternativa viável, mas pouco recomendada. Em primeiro lugar, é pouco eficiente – é muito difícil fazer buscas específicas. Além disso, é muito fácil perder tudo se o celular tiver um problema ou se o seu filho achar que 127 abas abertas é muita coisa e preferir fechá-las (digo isso baseado em uma história real).

Existe uma série de ferramentas que ajudam muito nesse processo e fazem com que a busca por um texto ou vídeo ocorra de maneira eficiente. O meu preferido é o Pocket, que tem uma versão gratuita. Além do design agradável, com jeitão de um Pinterest de conteúdo, é fácil organizar seu portfólio por meio de *tags*. Há ainda o fato de que é possível adicionar conteúdo à sua conta instantaneamente de qualquer equipamento. Os textos ficam em modo leitura (sem propagandas) e você pode ouvi-los em uma voz automatizada, mas bastante eficiente. No fundo, é uma questão de preferência e costume. Existem outras ferramentas igualmente gratuitas como o Toby, Evernote ou Notion. O importante é ter um sistema formal de gestão pessoal de conhecimento.

Mais uma vez, é importante lembrar: ==fazer uma lista de artigos, livros, vídeos e podcasts não é um objetivo em si mesmo. Para iniciar o consumo, eu começaria com uma lista de no máximo trinta itens, incluindo diversos tipos de conteúdo==, sem a menor pretensão de consumir tudo, como falaremos na sequência.

CONSUMO CONSCIENTE

Quando pergunto como as pessoas preferem adquirir conteúdo, recebo respostas apaixonadas. Existem grandes defensores de todos os meios disponíveis. Os amantes do livro físico, os apaixonados por *tablets* e *podcasts*, vídeo ou mesmo quem prefira aulas ou palestras.

Muitas vezes, a predileção é justificada com a frase "esse é meu estilo de aprendizagem". Alguns até justificam de maneira embasada, referindo-se a testes que fizeram ou nomenclaturas que ouviram em aulas e palestras: "Realmente acho que sou mais sinestésico do que intuitivo".

Começo, então, com uma informação: estilos de aprendizagem não existem. Embora seja um termo utilizado por muitos profissionais, eles não são considerados cientificamente relevantes já há algum tempo. Um artigo de 2018 da revista *Scientific American*⁹ fez um resumo das principais pesquisas sobre o assunto. Os estudos demonstram que as pessoas realmente acreditam que têm um estilo de aprendizado forte. Contudo, parece que essas preferências têm pouco impacto real na eficácia do aprendizado.

Cindi May, autora do artigo e professora de psicologia da Faculdade de Charleston, propõe que as pessoas gostam de reconhecer qual seu tipo e têm muito prazer em se sentir únicas. Isso é mais atraente do que acreditar em estratégias universais de aprendizagem que podem funcionar para todos. Até porque grande parte delas coloca o esforço e a responsabilidade no colo do próprio aprendiz.

Você pode ter preferência (ou repulsa) a determinado tipo de mídia de aprendizagem. Mas são apenas escolhas. Minha experiência de aprendiz demonstrou que mudamos de opinião ao longo da vida. **A melhor sugestão é aumentar seu repertório e interesse por formas diferentes de aprender. O segredo é reconhecer quando utilizar cada uma.**

A ciência também nos ajuda a repensar nossa percepção sobre ter um único canal de consumo preferido. Um grupo de professores do Helen Wills Neuroscience Institute publicou, em 2019, um artigo científico realizado a partir da análise de imagens obtidas por ressonância magnética funcional. É uma técnica recente que permite a observação da variação do fluxo sanguíneo durante a atividade neural. Em outras palavras, conseguimos ver o cérebro em movimento com esse aparelho.

Os cientistas desenvolveram um método bastante elaborado para identificar se há diferença entre aprender ouvindo ou lendo. A resposta foi um categórico não. Esta é a conclusão do estudo:

> Embora a representação da informação semântica no cérebro humano seja bastante complexa, **as representações semânticas evocadas pela escuta versus leitura são quase idênticas.** Esses resultados sugerem que a representação da semântica da linguagem independe da modalidade sensorial pela qual a informação semântica é recebida.¹⁰

169

Outras pesquisas demonstram que, dentro de cada mídia, existem situações que se beneficiam mais de modalidades específicas. Contudo, a sua autodireção de aprendizado se beneficia muito da capacidade que tem de captar informações independentemente do local em que estejam.

Antes de discutir um pouco as formas de aquisição de conhecimento que analisarei aqui, faço apenas um pedido: **esteja com a mente e o coração abertos para experimentar formatos que podem ser inéditos ou com os quais você tenha tido uma experiência ruim**.

LEITURA

Livros são um dos principais caminhos formais de aprendizado. Isso acontece por diversos motivos: prazer, profundidade, custo-benefício ou facilidade de acesso. Até o próprio costume entra na explicação. Desde muito cedo, fomos ensinados a buscar livros como as verdadeiras fontes de aprendizado e crescimento. Não sem razão: sua capacidade transformadora é gigante.

O livro ocupa um papel importante na nossa autoimagem de aprendiz. Poder responder à pergunta "o que você está lendo?" ajuda a diminuir a sensação de culpa que muitas vezes aparece quando achamos que não estamos fazendo nada em relação ao nosso desenvolvimento. Estar *lendo um livro* – no gerúndio mesmo – é parecido com o ato de se matricular em uma academia. Cria um vínculo com uma atividade que sabemos que é importante e temos medo de negligenciar. Mas em ambos os casos não é garantia de resultado.

Baseado no relato de diversas pessoas, percebi uma coisa: muitas vezes, livros podem atrapalhar. Escolher um título é uma decisão importante porque assumimos uma obrigação. Não só pelo custo financeiro, mas pelo investimento de tempo que nos propomos: ler um livro consome de oito a catorze horas da sua vida, em média. Há um investimento emocional também: parar um livro antes de terminar ou travar no meio de um capítulo gera ansiedade e uma sensação de postergação constante que às vezes nos faz mal.

A (não) leitura de um livro pode virar um gargalo, criar um bloqueio e, por fim, gerar uma relação de culpa. Quando vamos para a cama, ele nos espera na cabeceira ou no *tablet* e nos lembra de que temos um compromisso assumido, mesmo que nosso cérebro absorva pouco daquela leitura de quatro páginas com sono antes de dormir. Além disso, uma vez que começamos, temos que terminar. De cabo a rabo. Na ordem proposta por quem escreveu. E enquanto não chegamos ao final, não partimos para outros títulos ou outras formas de aprendizado.

Meu primeiro convite é pelo fim da monogamia literária.

Muitas pessoas já fazem isso. Nunca leem um só livro de cada vez. Passeiam entre títulos e mídias diversos sem medo de ser feliz nem preocupação em perder o fio da meada ou esquecer algum detalhe. Essa liberdade e controle do processo funcionam como um estímulo a ainda mais leituras. Se você ainda se sente preso a um livro único (lido inteiro e na ordem) de cada vez, vale considerar algumas alternativas:

- **Quando for ler algo, namore o livro e quem o escreveu antes de casar-se.** Namorar é conhecer a autora ou autor e o título antes de se comprometer. Procure vídeos e artigos do autor ou resumos sobre o livro. Utilize redes sociais para quem gosta de ler, como o **Skoob** ou **Goodreads**, e saiba a opinião de outros leitores. Algumas vezes, isso já é o suficiente. Em outras, vai aumentar a sua vontade de mergulhar na leitura;

- **Leia o quanto você quiser.** Não carregue culpa em pular de capítulo, inverter a ordem ou ler só as páginas que fizerem sentido para você. Estava conversando sobre livros com meu amigo (e leitor compulsivo) **Murilo Gun** e ele disse: "Às vezes você compra o livro, lê o prefácio e o livro já se pagou. Quando é o caso, já parto para o próximo";

- **Use o prazer como um indicador.** Se o que você está lendo não está fazendo sentido para o seu momento, busque uma alternativa. Prazer não quer dizer fazer só leituras fáceis, mas é muito boa a sensação quando conseguimos compreender de verdade um texto complexo. Além de tudo, a chance de o seu cérebro sabotá-lo durante uma leitura chata é enorme.

171

Uma vez escolhido o que ler, partimos para o segundo grande debate: livro físico ou digital?

Quando os primeiros *tablets* foram lançados e o número de títulos no formato de e-books ganhou volume, muita gente previu o fim dos livros impressos. Em um evento internacional ocorrido em Singapura, em 2013, a previsão era de que os livros tradicionais acabariam em 2020.[11] Sempre haveria um mercado secundário, assim como os discos de vinil nunca foram embora. Ler livros seria uma coisa vintage, de colecionadores e descolados. O prognóstico não se cumpriu. A maioria das pessoas ainda busca a velha e boa leitura no livro impresso.

A venda de livros cresce no mundo todo. Em 2020, impulsionado pela redução de entretenimento disponível, os Estados Unidos tiveram um aumento de 8%[12] no número de livros vendidos. Na Inglaterra, o aumento foi de 5%,[13] e no Brasil, de quase 1%.[14] Ou seja, livros continuam sendo utilizados como uma excelente ferramenta de aquisição de conteúdo. A modalidade impressa representa cerca de 85% do total de livros vendidos no mundo. Especulam-se diversos motivos para isso, incluindo o prazer físico do acesso ao livro e a melhoria do design de capas e do próprio conteúdo.

As pesquisas[15] iniciais sugeriam que a leitura em livro impresso gera resultados melhores para o aprendizado. Em princípio, teríamos uma compreensão melhor e mais profunda dos textos.[16] O pesquisador Liu, que citei anteriormente, constatou, em 2005,[17] que o meio digital poderia atrapalhar a concentração e a atenção. Não conseguiríamos fazer uma leitura linear porque gastamos tempo navegando, localizando as palavras-chaves e movimentando o texto. A luz que vem da tela é mais cansativa também. Finalmente, não desenvolvemos o hábito de anotar, destacar e escrever na beira da página nos livros digitais.

Contudo, não se chegou ainda a uma conclusão consistente sobre esse assunto. Estamos em um momento com mais apreensão do que compreensão. Muitas das pesquisas originais que reconheciam a primazia do livro impresso foram criticadas por utilizarem a compreensão de textos curtos em ambientes controlados como elemento de comparação. A vida é mais complexa do que isso.

O consenso é que, para estudo ou leitura mais profundos, o texto impresso terá sempre vantagens. Ainda assim, não é uma boa ideia descartar as telas como fonte de leitura e aprendizado.

Em primeiro lugar, porque existem grandes conteúdos que só estarão disponíveis nesse meio. Blogs, sites e plataformas de artigos profundos como Medium oferecem uma sabedoria que só a democratização dos meios de publicação possibilita. As principais revistas científicas são mais acessíveis via digital também.

Há ainda vantagens objetivas como a portabilidade (possuir centenas de livros no *tablet*), acesso a uma amostra do livro antes da compra, possibilidade de fazer buscas, gerar um documento apenas com o que sublinhamos e, algumas vezes, preço mais baixo no livro digital.

Então, mais uma vez condeno a monogamia, agora, de mídias. **Ler exclusivamente no papel ou nas telas não é uma escolha necessária. Descobertas recentes[18] demonstram que a postura do leitor e sua capacidade de autorregulação são mais importantes do que definir em qual suporte se vai ler.**

Não podemos deixar de reconhecer que o meio digital estimula uma leitura mais rápida e superficial, além de ser uma máquina de gerar distrações. Sabendo disso, podemos criar pequenas estratégias para realizar uma leitura de qualidade.

- **Garanta seu foco:** desligue o Wi-Fi, feche todos os aplicativos e notificações. Se estiver lendo em um browser, lembre-se de utilizar o modo leitura. Ele reduz as distrações e mantém uma diagramação mais agradável. Você pode fazer isso em qualquer dispositivo;
- **Reduza o cansaço:** ajuste a luz da tela se sentir incômodo nos olhos. Mais brilho nem sempre é o ideal. Uma das vantagens do meio digital é poder escolher a cor do fundo e o tamanho das letras. Além disso, em vez de rolar o texto para baixo, prefira a opção de mudar de página com o texto fixo. Procurar onde está a última linha que você leu ou acompanhar palavras em movimento aumenta sua fadiga;
- **Leia ativamente:** descubra como sublinhar e fazer anotações no seu aplicativo de preferência e desenvolva esse hábito.

O maior e mais preocupante impacto da cultura digital trouxe não está relacionado à discussão acima, mas ao fato de que estamos todos mais impacientes do ponto de vista cognitivo. Temos dificuldade e um pouco de preguiça de ler textos longos ou complexos.

Maryanne Wolf é pesquisadora e entusiasta da importância da leitura profunda. Ela sugere que essa habilidade levou ao desenvolvimento de importantes processos intelectuais e cognitivos na espécie humana.[19] Seus estudos demonstram que parte desse ganho evolutivo pode estar em risco com a redução da leitura mais aprofundada. A capacidade de ler e escrever não é natural, foi uma necessidade da vida em comunidade e da cultura que criamos. Só manteremos essa capacidade se continuarmos a demandá-la do nosso cérebro.

A leitura superficial dificulta a nossa interpretação do mundo e da nossa relação com ele. Como fala Wolf: "não temos tempo para compreender a complexidade, para entender os sentimentos dos outros, para perceber a beleza e para criar pensamentos próprios do leitor".[20] Se o seu interesse é manter-se um *lifelong learner*, há ainda um bom ponto a se observar: o hábito de leitura tem uma correlação alta com a eficácia de aprendizagem.[21]

Gosto muito de Mark Edmundson, professor de língua inglesa da Universidade da Virgínia. Segundo ele próprio, ele vem de outra época, quando existiam apenas quatro canais de TV e os professores ainda eram valorizados. Entre seus diversos livros, produziu uma trilogia que defende de forma contundente o texto bem estruturado para o aprendizado de jovens e de adultos: *Why Teach?* [Por que ensinar?], *Why Read?* [Por que ler?] e *Why Write?* [Por que escrever?]. Para ele, ao ler grandes autores, ganhamos lentes que nos ajudam a compreender melhor o mundo. Suas maiores influências foram o psicanalista Sigmund Freud e o escritor e filósofo Ralph Waldo Emerson: "Eles deram palavras a pensamentos e sentimentos que eu nunca fui capaz de traduzir por mim mesmo. Iluminaram o mundo, e o que eles viram, de repente eu vi também".[22] Mais à frente, ele continua: "Na leitura, continuo a procurar uma coisa – ser influenciado, aprender algo novo, ser jogado fora do meu caminho para outro melhor".[23]

Qual foi a última vez que você sentiu isso com um conteúdo novo?

==Como todo processo de aprendizado, a mudança não ocorre de uma hora para outra. Temos que agir intencionalmente se quisermos retomar (ou começar) um hábito de leitura.== Tenho percebido que o uso prolongado de redes sociais atrapalha minha concentração. É difícil fugir da gratificação instantânea de textos curtos e simples, pré-cozidos, preferencialmente com pontos de vista semelhantes aos meus.

Retomar o costume, prazer e hábito de leituras mais longas pode ocorrer em pequenos passos. Um hábito também em desuso é a leitura de literatura. Esse pode ser um início, apaixonar-se por um livro longo daquela forma que você não consegue parar de ler até descobrir como a história acaba. Acredito que muitos já sentiram essa sensação, de não ver o tempo passar e querer almoçar um pouco mais rápido para ler algumas páginas a mais. Se faz algum tempo que você não se apaixona por um livro assim, procure romances ou biografias que o façam se lembrar de como é gostoso se perder na leitura.

ÁUDIO, VÍDEO E OUTRAS TECNOLOGIAS

Sou um apaixonado por audiolivros e *podcasts*. Metade dos livros e artigos que consumo, eu o faço por meio de áudio. Quando conto isso em palestras ou para amigos, percebo reações fortes. De uma maneira geral, há uma desconfiança em relação à própria capacidade de concentração e à efetividade de aprender ouvindo. É interessante identificar esse pé atrás uma vez que, como espécie, temos muito mais experiência com a oralidade do que com a comunicação escrita. Muitos estudos propõem que, sob a ótica evolutiva, o desenvolvimento da linguagem e da fala ocorreu com a finalidade de permitir a aprendizagem. Consideramos normal aprender conversando, mas a ideia de escutar um texto narrado gera um bloqueio em muitas pessoas.

A principal justificativa é a dificuldade para se concentrar. Será que isso ocorre só quando estamos ouvindo um *podcast*? Que atire a primeira pedra quem nunca leu um parágrafo oito vezes depois de se perder no meio com pensamentos sem qualquer relação com o texto.

Vou poupar seu tempo e algumas linhas, mas pode acreditar em mim: as pesquisas relacionadas à efetividade de audição versus leitura seguem o mesmo padrão que discutimos acima. Não há grandes diferenças entre os dois, a não ser que você tenha uma necessidade de compreensão mais profunda e detalhada do conteúdo. No fundo, é uma questão de preferência e hábito. Como aprendiz, você se beneficiará muito se desenvolver a capacidade de consumir conteúdos em diversos meios, com o mesmo interesse e a mesma qualidade de compreensão.

O aprendizado em áudio tem vantagens específicas interessantes que me encantam. Além da portabilidade, podemos ouvir textos enquanto fazemos outras atividades que não nos demanda esforços cognitivos. Gosto também da possibilidade de saber exatamente de quanto tempo preciso para completar um capítulo ou um artigo. É possível caminhar, lavar louça ou dirigir em um ambiente tranquilo, como falei que faço. Há ainda o fato de que existem conteúdos maravilhosos em *podcasts* que só podem ser consumidos por esse meio.

Minha sugestão para um bom consumo de conteúdo em áudio é semelhante ao que acabamos de ver: concentração e consumo ativo. Da mesma maneira que não conseguimos ler e conversar ao mesmo tempo, a audição de conteúdo se beneficiará de foco. Gosto muito de ouvir com papel e caneta na mão, quando possível, para anotar pontos principais. Quando estou fazendo algum exercício, o aplicativo que uso permite que eu marque pontos relevantes que queira ouvir depois.

Vídeos, por outro lado, são uma plataforma de aprendizagem já consagrada. A busca on-line por vídeos que nos ajudem a resolver problemas pequenos ou grandes é uma prática comum. Existem diversas plataformas que oferecem conteúdo curado com duração de diversos tamanhos. Como falei acima, muitas vezes os vídeos são substitutos de textos mais longos quando tudo o que precisamos é entender um pouco mais da visão do autor ou conhecer uma das ferramentas apresentadas em determinado livro.

Vale destacar que o aprendizado em vídeo é efetivo tanto no ambiente formal como no informal. Existem diversas oportunidades de certificação que podem ser feitas totalmente à distância. Isso não é mais novidade e o mercado, de maneira geral, tem aceitado e reconhecido cada vez mais as titulações obtidas por esse meio. Especialmente após o início da pandemia, em 2020, as instituições investiram muito na criação de pequenos estúdios e no desenvolvimento de novos métodos para a realização de cursos síncronos e assíncronos.

Do ponto de vista informal, o vídeo pode ser utilizado como um canal para pessoas e redes. Para escrever este livro, conversei com uma série de pessoas e grupos por videoconferência. Isso também é uma fonte muito importante de aprendizado.

Tanto vídeo quanto áudio têm uma possibilidade que atrai muita gente: de aumentar a velocidade de reprodução do conteúdo. Em princípio, isso aumenta a produtividade, uma vez que podemos consumir mais conteúdo em menos tempo. A velocidade depende da cadência do narrador e da complexidade do tema. Sou um grande adepto dessa prática, mas desenvolvi uma teoria para o uso adequado desse recurso. Quanto maior a velocidade, maior deve ser o estado de atenção do aprendiz. Se você quer ouvir um *podcast* no dobro de velocidade, certifique-se de que está entendendo o que foi dito e não faça mais nada além de focar no que ouve. Faço uma ressalva aqui. É muito difícil ouvir rápido e anotar ao mesmo tempo. Portanto, se você quer se aprofundar em algum assunto, talvez ouvir de maneira acelerada funcione menos. Além disso, será que a quantidade de vídeos ou áudios que ouvimos por mês é uma boa métrica do quanto aprendemos? A pressa pode tirar um pouco do prazer do conteúdo e reduzir nossa capacidade de ter insights entre frases e respirações.

A discussão sobre tecnologia no aprendizado é longa. Com o surgimento da internet e das tecnologias móveis, fica a impressão de que estamos à beira de um momento de transformação. Não acredito nessa visão. Em primeiro lugar, é importante lembrar que a tecnologia sempre apoiou a educação e a aprendizagem. Papel, livro, rádio, discos, televisão, videocassete... a lista é grande. O grande impacto tecnológico está menos relacionado aos novos meios do que à possibilidade de acesso instantâneo a pessoas e conteúdo. Contudo, acho muito importante ficar aberto e experimentar as novas mídias **177** e tecnologias que surgem e que podem ser adequadas às nossas necessidades de aprendizagem.

O investimento em novas plataformas tecnológicas é alto. A área de EdTech, que reúne empresas e *startups* que desenvolvem plataformas tecnológicas para a área, tem recebido muita atenção e recursos nos últimos dez anos. Em 2020, ano do início da pandemia de covid-19, foram investidos mais de 16 bilhões de dólares em todo o mundo.[24] O principal impacto, para o *lifelong learner*, está relacionado aos esforços corporativos para aumentar a oferta de conteúdo de qualidade para seus colaboradores, muitas vezes utilizando curadoria personalizada gerada automaticamente com apoio de inteligência artificial.

Óculos de realidade virtual e dispositivos de realidade aumentada também continuam ganhando mercado ao oferecer alternativas mais interessantes e interativas para o consumo de conteúdo. Quando minha filha Alice se apaixonou pela história da Anne Frank, tirou os óculos com lágrimas depois de uma visita virtual que pôde fazer ao famoso anexo, por meio de um desses dispositivos.

Para um *lifelong learner*, as tecnologias principais são as mais simples: internet, *tablet*, computadores, telefones celulares, papel e caneta já são suficientes para suprir a maior parte da demanda. A questão principal não é o hardware nem o software, mas sim o *mindware*.

PROCESSAMENTO

O objetivo do consumo de conteúdo é provocar mudança. Pode ser mudança na nossa forma de ver o mundo ou na forma como compreendemos algum assunto. Pode ser a descoberta de uma maneira diferente de executar uma atividade ou simplesmente a transformação do seu estado de espírito. Qualquer que seja sua intenção, quanto mais presente e ativo for o processo de consumo, melhor será o impacto para você.

Aproveitar o que lemos ou ouvimos requer algumas etapas. Em primeiro lugar, temos que compreender o que está sendo lido ou ouvido. Em seguida, criamos um vínculo da nova informação com o que já sabemos. O aprendizado sempre surge a partir da interação com o conhecimento prévio. A etapa final é transferir o novo conceito ou ponto de vista para a memória permanente de maneira que possamos integrá-los à nossa forma de pensar e agir e recuperá-los quando precisarmos.

Boa parte desse processo ocorre sem o nosso controle. O cérebro interpreta, cria novas redes e estrutura a memória de maneira independente. Contudo, algumas atitudes podem ajudar o processo.

Minha memória não é das melhores, mas acredito que não sou o único que olha seus livros antigos cheios de anotações apaixonadas, com diversos textos sublinhados, e não tem a menor recordação de ter lido aquele texto algum dia. Isso pode ocorrer por dois motivos. Pode ser que estivéssemos estudando apenas para uma prova ou que o conteúdo não fosse relevante. Como já falamos, nosso cérebro não vai investir energia em armazenar dados que não consideramos úteis. Uma pista para ele é estar presente no momento. Uma segunda possibilidade está relacionada à postura com que você consome o conteúdo. Quanto mais ativa, mais eficiente será a etapa de processamento.

Isso quer dizer refletir e criar um diálogo com o texto ou áudio ao longo do processo. O método mais tradicional para isso é sublinhar o texto. É um começo, mas é pouco ainda. Reler o que sublinhamos ou marcamos como importante no áudio melhora um pouco, mas o que realmente permite um processamento profundo é o resumo do texto. Reescrever o que lemos ou ouvimos permite uma integração entre o conhecimento novo e o antigo. Esse processo ajuda o cérebro em reorganizações e criações de novas redes neurais. O conhecimento novo, reflexo desse processo ativo, passa a ser nosso.

Existem dois detalhes importantes sobre fazer resumos. O primeiro é que toma tempo. Resumir um livro inteiro pode demandar mais esforço do que a própria leitura. Portanto, lembre-se de que você está fazendo um fichamento para você. Escolha o que é importante e qual a profundidade necessária para o seu aprendizado.

O segundo aspecto é mais polêmico: faça o sumário à mão, e não no computador. Isso vale para aulas e palestras também. Diferente dos demais estudos que apresentei neste capítulo, aqui não há muita discussão. Escrever com um teclado pode automatizar o processo e, muitas vezes, estamos apenas anotando a mesma coisa lida ou ouvida. Para mim, escrever à mão tem um aspecto introspectivo que me agrada bastante.

Uma boa prática é manter todas as anotações e resumos em um local único, que chamamos de *commonplace book*. Vou falar um pouco mais sobre ele no último capítulo.

Existem também uma série de dicas específicas para memorizar o que você leu. O ótimo livro *Fixe o conhecimento*,[25] de três professores norte-americanos, sugere técnicas efetivas, embora pouco intuitivas. Eles destacam a importância da busca da informação para que ela se fixe no cérebro. Daí a efetividade dos *flash cards*, aqueles cartõezinhos de perguntas e respostas para estudar ou, ainda, fazer provas ou testes simulados sobre conteúdos específicos. Outra sugestão baseada em evidências científicas é não ler na ordem mais lógica e sequencial. Quanto mais seu cérebro se esforçar para compreender e organizar o conhecimento, mais forte será sua memória. Ou seja, ler oito vezes o mesmo texto não é a melhor prática. Além de não funcionar, pode gerar uma falsa sensação de conhecimento.

Acho que as dicas acima são válidas e relevantes. Lembrar o conteúdo é uma parte importante do processo. Os autores destacam que não pode haver uma contraposição simplista entre aprendizado de fatos e habilidades mais nobres, como solução de problemas ou pensamento criativo. Há uma interdependência importante. Além dessas técnicas descritas, existem diversos outros caminhos para aumentar sua capacidade de memorização. Especialmente para provas ou concursos, acho que vale a pena buscá-los em outras fontes.

Contudo, acredito que boa parte do que precisamos aprender vai depender menos de estratégias estruturadas e mais de sua postura.

Foco e atenção são potencializadores de um bom aprendizado. Falei no início do capítulo sobre o conceito de atenção parcial contínua que Linda Stone propôs. Vale entender um pouco mais. Ela não está se referindo a ser multitarefa.

Quando fazemos isso, nossa intenção é ganhar produtividade. Para tal, emparelhamos uma atividade que demanda mais, do ponto de vista cognitivo, com outra mais simples. Podemos comer e ver televisão ou falar ao telefone enquanto cozinhamos.

A atenção parcial contínua é diferente, ela explica. O nosso desejo é nos engajarmos em duas atividades que requerem o mesmo nível de cognição. Participar de uma reunião no Zoom e preencher uma planilha, conversar com uma pessoa enquanto envia uma mensagem para outra no celular. Essa prática até pode funcionar em pequenas doses. Entretanto, quando se torna contínua, ela gera estresse e dificulta o processo de aprendizado.

Ao tomar a decisão de consumir um conteúdo, faça-o com intenção e celebre sua escolha. Se um vídeo, áudio ou texto é importante para você, proteja-se de elementos externos, especialmente os tecnológicos. Como falamos acima, use estratégias que o ajudem. Desligue as notificações, feche as janelas do computador ou *tablet*, se esse for seu meio de consumo. Se for ler um livro, tente se isolar fisicamente ou usando um fone de ouvido com músicas que o ajudem a focar.

Essa última dica é controversa, mas, para mim, é uma prática que ajuda muito. O segredo está em achar uma música que não compita com o texto. Quem me conhece sabe que tenho dificuldade de foco, e a música ajuda minha concentração. Escolho trilhas em aplicativos de *streaming* com a intenção de ajudar a concentrar ou estudar. Uso ainda um aplicativo chamado Brain.fm cuja promessa é gerar ondas que incentivam o foco. Não sei se acredito muito nisso, mas o fato é que tem me ajudado na concentração e acalmado minhas provocações internas.

Sobre o uso de música, eu poderia colocar diversas pesquisas aqui, mas elas repetem o padrão do que apresentamos no capítulo: algumas sugerem que ajuda, outras que atrapalha e há ainda as que dizem que depende.[26] Na dúvida, experimente. Minha sugestão é algo calmo e instrumental. Se você não conhecer a música, acho que ajuda também.

Há um último e fundamental aspecto do processo todo. Precisamos parar e pensar. Infelizmente, refletir é um ato em extinção no mundo.

A velocidade de mudança tem privilegiado mais a velocidade do que a pausa e a contemplação.

Embora tenha um foco mais na retenção do conteúdo, mesmo o livro *Fixe o conhecimento* enfatiza que a reflexão envolve várias atividades cognitivas que levam a um aprendizado mais consistente, como recuperar o conhecimento, conectá-lo a novas experiências e visualizar e ensaiar mentalmente o que você pode fazer de maneira diferente na próxima vez.

A meditação é uma prática que tem potencial de ajudar o aprendizado, mesmo quando você não está ativamente engajado no processo. Diversas pesquisas[27,28] demonstraram que a meditação, mesmo realizada com pouca frequência, ajuda a efetividade do aprendizado, a atenção e a memória.

Finalmente, se você quer aprender, durma bem. O sono é uma parte fundamental do processo de aprendizado.[29] Durante uma noite bem aproveitada, seu cérebro continuará organizando e aprofundando a compreensão.

Ao atuar de maneira consciente e consistente o tempo todo, aprendemos sobre nossa forma de aprender, tornando o processo cada vez mais produtivo e prazeroso.

CAPÍTULO 12
EXPERIÊNCIA

"Curso de palhaço".

Foi isso que escrevi no Google. Exatamente dessa forma, entre aspas. Eu tinha 32 anos e estava na fase de escrita do meu mestrado. O tema da minha pesquisa era criatividade, e, no meio das leituras de artigos e entrevistas, surgiu uma intuição de que o olhar do palhaço poderia me ajudar no projeto. Nunca consegui achar uma explicação lógica para essa busca nem identificar de onde veio a vontade.

Logo nas primeiras sugestões de sites estava a descrição de um curso para iniciantes que começaria em cinco dias. Essa sincronicidade deu ainda mais força a minha intuição. O curso tinha duração de uma semana, e o professor era um palhaço que se chamava João Grandão. Tinha uma vivência internacional muito interessante e atuava com improviso também. Matriculei-me.

O primeiro dia de um curso é sempre constrangedor. Você não conhece as pessoas, não se sente à vontade no espaço e tenta imaginar um pouco como será o funcionamento daquele grupo social. Imagine essa sensação em um curso de palhaço. Umas quinze pessoas em uma sala vazia, com chão de madeira, bem iluminada e uma cortina preta ao fundo. Fiquei olhando para cada pessoa tentando imaginar quem seria o professor, até que ele apareceu. Quando Márcio Ballas chegou, não deixou a menor dúvida de que era o João Grandão. Ele não estava maquiado ou com nariz e, sim, era um pouco alto. Mas o que não deixava nenhuma dúvida de que ele era um palhaço era sua energia.

O curso foi muito mais transformador do que imaginei. Realmente tive muitos insights sobre criatividade ao entender a linguagem do palhaço, mas meu aprendizado foi muito além disso. Entendi que aquela experiência

– tão distante do meu dia a dia de empreendedor e pesquisador – estava transformando a maneira como eu via o mundo. Além disso, aprendi com a história dos outros alunos, tão diferentes da minha, e com cada exercício e conversa que o Ballas propunha.

O palhaço, ou *clown*, como muitos chamam a técnica para diferenciar da abordagem circense, é reflexo da personalidade de cada um. Portanto, antes de estabelecer seu estilo, você tem que descobrir quem você é de verdade. Ele também vive sempre no aqui e no agora. Diferente de atores tradicionais, que criam uma quarta parede e ignoram o que está acontecendo no público, o *clown* está sempre conectado a cada reação da plateia. Se um celular tocar de maneira inadvertida, é pouco provável que Hamlet pare seu monólogo. O *clown* não só vai parar sua cena como vai querer atender a ligação. Ele sempre é espontâneo e sincero com a plateia. Não há por que fingir que o telefone não tocou.

Para mim, o momento de maior impacto no curso acontece na primeira vez que você coloca um nariz vermelho, a menor máscara do mundo. Há um ritual que prepara cada um de nós para vestir esse adereço tão simbólico, que tem cor forte e fica no meio dos olhos, porque é com os olhos que a gente fala de verdade. O objetivo é estar em um estado de alerta e presença. Afinal, o palhaço não é um personagem. O palhaço é você.

No meio do primeiro dia de aula, demos as mãos e fizemos uma roda. Nos viramos, de maneira que todos ficaram de costas. O professor diminuiu a luz, colocou uma música calma e conduziu uma meditação guiada de sete ou oito minutos. Fizemos um passeio mental por todo o corpo até chegar à nossa mente. Como estávamos de fato naquele momento? Nesse ponto, fomos convidados a colocar o nariz, que já estava pendurado no pescoço, e abrir os olhos. Antes de virar e ver os outros colegas, mais um convite. Olhar cada detalhe da sala como se você tivesse acabado de nascer. De alguma forma, isso era verdade. Depois de alguns segundos, todos se viraram para dentro da roda, e o grupo se olhou pela primeira vez como palhaços. Ninguém riu. Estávamos presentes e curiosos para saber quem eram aquelas pessoas que

acabavam de se descobrir.

Esse exercício foi o início de uma série de experiências, descobertas e brincadeiras que vivi ao longo de todo o período em que continuei frequentando o curso. No total, foi um ano e meio, quatro horas por semana, toda quinta-feira à noite. Nunca atuei como *clown*, minha busca não era essa. Depois de pouco tempo, nem o tema do mestrado era relevante mais. Os aprendizados eram outros, e eu os absorvia de maneira consciente e intencional.

Em primeiro lugar, ser um palhaço permitiu que eu conhecesse outros aspectos da minha personalidade. Eu fazia terapia na época, e meu analista falou: "Conrado, do ponto de vista de autoconhecimento, o curso está dando de dez a zero nas nossas sessões aqui. Que bom!". Com o palhaço, aprendi que a gente não tem que se levar tão a sério. Temos que rir mais da gente mesmo e dos nossos erros.

Além disso, tive ganhos que me ajudaram diretamente na minha profissão. Compreender um pouco mais sobre presença, posicionamento no palco e relação com o público me ajuda muito até hoje, quando facilito workshops e dou palestras. Ballas virou um grande amigo, parceiro de trabalho e uma porta para outro mundo repleto de pessoas interessantes, outras experiências e mais um monte de aprendizado.

Tudo isso porque eu entrei no Google numa terça à noite qualquer.

EXPERIÊNCIAS SÃO O PALCO DO APRENDIZADO

Se conteúdo é a busca mais óbvia quando queremos aprender alguma coisa, experiências são espaços que nos ensinam de maneira inconsciente desde que nascemos. Podemos potencializá-las muito se tivermos uma atuação intencional na maneira como escolhemos, vivemos e refletimos sobre elas. Experiências são, acima de tudo, o palco do aprendizado informal e do *lifewide learning*, da maneira como discutimos no Capítulo 8.

Nossa espécie se diferencia de outras pela capacidade que temos de nos adaptar ao ambiente em que vivemos. O processo de buscar essa adequação pode ocorrer por mudanças em nosso comportamento ou pela nossa capacidade de interferir no próprio ambiente. John Dewey é um filósofo da educação que colocou a experiência como elemento central do processo de aprendizagem. Para ele, era o contato com o mundo o principal canal de conhecimento. O fato é que o aprender ocorre na vida.

Do ponto de vista da educação infantil, a falta de experiência real foi a grande crítica de pensadores que tentaram transformar o modelo clássico, como Maria Montessori, Rudolf Steiner, Paulo Freire, além do próprio Dewey. Todos são reverenciados por considerar que o melhor caminho para auxiliar o aprendizado de crianças é permitir que a sala de aula seja substituída por experiências do mundo real que possibilitem o desenvolvimento da autonomia e da curiosidade. O mundo real, a natureza e a relação entre o grupo passam a ser mais relevantes para o processo do que a lousa ou o livro.

No aprendizado adulto, vimos que a andragogia identifica, em seus princípios, que o aprendizado real ocorre sempre com base em experiências passadas e futuras. As primeiras fazem parte inseparável de nossas crenças e corpo de conhecimento, ao passo que novas experiências são alavancas de mudança poderosas.

Há uma visão libertadora e democrática fundamental ao incluirmos o aprendizado experiencial como uma prática reconhecida e importante do desenvolvimento humano. Uma em cada cinco crianças está fora da escola, segundo a Unesco.[1] A própria entidade reconhece que o maior problema são os não aprendizes dentro do ambiente educacional.

É impossível falar de aprendizado experiencial sem falar de David A. Kolb. Nascido em 1939, sempre foi considerado um aluno avançado. Chegou a ser apelidado de Crânio pelos colegas na escola. No sexto ano, teve seu primeiro contato com essa forma de aprendizado. A professora pediu que cada estudante escolhesse um país, estudasse sobre ele e o representasse em uma Assembleia Geral da ONU fictícia em uma pequena cidade agrícola do estado de Illinois, nos Estados Unidos. Mais à frente, pensou em ser pastor. Entretanto, o aprendizado religioso totalmente dogmático não fazia sentido para quem tinha se apaixonado tão cedo pela experiência como fonte de aprendizado.

Para Kolb, aprender é um processo em que o conhecimento é criado por meio da transformação da experiência. Inspirado pelas obras de grandes referências na área como Dewey, Piaget e Kurt Lewin, ele criou o Ciclo de Kolb, uma forma prática de demonstrar como ocorre o processo do aprendizado experiencial. Gosto muito da lógica do modelo, em especial por se tratar de um ciclo em que todos os passos são igualmente importantes.

CICLO DE KOLB*

Para Kolb, tudo começa com uma **experiência concreta**. Vivenciamos algo que nos gera curiosidade, encantamento ou estranhamento. O segundo ponto é a **observação reflexiva**: o que aconteceu? Por que aconteceu? Qual é o impacto para mim, para outros e para o ambiente? Como resultado, criamos um **conceito abstrato** ou uma teoria sobre nossa experiência vivida. A última etapa é a **experimentação ativa**, que é o momento no qual aplicamos nossa hipótese em outra situação real e reiniciamos o ciclo, que assume uma forma de espiral: passamos pelo mesmo ponto, mas com um ponto de vista diferente do que iniciamos.

Vou fazer uma tradução simples desse processo tomando emprestada a história de Isaac Newton e da gravidade. Nenhuma maçã caiu na cabeça dele, trata-se apenas de uma anedota. Entretanto, em sua biografia, ele relata que estava tomando um chá do lado de fora de casa quando viu uma das frutas caindo ao solo. Essa foi sua experiência concreta. A observação reflexiva, digna de um bom cientista, permitiu que ele desenvolvesse a teoria da gravidade por meio de uma abstração conceitual. A experimentação ativa, nesse caso, pode ser jogar qualquer outra coisa para cima e verificar se caiu ao solo também.

O ciclo de Kolb também é aplicado para a definição de estilo de aprendizagem, como um instrumento para identificar em qual dos quadrantes do ciclo você se encaixa. Como já disse, sou reticente em carimbar aprendizes com estilos únicos. Entretanto, acho que a maneira como ele estruturou seu inventário de preferências pode gerar discussões interessantes. Uma vez que seu modelo se baseia em um ciclo, para ter um aprendizado completo, temos que desenvolver todas as etapas propostas por ele. Vivemos uma parte desse ciclo o tempo todo de maneira inconsciente. Ao colocar o dedo em um fio elétrico desencapado e tomar um choque, a criança não cria uma teoria, ela simplesmente aprende, por um mecanismo de estímulo e resposta, que a ação gerou uma reação desagradável. A teoria de Kolb propõe que o aprendiz adulto tenha uma participação ativa na sua interação com o ambiente.

Para compreender como podemos atuar e buscar experiências que nos apoiem no processo de aprendizado, gosto do olhar do psicólogo Bandura. Para ele, a interação com o ambiente é positiva pois gera atrito e crescimento. O meio pode se apresentar de três formas: as *impostas*, as *selecionadas* e as *criadas*. As *impostas* referem-se ao ambiente físico e estrutural que é imposto a todos nós. Não temos muito controle sobre sua presença, mas a maneira como o interpretamos e reagimos a ele é livre. As formas *selecionadas* ocorrem porque o ambiente só existe de verdade para cada um de nós quando é escolhido e experimentado. E há ainda a possibilidade de *criarmos* ambientes – internos ou externos – que sejam adequados a servir os nossos propósitos de desenvolvimento.

Simplificando um pouco, podemos imaginar que temos dois tipos de experiências dentro de um projeto de aprendizagem: as experiências que construímos e as que ocorrem de maneira não programada.

Você pode incluir e estruturar experiências práticas que complementam o processo de aprendizado gerado por outras fontes. Caso seu interesse seja desenvolver empatia, por exemplo, passar alguns dias em um abrigo conversando com idosos e enfermeiros pode fazer mais pelo seu aprendizado do que ler alguns livros. E, mais uma vez, uma coisa não substitui a outra.

Contudo, podemos gerar aprendizado do conjunto de experiências não programadas que vivemos. Além de estarmos atentos, vale a pena estruturar a vida de maneira que possamos maximizar o número de interações com o ambiente e situações que nos tragam crescimento.

Vamos ver um pouco como aproveitar cada tipo de experiência.

TRANSFERÊNCIA DA APRENDIZAGEM

A busca ativa por experiências que possibilitem a vivência prática do nosso aprendizado deve ser uma iniciativa constante. No desenho do nosso percurso próprio, devemos entender qual o momento de transferir o conhecimento para a vida real e aprender com o processo.

Um dos caminhos tem o nome de prática deliberada ou intencional. O termo, cunhado pelo psicólogo K. Anders Ericsson, foi muito utilizado após a divulgação da sua efetividade a partir de estudos com experts em áreas de alta performance, como música clássica, xadrez ou esportes olímpicos. Diversas pesquisas[2] demonstraram que há uma evolução maior quando realiza-se prática intensa e concentrada em atividades que desafiam o desempenho obtido até o momento.

Existem críticas sobre essa visão.[3] Uma delas diz respeito à alta concentração de estudos em atividades semelhantes. Questiona-se também o fato de que as áreas estudadas usam técnicas que se beneficiam da repetição constante com pequenos incrementos de dificuldade entre eles. Pessoalmente, questiono se o foco em uma única atividade de alta performance é uma meta saudável para todos. O multimedalhista Michael Phelps aparece em um documentário da HBO chamado *O peso do ouro* em que ele aborda os **189** problemas relacionados a casos de depressão e suicídio vinculados ao esporte de alta performance. Admiro muito a obstinação e dedicação de artistas e esportistas, mas é importante deixar claro que esse caminho, muitas vezes, cobra um pedágio alto.

O aprendizado ao longo da vida é uma grande fonte de melhoria de performance em qualquer área que o aprendiz julgar importante. Com certeza, é um elemento fundamental para cada um encontrar sucesso a partir de uma definição própria. Felicidade, equilíbrio e orgulho podem ser tão importantes quanto qualquer outra conquista.

Portanto, independentemente do seu objetivo, ter disciplina na execução prática do seu aprendizado é um aspecto fundamental para seu crescimento. Peter Brown e seus colegas, autores do livro *Fixe o conhecimento*, do qual falei no capítulo anterior, propõem três alternativas para a transferência do aprendizado para prática sem que ocorra apenas a repetição em massa. A lógica segue a linha das dicas de consumo de conteúdo propostas pelos mesmos pesquisadores: dê um pouco de trabalho para o seu cérebro.

Para fazer isso, a primeira sugestão é praticar de maneira espaçada. Aparentemente, é necessário tempo para que o conhecimento novo se misture ao antigo e seja transferido para a memória permanente. Intercalar prática com outras atividades também ajuda, de acordo com as pesquisas. Por fim, varie o tipo de atividade que você vai realizar. Se quer aprender a tocar um instrumento, aprenda duas ou três músicas ao mesmo tempo.

Há um problema na aplicação das dicas: você pode ter a impressão de que o desenvolvimento está acontecendo mais devagar. Em parte, isso é verdade, mas o resultado é mais consistente. E, como já mencionei, para aprender ao longo da vida, muitas vezes vale a pena trocar velocidade por qualidade do processo.

Para estruturar experiências dentro do seu projeto de aprendizagem, existem duas alternativas. Se o tema escolhido envolve uma habilidade muito específica e bem definida – como apresentações ou negociações, por exemplo –, você pode buscar situações nas quais é possível praticar o objeto do seu aprendizado. Você pode se oferecer para dar palestras em igrejas, clubes ou até em escolas sobre temas que você domine. Ou ajudar o seu condomínio no processo de compras de insumos, por exemplo.

Há também outro caminho, que é a experiência para ganho de repertório. Nos mesmos casos acima, você pode se desenvolver muito ao acompanhar a organização de um congresso ou participar como ouvinte em reuniões com negociações complexas. Para ajudar na escolha e estruturação das experiências, vale a pena buscar ajuda de alguém mais experiente ou de um especialista.

De qualquer forma, busque caminhos que simplifiquem o processo. Quanto mais facilidade você tiver em uma experiência, maior será a chance de que ela ocorra.

Na categoria das experiências intencionais, eu acrescentaria uma última menos intuitiva. A participação em cursos, workshops ou palestras. Em uma primeira análise, faria mais sentido deixar esse tipo de fonte de aprendizado em conteúdo, no capítulo anterior. Quando estava estruturando o livro, pensei nisso. Contudo, ao analisar minhas experiências e relatos de amigos, entendi que uma atividade educacional formal tem mais validade se a observarmos como uma grande experiência.

Claro que a parte de conteúdo é relevante. O conhecimento de especialistas em palestras e aulas deve ser aproveitado ao máximo. Mas, se o objetivo fosse apenas esse, seria mais fácil assistir somente o vídeo.

Quando escolho participar de um congresso, por exemplo, estou procurando um pacote mais amplo. Além do acesso a conteúdo, quero conhecer pessoas diferentes. Quero ir além do networking profissional, por isso, minha busca é por gente interessante. Adoro eventos que têm feiras com fornecedores ou *startups* junto das palestras. Para mim, dar uma volta em um espaço de exposição sem objetivo fixo, entre as palestras, é um jeito de consolidar o que você ouvir, ao mesmo tempo que terá uma visão do que está acontecendo no seu mercado. Se o evento ocorrer fora da sua cidade, há ainda essa novidade a ser vivida.

Para aproveitar esse momento, eu sempre me preparo. Se é um curso pequeno, tento entender quem fará a facilitação e me aprofundar um pouco no tema. Se o evento tem múltiplas opções de trilhas ao mesmo tempo, eu escolho com antecedência as opções de maior interesse. Acho que esse mergulho no material já é o começo do processo de aprendizagem.

Existe ainda um estado de atenção aumentada que muitos sentimos ao participar de um evento formal, especialmente quando fomos nós que fizemos a escolha. Eu chamo isso de mentalidade de aprendiz. Muitas vezes estou em uma palestra e entro em um estado de *flow* com temas não relacionados ao que estou ouvindo. Parece que o fato de ter escolhido investir tempo para aprender dispara um sentimento positivo e começo a ter ideias e insights.

Além disso, muitas vezes, os aprendizados em um evento ou workshop aparecem onde menos esperamos. Estar aberto a essas oportunidades é um grande passo para aproveitar experiências imprevistas.

UM MUNDO DE OPORTUNIDADES

Serendip era a maneira como se chamava o Sri Lanka, pequeno país do sul da Ásia, que já foi conhecido também como Ceilão. Esse nome ficou famoso porque, em 1754, um romancista inglês chamado Horace Walpole escreveu uma carta a um amigo relatando a descoberta de um conto perdido, que se chamava *Os príncipes de Serendip* e inspirava-se em uma lenda com o mesmo nome. Nele, três príncipes resolviam casos complexos por meio de sua sagacidade e de descobertas casuais. Horace chamou essa situação de *serendipity*, que foi traduzida para português como *serendipidade*, embora muitos dicionários prefiram o termo *serendipismo*. Acho ambas as traduções estranhas, mas o que nos importa aqui é seu significado: são descobertas afortunadas que não foram planejadas.

Utilizamos esses termos quando estamos vivendo nosso dia a dia e temos insights em lugares inesperados. A vida está cheia deles. No mundo do negócio e da ciência, existem diversas histórias de sucesso que aconteceram desta maneira, como a descoberta da penicilina, do micro-ondas e do post-it.

Questões importantes que derivam daí são: será que é possível influenciar o acaso? Sua definição não é exatamente situações que ocorrem sem programação? Se são experiências inesperadas que causam essas inspirações, como seria possível influenciá-las?

Albert Bandura direcionou parte de seu trabalho para compreender encontros que ocorriam ao acaso. Em 1981, ele proferiu uma palestra que serviu como base para um artigo publicado no ano seguinte com um nome curioso: "The Psychology of Chance Encounters and Life Paths" [A psicologia dos encontros fortuitos e dos caminhos de vida, em tradução livre].[4] No texto, ele identifica que, a partir de determinada idade, adquirimos comportamentos e traços de personalidade que se estabilizam. Com isso, buscamos atividades, pessoas e ambientes que compartilhem valores semelhantes aos nossos. Como consequência, reforçamos os mesmos padrões de comportamento e vivemos uma vida que reduz a chance de que encontros fortuitos – com pessoas e situações – ocorram.

Não vou entrar em detalhes sobre a visão teórica dele sobre esse tema, ela é bastante técnica e não nos auxiliará na compreensão de como tornar uma vida com experiências mais diversas e promissoras. Vou me ater a um ponto que apoia o aprendizado ao longo da vida. Bandura entende que, como indivíduos, podemos fazer escolhas e exercer algum grau de controle sobre o autodesenvolvimento e circunstâncias da vida, mas existe muito acaso na construção da nossa história. A partir dessa constatação, podemos nos sentir tentados a criar estratégias para minimizar o acaso e garantir que nosso caminho dependa apenas de nossa vontade.

A visão de Bandura é oposta ao controle. No texto a seguir ele faz um convite para que aumentemos o acaso na nossa trajetória de vida o que, por consequência, aumenta a chance de a serendipidade ocorrer. A mensagem é linda (tomei a liberdade de destacar a frase que mais me emociona):

> A casualidade não implica falta de controle de seus efeitos. As pessoas podem fazer as coisas acontecerem, buscando uma vida ativa que aumente o número e o tipo de encontros fortuitos que terão. **O acaso favorece os inquisitivos e os aventureiros, que frequentam lugares, fazem coisas e exploram novas atividades.** As pessoas também fazem

> o acaso trabalhar para elas, cultivando seus interesses, possibilitando crenças e competências. Esses recursos pessoais possibilitam que tirem o máximo das oportunidades que surgem de forma inesperada. [...] O autodesenvolvimento ajuda as pessoas a moldarem as circunstâncias de suas vidas. Essas diversas atividades proativas ilustram o controle da casualidade por meio da agência.[5]

Portanto, se experiência é uma fonte de aprendizado importante ao longo de nossa vida, vale a pena parar para pensar um pouco em quanto de aventura e novidade temos trazido para perto da gente. Um bom incentivo para isso é tentar identificar como o acaso te trouxe até aqui.

Minha história é repleta deles. Meus pais se conheceram ensaiando em um coral, conheci minha esposa organizando um programa de *trainees*. Encontrei meus primeiros sócios depois de decidir não cursar a faculdade na qual tinha entrado e fazer outro vestibular no meio do ano. Meu caminho para a aprendizagem também teve sua dose de aleatoriedade. Organizamos uma festa de calouros que fez muito sucesso, como as pessoas acreditaram na nossa capacidade de fazer eventos, nos convidaram para organizar outro, um congresso. Nunca mais parei.

Steve Jobs, fundador da Apple, tem um discurso famoso aos formandos da turma de 2005 na Universidade Stanford. Se você não o viu, vale a pena procurar na internet. Toda a sua fala é dedicada a reconhecer como o acaso define muito do que somos. Entendemos melhor a nossa vida quando olhamos de trás para frente: "[...] os pontos só se conectam em retrospecto. Por isso, é preciso confiar que estarão conectados, no futuro. É preciso confiar em algo – seu instinto, o destino, o karma. Não importa. Essa abordagem jamais me decepcionou, e mudou minha vida".[6]

Viver a experiência de cabeça e coração abertos é um passo importante para o aprendizado. Contudo, ele pode ser potencializado se dermos o segundo passo: investir tempo refletindo sobre o que aprendermos.

TEMPO PARA PENSAR

Não sei se é o excesso de ofertas de interações e conhecimento, mas vivemos uma época em que o tempo é um dos recursos mais disputados. Isso não deve ser um empecilho: projetos de aprendizagem demandam um compromisso semanal de algumas horas, pelo menos, e devem fazer parte de sua rotina. Mas é importante usar esse tempo de maneira adequada aos seus objetivos.

Muitas vezes, na etapa de planejamento, considerando as quatro fontes de aprendizagem, o CEP+R, percebo uma tendência de concentração exclusiva no conteúdo. Com isso, aspectos fundamentais do processo são deixados para trás.

No final do capítulo anterior, falamos da importância da reflexão depois de ler um livro ou ouvir um *podcast*. A boa prática sugere a mesma coisa no caso de experiências, com uma diferença importante: refletir é a única forma de transformar uma vivência significativa em aprendizado. Quando consumimos conteúdo, o processo é todo cognitivo e, mesmo de maneira não intencional, temos pausas entre parágrafos ou leituras para pensar sobre o que estamos lendo ou ouvindo.

Assim como uma leitura pode nos tocar e nos fazer refletir, a experiência nos impacta de maneiras emocionais e físicas, além de cognitivas. Por exemplo, tenho certeza de que você teve muitas oportunidades de aprendizado durante o período da pandemia de covid-19. Contudo, até pelo clima de incerteza e temor presente, pode ser que parte do seu crescimento não se consolide e não seja incorporado aos seus outros conhecimentos.

John Dewey, um dos maiores defensores da aprendizagem por meio de experiências, deixa clara a importância de uma pausa contemplativa. Ele reconhece que as experiências, por si só, são um convite para a ação. Contudo, não aprendemos com elas. Aprendemos a partir da reflexão sobre elas.

Se você ainda ficou com dúvida se vale a pena parar de praticar e ir refletir um pouco, saiba que a resposta é sim. Francesca Gino, da Universidade Harvard, fez uma pesquisa para ajudar a elucidar essa questão.[7] Ela demonstrou que o tempo investido para codificar o aprendizado traz duas vantagens. **195**

A primeira, e mais direta, é o fato de que do ponto de vista cognitivo, o cérebro se beneficia do processo. Além disso, há um ganho emocional. Ao refletirmos sobre a experiência, aumentamos a nossa autoestima e, por consequência, a nossa crença de que somos capazes de repetir a ação aprendida.

Vale ressaltar que o ganho de aprendizado ocorre tanto para experiências que deram certo como para fracassos.

Gosto muito da prática da empresa WD40 chamada *learning moments*, ou momentos de aprendizado. São encontros em que os colaboradores são convidados a reconhecer o que saiu melhor ou pior do que o esperado e discuti-los em grupo para extrair os aprendizados inerentes ao caso.

Faz parte do modelo ágil de gestão um encontro periódico chamado reunião retrospectiva, um espaço seguro para que o aprendizado da semana ou quinzena anterior (ou do *sprint*) sejam discutidos e aplicados na sequência do projeto. As perguntas básicas são:

- O que deu certo?
- O que poderia ser melhorado?
- O que nos comprometemos a fazer no próximo *sprint*?

Para realizar sua pausa reflexiva de maneira estruturada, talvez as perguntas acima possam ajudar. Acredito que elas sejam úteis especialmente quando a experiência é bem prática e ligada ao desenvolvimento de alguma habilidade específica ou quando vamos aplicar o aprendizado para resolver um problema. Mas, muitas vezes, o processo pode ser mais simples.

Mais uma vez, vou sugerir sentar e escrever. Passar para o papel as descobertas a partir da experiência vivida ajuda muito a integração do aprendizado novo com os conhecimentos que estavam na sua cabeça. Outro caminho simples é tentar reviver mentalmente a experiência. O que ocorreu, o que você sentiu, o que poderia ser diferente. Eu tenho tido muito ganho com a meditação, mesmo quando tento focar mais na minha respiração e tento reduzir meu pensamento.

Na dúvida, procure seu caminho de criar e aproveitar suas experiências, seja para aprender ou simplesmente para se sentir mais vivo. Sua autonomia e seu autoconhecimento sempre devem ser prioridades. No final do discurso que mencionei, Steve Jobs faz mais um convite:

> O tempo de que vocês dispõem é limitado, e por isso não deveriam desperdiçá-lo vivendo a vida de outra pessoa. Não se deixem aprisionar por dogmas - isso significa viver sob os ditames do pensamento alheio. Não permitam que o ruído das outras vozes supere o sussurro de sua voz interior. E, acima de tudo, tenham a coragem de seguir seu coração e suas intuições, porque eles de alguma maneira já sabem o que vocês realmente desejam se tornar. Tudo mais é secundário.[8]

CAPÍTULO 13
PESSOAS E REDES

Entro no palco, fico em silêncio durante trinta segundos enquanto toca uma música clássica ao piano, interpretada pela minha mãe. Esse foi o início da minha palestra no TEDx Pinheiros, que ocorreu em outubro de 2018. Aproveitei o tempo da introdução para respirar fundo e me concentrar. Estava muito nervoso. Sabia que a gravação iria para o site do TED, uma realização importante.

Adoro dar palestras e facilitar encontros e workshops. Ouso dizer que é a parte do meu trabalho em que mais me divirto. Talvez por isso mesmo, é onde acho que tenho meu melhor desempenho. Misturar leveza, humor e profundidade me agrada, assim como criar um relacionamento verdadeiro com os participantes. Meu prazer fica claro para quem está assistindo. Nunca tive medo de falar ao vivo, independentemente do tamanho do público. Mas com o TEDx, foi diferente.

Passado o medo, fiquei orgulhoso do resultado. Logo que acabei, uma pessoa me procurou e perguntou: "Como você aprendeu a falar em público?". Não soube o que responder.

Nunca fiz um curso de oratória ou de técnicas de apresentação. Ou seja, não foi pelo caminho formal que me desenvolvi. Também não lembro quando dei a primeira palestra. Fui embora feliz e intrigado em tentar traçar meu percurso até o famoso tapete circular dos palcos dos TEDs.

Aos poucos, fui entendendo.

Fundei a minha primeira empresa de cursos aos 19 anos. Ela se chamava LAB SSJ e promovia cursos abertos com palestras proferidas por executivos de grandes empresas. Foram doze anos e 150 mil participantes de cursos, apresentações e workshops em diversos temas e formatos. Não tenho o número preciso, mas estimo ter assistido a mais de mil palestras nesse período.

Com o privilégio de ver tanta gente boa falando, ficava claro o que funcionava ou não junto ao público. Além da reação durante a apresentação, eu acompanhava as opiniões e avaliações de cada aluno. Como os eventos se repetiam em cidades diversas, eu tinha um interesse especial em identificar quem eram os melhores para criar programas cada vez mais bem avaliados. Nas viagens fora de São Paulo, tive a oportunidade de bater longos papos com os executivos-palestrantes e conhecer um pouco mais da forma de cada um pensar e estruturar suas apresentações.

Relembrar esse percurso deixou mais claro o meu processo de aprendizado. Ele ocorreu de maneira tão integrada na minha vida que nem percebi que meu repertório e hábitos como palestrante foram construídos por meio de conversas, reflexões e observações.

Essa forma de desenvolvimento é uma das características fundamentais da espécie humana. Ele se chama aprendizado social.

Foi Bandura, o mesmo psicólogo que citei no capítulo anterior, quem estruturou as bases para o desenvolvimento conceitual desse campo. Ele ficou famoso nos anos 1960 com um estudo realizado na Universidade Stanford com 72 crianças de 3 a 6 anos.

Quando adultos eram agressivos com um brinquedo do tipo joão-bobo na frente das crianças, elas repetiam comportamentos sociais agressivos, demonstrando que o processo de observação é uma importante forma de aprendizado social.

A pesquisa, tão famosa quanto polêmica, foi um marco. Ela ajudou na criação de uma teoria que reconhece a importância do aprendizado por meio da observação, da imitação e da criação de modelos que nos ensinam comportamentos, atitudes e reações emocionais.

Esses são os motivos pelos quais considero que, ao longo de seu projeto de aprendizagem, pessoas e redes são fontes que merecem atenção especial. É impossível aprender sozinho.

199

Imagine que você ganhasse, no seu trabalho, a possibilidade de usufruir duas ou três horas por semana do seu tempo para aprender o que quisesse da forma que achasse melhor. Como ocuparia o seu tempo?

Tenho feito essa pergunta para aprendizes adultos em minhas jornadas e workshops. Grande parte das respostas estão relacionadas a conteúdo. "Eu leria meia hora por dia" ou "faria um curso on-line " e por aí vai. São poucos os que consideram conversas com pessoas interessantes, dentro ou fora do seu círculo profissional, uma atividade de aprendizagem estruturada. Quando falo interessantes, não estou me referindo a especialistas e profissionais contratados para essa conversa. Refiro-me à essência do tema mesmo: gente com que você tem vontade de sentar, bater um papo e aprender com a visão e experiência dela.

Clay Shirky, um estudioso do impacto da internet na sociedade, diz que sistematicamente superestimamos o valor do acesso à informação e subestimamos o valor do acesso mútuo. A educação formal tem seu peso na construção desse ponto de vista.

Com o objetivo de avaliar quem merece passar de ano ou não, a escola incentiva a competição e a comparação de performance. Isso desestimula a colaboração. Como nos lembra Juan Ignácio Pozo, no modelo tradicional, "aprender é um vício solitário, algo que se realiza e, sobretudo, se avalia na solidão e sem a ajuda de nenhum artifício cultural. [...] O verdadeiro aprendizado é uma atividade íntima, que ocorre da pele para dentro".[1]

Ao longo da vida, vamos descobrindo a potencialidade do aprendizado em grupo. Contudo, se queremos realmente nos aprofundar em algum assunto, nos isolamos. Muitas vezes, o isolamento ajuda o foco e pode, portanto, ser positivo para a reflexão e a compreensão profunda. Marcelle Xavier, especialista em comunidade, fundadora do Instituto Amuta e uma grande parceira nos projetos da nõvi, tem dedicado seu tempo a pesquisar sobre comunidades. Foi ela que me ensinou o pouco que sei sobre *thinking environment*, conceito de Nancy Kline.[2] Os estudos desse método apontam que nossa capacidade de pensar pode ser potencializada quando estamos pensando na companhia de outras pessoas.

Por isso, ignorar outras pessoas como fontes de aprendizado é um desperdício desnecessário, especialmente no século XXI, quando o acesso e o contato com pessoas e redes são tão facilitados e estimulados.

Outro pesquisador que olha o aprendizado como uma atividade eminentemente social é John Seely Brown, ao qual nos referimos no início do livro quando falamos de videogames como espaço de aprendizado. Ele participou de ambientes tão diversos como inovadores, como o Palo Alto Research Center da Xerox, que foi fundamental para o desenvolvimento da computação pessoal como a conhecemos hoje. O time dele, entre outras coisas, desenvolveu o mouse e a interface gráfica dos computadores. Hoje em dia, ele se define como Chief of Confusion (chefe de confusão) e seu papel é ajudar as pessoas a fazer as perguntas certas.

De 1986 a 2002, ele criou um espaço multidisciplinar de pesquisa em aprendizado e educação, o Institute for Research on Learning (IRL). O primeiro grupo de pesquisadores, recrutado na Universidade Stanford, era composto por antropólogos, educadores, psicólogos, linguistas e professores de ciência da computação. A partir das pesquisas e dos experimentos desse grupo, eles propuseram sete princípios para a aprendizagem:[3]

1. A aprendizagem é fundamentalmente social;
2. O conhecimento está integrado na vida das comunidades;
3. Aprender é um ato de adesão;
4. O conhecimento depende do envolvimento na prática;
5. O envolvimento é inseparável do empoderamento;
6. "Falha ao aprender" é o resultado normal da exclusão da participação;
7. Já temos uma sociedade de aprendizes ao longo da vida.

Considero essa lista quase um manifesto sobre a importância de outras pessoas e da formação de comunidades para o aprendizado verdadeiro.

Para ajudar e estimular essa prática, acho importante separar o aprendizado social em duas categorias: individual ou coletiva. Cada uma tem características e benefícios diferentes. Por isso, vou apresentar de maneira separada algumas práticas que podem ajudar nas duas situações.

UM A UM

"A vida não é de brincadeira, amigo. / A vida é arte do encontro, / embora haja tanto desencontro pela vida."

Adoro esse pedaço do "Samba da benção", de Vinícius de Moraes. Na letra, ele reconhece grandes parceiros que foram importantes em sua vida. Pensei nessa música quando me lembrei da maneira como conheci Alex Bretas.

Era uma terça-feira de manhã e o telefone tocou. Número desconhecido, mesmo assim atendi: "Oi, tudo bem? Aqui quem fala é o Alex. A gente não se conhece, mas um amigo em comum falou que a gente precisa se conhecer! Eu e você temos uma paixão em comum: o aprendizado autodirigido". Um convite desse, a gente não recusa.

Marcamos um almoço e, a partir daí, surgiu uma parceria de amizade e realizações que tem rendido muitos frutos. Não tínhamos nenhum objetivo específico a não ser trocar algumas fontes e olhares sobre o tema. Por sorte, nossa abordagem sobre o assunto era complementar, de maneira que ambos aprendemos muito nesse almoço, além de já combinarmos algumas iniciativas conjuntas.

O encontro de duas pessoas da mesma área com perfis, idades e visões complementares poderia ser um convite para uma competição de egos e de referências. Não com a gente. Desde o primeiro momento, criamos um espaço em que a escuta era mais importante do que a fala. Desenvolvemos um formato maluco de conversas profundas por meio de áudios longos no celular. Muitas vezes, no trânsito, eu tinha um insight e mandava para saber a opinião dele. A resposta não vinha necessariamente na hora. Mas tivemos boas conversas assíncronas ao longo de dias. Trazer pessoas para o nosso desenvolvimento é uma prática extremamente simples e pouco utilizada. Existem duas formas de pensá-la, uma formal e outra informal.

A maneira estruturada são os programas de mentorias.

Diversas empresas e plataformas oferecem programas formais em que profissionais de dentro ou de fora da empresa ficam à disposição para conversas sobre temas e dilemas específicos relacionados a sua atividade profissional. Esses programas podem trazer atalhos de performance, especialmente para temas técnicos ou situações em que o mentor tem claramente mais experiência. Muitas vezes, por trás dessa prática, podemos nos basear apenas no modelo educacional clássico. Se não criarmos um espaço de troca, o princípio será o de que o mentor sempre vai saber mais que o mentorado, em uma relação hierárquica de mestre e aluno.

Portanto, **é sempre importante destacar que o aprendiz deve ser responsável pela direção do seu aprendizado. Ele é o encarregado pela escolha de temas e perfis adequados a suas necessidades de desenvolvimento. O mentor será mais uma valiosa fonte de aprendizado. Contudo, a decisão e aplicação do conhecimento adquirido continuam sendo direitos de cada aprendiz.**

Mantidos esses princípios — e se tirarmos o verniz da formalidade —, a velha e boa conversa poderia ser considerada uma prática pelo menos tão benéfica quanto a mentoria. Identifico algumas posturas e hábitos que podem tornar a troca de palavras e pensamentos ainda mais proveitosa.

Um primeiro passo é a escolha de pessoas que você acredita que podem ajudar o seu projeto de aprendizagem. O processo de busca envolve conhecimento, coragem e, às vezes, um pouco de cara de pau. Na minha experiência, pessoas gostam de ajudar outras pessoas e sentem-se orgulhosas por quererem ser ouvidas.

Uma barreira maior do que a vergonha é a dúvida sobre qual imagem vamos deixar para a outra pessoa. Em 2018, um grupo de psicólogos fez um estudo para identificar qual o residual de uma conversa.[4] Ficaram intrigados com o fato de que, embora as conversas sejam uma parte importante da vida social, elas podem provocar muita ansiedade. Será que o outro vai gostar de mim? Os resultados demonstraram que somos ruins em fazer essa estimativa. De maneira geral, após conversas, as pessoas são mais apreciadas e valorizadas do que imaginam.

Preparo e um pouco de estruturação também podem aumentar a efetividade do encontro.

Como preparação, recomendo conhecer um pouco mais da pessoa com quem se vai conversar. Pode ser em um site de buscas, amigos em comum ou em artigos e vídeos em redes sociais. Além disso, é importante ter clareza do que você busca na conversa. Uma boa prática é pensar em algumas perguntas antes do encontro.

No convite, diga para o seu convidado por que você gostaria de bater um papo e reconheça sua capacidade em lhe ajudar. Explique seu projeto ou sua necessidade de aprendizagem e certifique-se de que a pessoa esteja confortável em relação ao assunto. Eu gosto de marcar um dia e horário específico para a conversa. Uma coisa é tirar uma dúvida sobre uma questão pessoal. Para isso, posso ligar e jogar uma pergunta na hora. Contudo, caso seu objetivo envolva um diálogo mais profundo, vale a pena ser um pouco mais formal.

Particularmente, não gosto de conversas de aprendizado durante uma refeição. Além do motivo óbvio – as garfadas vão atrapalhar o fluxo da conversa –, minha experiência demonstrou que só começamos a falar do assunto principal por volta da sobremesa.

Há outro ponto que é, para mim, o aspecto mais importante: sua postura durante o diálogo. Marina Galvão, pesquisadora das relações humanas e minha parceira em projetos de consultoria na nõvi, escreveu um artigo cujo título já convida para algumas horas de reflexão: "Quantas vezes você entra numa conversa disposto a não ter razão?".[5]

A atitude e a abertura que temos no encontro definirão a qualidade da reunião. Algumas vezes, fui convidado para conversas ou mentorias em que passei boa parte do tempo ouvindo o que o outro conhecia sobre o tema. O ponto principal, como sugere Marina em seu texto, é a forma e a qualidade da escuta. Utilizando como base a Teoria U, de Otto Scharmer, ela aponta os quatro níveis de escuta de uma conversa:

- **Reconfirmação:** quando você capta apenas o que já sabe, em uma escuta que se baseia no passado.
- **Factual:** neste nível, o principal objetivo é confirmar que estamos certos. Para isso, até escutamos fatos novos, mas descartamos os que são divergentes à forma como pensamos.

- **Empática:** ocorre quando há uma postura curiosa genuína, em que a busca do novo e o interesse pelo pensamento do outro é maior do que nossa vontade de estar certos.
- **Generativa:** não importa quem tem propriedade sobre as ideias. Estar certo ou errado é irrelevante. Estamos abertos e nos colocamos a serviço do momento e do conhecimento que pode ser criado em conjunto por meio do diálogo e da troca.

==Quanto mais abertos e vulneráveis formos, maior será a conexão com nosso interlocutor.== É dessa relação que surgem as descobertas e os novos aprendizados. Diálogo não é o que a gente costuma achar que é. O psicólogo e fundador da Escola do Diálogo, Arnaldo Bassoli, define diálogo como uma conversa em que os significados se atravessam.

Para terminar, algumas dicas de logísticas simples que sempre me ajudam.

- Decida se vai anotar com papel, em um computador/celular ou gravando a conversa. Todos esses meios têm vantagens e desvantagens. A anotação ajuda a memória, mas pode reduzir a interação durante o encontro. Olhar para a tela o tempo todo também não ajuda. Gravar permite mais interação e você ainda pode escutar de novo o papo e buscar novos significados, mas pode tirar a naturalidade do seu interlocutor. Eu gosto de anotar à mão os pontos principais da conversa e pedir para a pessoa me enviar depois links com casos e conteúdos que forem mencionados. Tenho ainda o hábito de gravar uma mensagem para mim mesmo quando termino o encontro. Gosto de guardar os insights e reflexões que a reunião gerou ainda no calor da conversa.
- Adoro o mantra que Alex Bretas tem para garantir uma rede ativa: *agradeça, ajude e tome cafés*.[6] **Agradecer** é ligar no dia seguinte e dizer obrigado. E é também dividir o resultado do seu projeto e reconhecer a importância de cada conversa paraque você chegasse nele. **Ajudar** é estar disponível quando outras pessoas necessitam. Queria destacar muito esse aspecto. Não sou místico, mas não tenho a menor dúvida de que o universo favorece quem atua com gentileza e reciprocidade.

205

E o **café** pode ser substituído por cerveja, vinho ou sorvete – é ter a conversa como um momento de prazer e alegria de estar com o outro.

APRENDER JUNTO: O PODER DAS REDES

"**Rede social** é uma estrutura social composta por pessoas ou organizações, conectadas por um ou vários tipos de relações, que compartilham valores e objetivos comuns. Uma das fundamentais características na definição das redes é a sua abertura, possibilitando relacionamentos horizontais e não hierárquicos entre os participantes."[7]

A descrição acima é da Wikipédia. Ela está no começo desta seção para destacar um ponto: redes sociais existem muito antes do surgimento da internet. Estão presentes sempre que um grupo de pessoas se conecta a interesses comuns.

Em outro artigo de Marcelle Xavier, chamado "Por que aprendemos melhor em comunidade?",[8] ela responde à pergunta do título com as seguintes provocações:

- O cérebro é um órgão social;
- O sistema tem uma inteligência própria;
- Comunidades criam sentido comum para o mundo;
- O desenvolvimento humano depende de rede de segurança;
- Pessoas são bibliotecas vivas.

De alguma forma, sempre estamos conectados a diversas redes ao mesmo tempo. No trabalho, em projetos ou mesmo em um grupo de WhatsApp, funcionamos como nós de redes que se interconectam. Uma postura atenta e ativa pode transformar algumas delas em importantes fontes de aprendizagem.

A participação ativa, o compartilhamento de informações e a escuta profunda são alguns comportamentos que potencializam suas redes. Para alguns, esses grupos são listas de pessoas que podem nos ouvir. Para outros, essas redes são comunidades que devem ser nutridas por todos os presentes. Uma participação ativa permite que a troca ocorra mesmo quando não a buscamos.

Como mencionei em uma nota explicativa no Capítulo 10, uso o Twitter como minha mais relevante fonte de curadoria. Para aproveitar a experiência coletiva de maneira integral, tenho uma presença simples, porém ativa. Faço o básico: comento, replico publicações interessantes com comentários e participo de conversas. Com isso, percebo que crio conexões reais. Sempre que precisei de alguma informação extra, pude me dirigir ao autor ou à autora do *post* com perguntas específicas que, em geral, foram prontamente respondidas.

Há um valor muito importante nas redes: elas alimentam as outras fontes de aprendizagem. Além de novos conteúdos, você pode identificar experiências e pessoas que apoiem o seu processo de desenvolvimento.

Para o aprendizado, as redes são ainda mais otimizadas quando se transformam em grupos ativos. Em 1991, Étienne Wenger e Jean Lave identificaram um dos modelos mais disseminados de aprendizagem coletiva: as comunidades de prática. Nas palavras dos autores, eles estavam se referindo a "grupos de pessoas que compartilham uma preocupação, um conjunto de problemas ou uma paixão por um tema, e que aprofundam seus conhecimentos e especialidades nessa área, interagindo continuamente".[9]

Gosto muito da maneira como John Hagel, já citado aqui, divide as comunidades de prática[10] em dois tipos. Um deles são as **comunidades de interesse**. São grupos que se reúnem ao redor de temas comuns com o objetivo de entretenimento e vínculo social. Exemplos desse tipo são clubes do livro, encontros de pessoas que têm o mesmo hobby ou mesmo grupos de profissionais da mesma área. Existe troca e algum aprendizado no grupo, mas muitas vezes esse não é o objetivo principal.

Já as **comunidades de impacto** são as que mais propiciam aprendizado. São compostas por pessoas que têm o desejo de trabalhar efetivamente juntas para realizar algo e aumentar o impacto em uma área específica. Não se trata apenas da realização de um projeto comum. Criam-se relacionamentos fortes e ambientes com segurança psicológica que permitam discordâncias e conversas intensas.

Hagel ainda vê poucos times com essas características. As empresas, muitas vezes, constroem um ambiente em que não há confiança necessária para tais iniciativas. Há, contudo, no atual ambiente de trabalho, uma mudança que pode potencializar o aprendizado social: a *gig economy*.

Gig é uma expressão usada no mundo da música. Participar de uma *gig* é ser contratado de maneira independente para apenas uma ou duas apresentações. O termo *gig economy* refere-se ao relacionamento livre e de curta duração entre empresas e profissionais. São designers, consultores e uma série de outros profissionais que escolheram trabalhar em diversos projetos em vez de ter um emprego fixo em apenas uma empresa.

Essa força de trabalho cresce no mundo todo. Estima-se que 36% dos profissionais norte-americanos trabalhem com esse modelo de atuação que permite mais flexibilidade e liberdade.[11] Um dos pontos negativos dessa forma de trabalho é a solidão (e o extremo disso é a precarização do trabalho). Com o crescimento desse grupo, começaram a se formar comunidades que se encontravam com o objetivo de trocar, se desenvolver e compartilhar oportunidades de trabalho que muitas vezes são realizadas conjuntamente.

Joshua Vial criou uma das mais admiradas comunidades com essas características. Em 2009, o desenvolvedor neozelandês encontrava-se em uma situação profissional privilegiada. Em alguns dias da semana, trabalhava e, nos demais, participava de iniciativas voluntárias de impacto social. Ele percebeu que existiam muitas pessoas muito talentosas que não tinham a mesma sorte, mas adorariam participar de programas filantrópicos. Foi nesse momento que surgiu uma ideia: e se fosse possível conseguir trabalhos com remuneração alta o suficientes de maneira que esses profissionais também pudessem ter tempo livre?

Daí surgiu a Enspiral, que se apresenta como "nada mais do que um grupo de indivíduos que estão juntos por compartilhar um propósito e transformá-lo em ação".[12] Hoje eles são a principal referência em comunidades auto-organizadas, que se apoiam para ajudar a criar uma nova forma de trabalho. A comunidade tornou-se uma cooperativa em que todas as decisões – sobre dinheiro, poder ou trabalho – são compartilhadas.

A comunidade também se mostrou uma referência porque o seu manual, o *Enspiral Handbook*, é um documento aberto que possibilita que outros grupos de todo o mundo possam aprender com seus passos. Para o aprendizado ao longo da vida, gosto especialmente do modelo de *pod*, ou grupos que existem com o objetivo de se apoiar e criar relacionamento dentro da rede existente.

Para estruturar um *pod* eles sugerem grupos de quatro a cinco pessoas. Para ele funcionar existem quatro elementos importantes:

- **Intenção**, que deve ser criada e alinhada pelo grupo;
- **Princípios**, que são um conjunto de regras, protocolos e valores que define a cultura do *pod*;
- **Rituais**, com o objetivo de criar práticas que aumentem a interatividade dos encontros;
- **Formato**, como duração e atividades dos encontros, por exemplo.

No site,[13] você poderá ver cada um desses itens de maneira detalhada. Entretanto, essa lista singela já permite que você possa pensar em como estruturar um grupo que tenha um objetivo comum e, a partir dele, possa gerar aprendizado.

E se você quiser aprender sobre novas formas de trabalho e conhece um pouco de inglês, pode participar do The Peer Garden, outra iniciativa de Vial. Trata-se de uma comunidade com o objetivo de discutir a interseção de negócios éticos, autogestão, tecnologia e soluções globais. Há, contudo, um pagamento: você deve fazer uma publicação por mês, no formato que quiser, compartilhando o que aprendeu. Com isso, a rede continua crescendo e impactando mais gente.

Entre os diversos exemplos de iniciativas de aprendizado coletivo que eu poderia compartilhar aqui – como os círculos do Working out Loud[14] ou as reuniões de Action Learning[15] –, escolhi a *Enspiral* por dois motivos: a simplicidade e o propósito.

209

Começar uma comunidade de aprendizagem pode ser quase tão simples quanto marcar uma conversa. Grupos fornecem incentivos e apoio que podem ser essenciais para a motivação e a continuidade do aprendizado ao longo da vida. O esforço maior é sustentar um grupo ao longo do tempo. A melhor maneira é criar um ambiente em que todos estejam com coração e mente abertos. **Você só consegue aprender com outras pessoas se conseguir integrar suas experiências com as dos outros. Para isso, é importante abstrair de suas crenças estabelecidas e de suas experiências individuais e reconhecer que o mundo que você ignora tem mais conhecimento do que sua história de vida.** Como diz dr. Dan Siegel, psiquiatra especializado em cérebro e presença:

> Em última análise, podemos aprender a ser abertos de uma forma autêntica para os outros e para nós mesmos. O resultado de tal presença tão integradora não é apenas uma sensação de profundo bem-estar e compaixão por nós mesmos e outros, mas também uma abertura de portas de consciência para um senso de interdependência de tudo. **"Nós" somos de fato uma parte de um todo interconectado.**[16]

Sob o risco de parecer repetitivo, digo pela última vez algo muito importante. Sua autonomia e experiência pessoal sempre falam mais alto. As dicas deste capítulo são uma coletânea despretensiosa (embora embasada) para tornar mais potente seus encontros e conversas. Contudo, a sua verdade será sempre só sua.

CAPÍTULO 14
APRENDIZADO EM AÇÃO

Charles Wedemeyer é conhecido entre os estudiosos da área da educação como o pai da educação a distância. Ele desenvolveu a Teoria do Estudo Independente que é, até hoje, muito utilizada tanto para pesquisa como para aplicações práticas. Mas seu legado é maior do que isso.

Ele nasceu em 1911 em Milwaukee, no estado de Wisconsin, nos Estados Unidos. Sua família tinha poucos recursos, mas os pais faziam questão de oferecer livros e revistas para criar um ambiente de estímulo ao aprendizado. A estratégia deu certo. Wedemeyer percebeu-se um aprendiz independente e era um ávido visitante da biblioteca pública de sua cidade. Depois de se formar em Educação e em Língua Inglesa, começou a dar aulas para jovens em situações de vulnerabilidade social. Foi a partir dessa experiência que ele começou a formular as ideias inovadoras de sua teoria.

Na Segunda Guerra Mundial, em que atuou como oficial da Marinha, começou a ter contato com as novas tecnologias de comunicação. A partir delas, imaginou como poderia utilizá-las para oferecer oportunidades a estudantes de todo o mundo, democratizando a oferta de ensino. Ele tinha uma atenção especial "às populações tradicionalmente excluídas da educação formal – os pobres, os geograficamente isolados, os deficientes, os socialmente sobrecarregados e os muito brilhantes para os quais a escola tradicional tinha pouco a oferecer", como descreve o texto de sua premiação no hall da fama do International Adult and Continuing Education Hall of Fame (IACE Hall of Fame), da Universidade de Oklahoma.[1]

Seus trabalhos influenciaram conceitos importantes, como o de universidade aberta e a busca por mais inovação no ensino superior. Em 1969, ele produziu a lista a seguir[2] com a descrição de como aprendizes autônomos atuam. Mais uma vez, é impressionante quão atual esse texto é.

- Gostam de planejar com antecedência – um dia, uma semana, um mês – e mais;
- Geralmente aderem a um plano, modificando-o à medida que avançam, mas nunca o abandonam sem melhorá-lo;
- Organizam suas vidas para fazer o melhor uso possível do tempo, o ingrediente mais crítico do estudo independente bem-sucedido;
- Percebem que não podem iniciar uma nova atividade de aprendizagem sem abrir mão de algo que antes ocupava o tempo agora reservado para o estudo;
- Gostam de ler, escrever, ouvir e discutir;
- Têm mentes abertas para aprender coisas novas;
- Gostam de questionar, testar e analisar;
- Não têm medo de ser diferentes;
- Gostam de fazer generalizações, buscar princípios e encontrar as ideias estruturais básicas em qualquer assunto;
- Desenvolvem habilidades para tomar notas, lembrar e se relacionar;
- Trabalham cooperativamente com os outros, mas gostam de estar "por conta própria" no aprendizado.

Considero perfeitos os onze elementos. Mais do que traços de personalidade, vejo cada um como um convite a uma ação que pode nos aproximar à prática do aprendizado ao longo da vida.

Neste capítulo, vou me ater aos quatro primeiros tópicos. O planejamento é uma parte pouco valorizada de projetos de aprendizagem. Qual foi a última vez que você se sentou com calma e foco para pensar apenas no seu desenvolvimento? Parar para refletir sobre por que, o que e como aprender?

Em minha experiência com aprendizes adultos, não vejo muitas pessoas com essa prática. Ao tentar entender o porquê, me deparei com um artigo

de Francesca Gino, professora de escola de negócios de Harvard, e Bradley

Staats com o título "Why Organizations Don't Learn" [Por que as empresas não aprendem, em tradução livre].[3]

De acordo com suas pesquisas, as organizações têm quatro vieses que atrapalham o processo de aprendizado organizacional. Ao reler o artigo, percebi que esses vieses também podem explicar por que muitos adultos têm dificuldade de aprender.

O primeiro é o **viés do sucesso.** Nas redes sociais, somos cercados por histórias de êxito pessoal e profissional. Poucos são os *posts* que relatam erros, dificuldades e derrotas. Com isso, nos percebemos desafiados em um mundo falsamente vitorioso. Existem diversas reações possíveis a esse ambiente. Uma delas é o medo de falhar, o que não ajuda o aprendizado. A melhor maneira de não errar é fazer apenas o que já sabemos, sem buscar novas competências. Quando elas não são suficientes, assumimos, muitas vezes, um olhar crítico para a maneira como as coisas acontecem no mundo. O risco desse comportamento é desenvolvermos uma mentalidade fixa. Falaremos um pouco mais sobre ela no último capítulo.

Há também o **viés para a ação**. A produtividade máxima passou a ser um pré-requisito para o êxito na nossa sociedade. Todos temos que viver em alta performance. Por que parar para pensar e planejar o aprendizado se nesse tempo eu já posso ouvir dois *podcasts* em velocidade acelerada? Essa mentalidade desestimula a pausa para reflexão, um fator fundamental para o bom aproveitamento do aprendizado. No artigo, Francesca menciona um estudo feito com um grupo de profissionais em uma empresa indiana de *call center* chamada Wipro. Ao longo de um treinamento, metade dos participantes teve quinze minutos por dia para refletir sobre o seu aprendizado enquanto os outros 50% continuaram trabalhando normalmente. Ao final do programa, o grupo com a pausa teve uma performance 20% melhor. A ação sem pausas produz mais um elemento que atrapalha a aprendizagem ao longo da vida: o cansaço.

O terceiro viés é a **necessidade de fazer parte**. A pesquisadora identificou que, nas empresas, as pessoas tendem a se conformar ao padrão do grupo. De maneira geral, o mercado também valoriza a uniformidade.

Em princípio, bastaria todos nos desenvolvermos nas listas de habilidades do século XXI que os robôs não tomariam nossos empregos. Nada mais distante da realidade. Com a padronização, muitas vezes deixamos de desenvolver aspectos pessoais que podem ser diferentes das competências do momento, mas que fazem muito sentido para a nossa vida.

Finalmente, ela identificou o **viés para os especialistas**. Ou sabemos tudo sobre um assunto, ou não podemos opinar nem buscar desenvolvimento. Nas empresas, isso faz com que muitos colaboradores não se sintam capazes de apoiar situações em que a experiência pode falar mais alto do que o conhecimento técnico. Para o aprendiz adulto, a crença de que o aprendizado e o crescimento dependem só de nosso esforço é chamada de mentalidade de crescimento, o oposto de mentalidade fixa.

Resumindo, são quatro vieses que nos distanciam de uma etapa de planejamento e podem nos impulsionar para uma prática mecanizada de consumo de conteúdo. Dessa forma, uma pausa intencional antes de começar um projeto de aprendizagem é fundamental. Para exercer nosso aprendizado com autonomia, precisamos escolher de modo criterioso o rumo do nosso aprendizado antes de sair definindo temas e conteúdos.

Além disso, não estamos habituados a identificar oportunidades de aprendizado no ambiente informal. Se deixarmos no piloto automático, é bastante provável que sigamos os mesmos caminhos de aprendizagem de sempre.

Por isso, as duas etapas de que falaremos a seguir – o planejamento da aprendizagem e a busca de evidências – são tão importantes. Embora ocorram no início do projeto, elas são apresentadas no final do livro por um motivo didático. Para executá-las, você utilizará o conhecimento que apresentei nos capítulos anteriores.

O PLANEJAMENTO DA APRENDIZAGEM

Existem dois motivos para fazermos uma etapa de planejamento consciente antes de mergulhar em um novo projeto de aprendizagem.

O mais óbvio é a antecipação do caminho a ser seguido. Com preparação, podemos identificar o que pode nos ajudar ou aspectos da nossa rotina que podem atrapalhar o aprendizado. Há também uma otimização do caminho. Por exemplo, é no planejamento que fazemos um levantamento de fontes de aprendizagem possíveis. Com isso, podemos avaliar alternativas antes de escolher por onde começar.

A segunda razão é menos óbvia e mais importante. A etapa de planejamento é um ritual. Parar trinta minutos ou uma hora para refletir sobre o nosso aprendizado é um reconhecimento para nós mesmos da importância do que estamos prestes a iniciar.

Vale ressaltar que, além do planejamento inicial, recomendo que existam outros momentos de pausa e análise do caminho percorrido para realizar os ajustes e as mudanças que fizerem sentido.

Para realizar essa etapa, proponho três conjuntos de perguntas simples que podem ajudar na estruturação do seu projeto.

1. O que você quer aprender? Por que quer aprender?

Temos um capítulo inteiro para ajudar no seu processo de escolha (o Capítulo 10). Os exercícios lá propostos fazem parte da etapa de planejamento. No planejamento, entretanto, há mais um passo. Uma vez que o assunto tenha sido escolhido, viva um período de experimentação antes de seguir adiante. Reserve alguns dias para pesquisar um pouco mais sobre o tema antes de definir exatamente a direção a tomar. Nesse momento, você pode fazer buscas sobre o assunto na internet, ler artigos ou ver vídeos. Escolha conteúdos curtos. O objetivo aqui é você se ambientar com o tema, aprender um pouco do léxico da área e verificar se sua escolha está conectada a sua necessidade.

Outra atividade simples desta etapa é marcar algumas conversas. Você pode buscar colegas de trabalho e amigos e compartilhar sua intenção de investir um tempo aprendendo determinado assunto e escutar o ponto de vista deles. Há ainda a possibilidade de você buscar alguém na sua rede que tenha um pouco de conhecimento na área para um papo inicial sobre o tema do seu projeto.

215

Por afobação minha, já me enganei feio na escolha de um curso. Quando atuava como facilitador, criei um longo projeto de aprendizagem para me desenvolver em métodos participativos que despertassem uma postura ativa dos aprendizes nos workshops. Eu estava indo para um congresso fora do país quando descobri que haveria um curso dois dias antes sobre *action learning*. Não tinha ideia do que era, mas, pelo título e após uma brevíssima leitura da descrição do curso, tive a impressão de que seria uma vivência perfeita para eu desenvolver minha capacidade de prover *aprendizado pela ação*, afinal, essa era a tradução do nome do curso.

Logo na abertura, o instrutor (e autor de um dos principais livros do assunto, que eu não conhecia) fez uma breve apresentação do que era o método e como seria o programa: "*Action learning* é uma metodologia para resolução de problemas complexos, importantes e urgentes com um pequeno grupo de pessoas que, por meio de reuniões (denominadas sessões), refletem e aprofundam o entendimento de um problema real, até às suas raízes".* Nada mais distante das minhas buscas de dinâmicas e exercícios para sala de aula.

Como estava lá e já tinha pago, fiquei. Acabei gostando tanto do método que comecei a aplicá-lo no Brasil. Contudo, bastariam vinte minutos de pesquisa para entender no que estava me inscrevendo. Essa é a importância de uma pesquisa antes de iniciar o seu projeto.

2. Quais são as suas fontes iniciais? Onde você vai armazenar o conhecimento que extrair delas?

Imagine a seguinte situação. Você definiu que quer aprender um pouco mais sobre como a inteligência artificial pode automatizar processos da sua área de atuação. Por onde começar? Antes de comprar o primeiro livro ou se matricular em um curso on-line, vale a pena dedicar tempo estruturando sua lista inicial de fontes de aprendizagem. Ao longo da etapa de experimentação que descrevi acima, você já começará a encontrar algumas. Por isso,

---

* Na verdade, não me lembro se ele falou exatamente isso na aula. Mas essa é definição do método de acordo com seus representantes no WIAL Brasil. Disponível em: https://www.wial.org.br/. Acesso em: 6 abr. 2021.

recomendo que você comece a criar um pequeno catálogo das suas fontes: **conteúdos** em diversos formatos e abordagens diversas, **experiências** práticas que podem ajudar o seu ganho de conhecimento e de prática e **pessoas e redes** que compartilham do seu interesse ou possuem mais conhecimento do que você na área.

Essa lista vai crescer ao longo do projeto. Contudo, não se obrigue a segui-la à risca. É mais importante estruturar e conectar o conhecimento e as reflexões que cada fonte traz. Por isso, esse é um bom momento para você definir como vai organizar o conhecimento do seu projeto de aprendizagem.

Tenho uma sugestão de como fazer isso: crie um *commonplace book*. Esse é o nome pomposo de algo extremamente simples e poderoso. É o local – físico ou digital – escolhido para consolidar suas ideias, citações, histórias, informações e observações que encontrará ao longo do processo. Talvez você já tenha visto os cadernos de Leonardo da Vinci. Ele era um grande usuário de *commonplace* para fazer anotações, desenhos e registrar informações que poderiam ser úteis em alguma das diversas áreas em que atuava. É um diário do seu aprendizado.

Pode ser um caderno ou um arquivo no computador ou celular em que você centraliza as suas informações. Uma breve busca na internet lhe mostrará diversas pessoas explicando como dividem seus cadernos ou fichas ou ainda como utilizam aplicativos como o Evernote ou mesmo o bloco de notas como seu segundo cérebro.

Minha memória é muito ruim. Então, dependo totalmente dos meus *commomplace books* para me lembrar de conteúdos específicos ou mesmo de ideias que achei genial na terça-feira à noite mas, na manhã do sábado seguinte, já não tenho a menor lembrança de qual era.

Ryan Holiday – autor do livro *O ego é seu inimigo* entre outros best-sellers – é um usuário ativo de *commonplace books*. Ele escreveu um artigo com algumas dicas muito interessantes para organizarmos nosso aprendizado.[4] Destaco aqui algumas que podem auxiliar seus primeiros passos. Embora ele tenha escrito com foco maior em livros, podemos usar as mesmas sugestões para todas as fontes de conteúdo.

217

- **Consuma de maneira ativa.** Marque páginas interessantes, anote ideias e destaque outras fontes que a sua fonte oferecer. Se estiver em uma experiência prática ou conversando com pessoas, você também pode anotar os pontos de maior interesse e os achados decorrentes deles. Deixe o livro ou a memória da experiência ou da conversa descansarem por um ou dois dias e volte a suas anotações para ver o que vale a pena ser consolidado.

- **Anote insights, não fatos.** O *commonplace* não é um fichamento para você estudar para uma prova. Ele é um centro de ideias e referências. Se algum dado for muito relevante, deixe escrito onde você pode encontrá-lo. Contudo, é mais importante você anotar o motivo do seu interesse do que a informação precisa.

- **Se possível, escreva à mão.** Claro que a tecnologia ajuda, mas a experiência escrita traz os benefícios que já apresentamos anteriormente. Pessoalmente, gosto de escrever à mão quando tenho um projeto que merece um *commonplace* específico. Uso também um método híbrido que é escrever com caneta no *tablet* e enviar o documento escrito para o aplicativo. A capacidade de busca e tagueamento ajudam muito quando temos um volume de fontes de aprendizagem extenso.

Finalmente, reveja suas anotações ao longo de seu projeto e faça conexões entre elas.

3. Quanto tempo você vai dedicar ao projeto? Em que momento da sua semana você vai priorizar o aprendizado? Qual a duração do seu projeto?

O momento do planejamento é também a hora em que você vai determinar qual será a sua disponibilidade de tempo para aprender. Como já disse, ler cinco páginas com sono antes de dormir não é uma forma efetiva de desenvolvimento. No planejamento, você vai identificar de quanto tempo efetivamente dispõe na sua vida para se dedicar ao projeto.

Uma das dúvidas que mais escuto está relacionada à sugestão de tempo por semana. Essa é uma questão que só você pode responder. Existe a "regra das cinco horas". Ela teria sido apontada pela primeira vez por Michael Simmons, escritor e empreendedor social que escreve sobre dicas de aprendizado.[5] O termo se popularizou porque grandes nomes, como Benjamin Franklin, Barack Obama e Bill Gates, teriam dedicado uma hora por dia para aprendizado ou prática intencionais. É um ponto de partida interessante, mas tenho algumas ressalvas.

A primeira diz respeito à padronização de uma hora por dia. Pode ser que para alguns *lifelong learners* faça mais sentido dedicar mais tempo em um dia do que em outros. Além disso, não entendo por que o final de semana não pode ser considerado um momento bom para aprender. Conseguimos identificar aí como o olhar escolar clássico está presente mesmo na prática do aprendizado autodirigido. Se o desenvolvimento estiver conectado a sua motivação intrínseca, aproveitar algumas horas do final de semana para seu projeto de aprendizado pode ser muito prazeroso. Há ainda o fato de que o aprendizado não intencional, espalhado ao longo de todo o dia, pode gerar mais aprendizado do que uma hora de leitura diária.

Portanto, a resposta não é única. Só você pode saber o tempo adequado. Considero importante que no momento do aprendizado você identifique tempo na sua agenda e reserve horários de maneira antecipada, do mesmo modo que faria com uma reunião na sua empresa ou com uma aula de inglês. Minha sugestão é escolher horário na primeira ou segunda semana e compreender qual duração funciona melhor para você. O fundamental é marcar reuniões consigo mesmo e tratá-las com a mesma responsabilidade do que seus outros compromissos.

Caso você esteja pensando que não terá tempo na semana, proponho dois exercícios simples: olhar o seu celular e ver quanto tempo você gasta em quais aplicativos; olhar sua agenda e tentar criar duas horas, eliminando ou reduzindo tempo de outras atividades. Sempre é possível.

A experiência com sua forma de aprender auxiliará na sua escolha. Por exemplo, hoje sei que um livro demandará de oito a doze horas de leitura e reflexão. Ou que uma conversa de uma hora requer ao redor de três horas, considerando convite, preparação e análise dos insights e fontes gerados. Portanto, se eu quiser fazer duas conversas e ler um livro, terei que garantir de catorze a dezoito horas do meu mês. Se perceber que não consigo, já começo a buscar alternativas, como ler um resumo do livro.

Outra pergunta que escuto com frequência é sobre o melhor horário do dia para aprender. Existe uma área relativamente nova de neurociência chamada cronobiologia. Ela estuda os ritmos circadianos, que são os ciclos de vinte e quatro horas que fazem parte do nosso relógio biológico. Um dos mais óbvios é o ciclo de vigília-sono.

Cada um de nós tem um ritmo próprio, embora a maioria das pessoas siga um padrão regulado por luz e ausência de luz. Exercício, atividades sociais e até temperatura podem influenciar seus ritmos, assim como seus hormônios e mesmo seu DNA.[6]

Assim como em diversas áreas do aprendizado e da neurociência, ainda há pouco consenso em relação ao melhor horário para estudar. Está claro que existe uma interferência do momento do dia em que se estuda com aprendizado e memória. Mas não sabemos ainda qual a influência com exatidão.

De uma maneira geral, sugere-se que um bom horário para aprender é logo após o café da manhã. Nesse período, nosso cérebro estaria descansado e as calorias da primeira refeição do dia nos impulsionariam. Especificamente: entre 10h e 14h e, de novo, a partir das 16h às 22h. O pior horário seria entre 4h e 7h.[7]

Da mesma maneira que os termos circadianos de cada um diferem, o horário preferido para o estudo também será diferente para cada um. Durante meu doutorado, perdi muito tempo tentando me habituar a um horário "normal" para pesquisar e escrever. Meu plano era ir para o escritório pela manhã, bem cedo, voltar para casa às 14h e estudar e escrever até umas 19h. Entretanto, eu tinha muita dificuldade de produzir nesse horário. Sentia-me lento e ficava vagando de texto em texto até umas 18h. A partir daí, a velocidade e a capacidade da produção começavam a melhorar.

Depois de alguns meses, parei de brigar com meu ciclo e resolvi que ia para casa no mesmo horário, mas ficaria despreocupado até as 20h. Assim, dormia um pouco, ficava com meus filhos pequenos, comia. E só sentava após esse horário. Como eu sabia que na tarde seguinte poderia descansar, não tinha problema em aproveitar meu pique até meia-noite. Esse estilo ocorreu ao longo de alguns meses durante a redação da tese, não acho que seria adequado como padrão de horário. Contudo, meu ponto é que, por meio da observação da minha motivação e da minha produtividade, pude perceber meu melhor horário para esse projeto de aprendizado específico.

Em resumo, não há uma regra definitiva. Consciência, observação e experimentação são os melhores conselhos que posso dar para identificar quando você deve reservar tempo para aprender.

Finalmente, qual a duração do seu projeto?

Acho que você deve imaginar minha resposta. Depende. Existe uma série de fatores importantes. Sua necessidade, a urgência, o tempo que você tem disponível, o tamanho e a complexidade do projeto. São vários os elementos que podem influenciar. O importante, como veremos a seguir, é ter suas evidências de aprendizado definidas, tanto no final como durante o processo.

Tenho um último comentário importante sobre o tempo. Como o aprendizado também ocorre no ambiente informal, você pode aprender a qualquer momento enquanto estiver acordado. O *lifelong learner* usa uma lente que identifica as oportunidades que ocorrem sem nossa interferência direta. Neste trecho do capítulo, entretanto, falamos sobre organização do tempo para o consumo ou a prática intencional do aprendizado.

AS EVIDÊNCIAS DE APRENDIZADO

Dos 6 aos 13 anos, o final de ano para mim sempre tinha dois rituais importantes.

Um deles era o concerto de Natal dos alunos do Conservatório Musical do Brooklin Paulista, onde eu estudava violoncelo. Passávamos os últimos três meses do ano ensaiando com um pianista e fazíamos uma apresentação como solista. Eram quatro minutos de glória e tensão. Confesso que tinha uma vantagem em relação aos outros alunos. Como minha mãe é pianista de profissão, eu podia ensaiar em casa à vontade. E, considerando minha falta de talento para o instrumento, esse benefício me ajudava a não passar vergonha, pelo menos.

A outra cerimônia importante era o festival de troca de faixa no judô. A cada ano, fazíamos os exames em novembro para saber se iríamos progredir para uma nova cor ou pelo menos ganhar um grau, que era um esparadrapo colado na faixa simbolizando a evolução ao longo do ano.

É interessante que esse é um ritual longevo na carreira de um judoca. Em geral, a sonhada faixa preta é obtida ao redor dos 20 anos, porém ela não é o ponto final do crescimento de um atleta. Existem dez graduações, ou *dans*, a partir da obtenção da faixa preta. Ela inclusive muda de cor nesse processo. A partir do quinto *dan*, ela é coral, com a coloração branca e vermelha. Ao obter o nono e o décimo *dan*, o judoca tem o direito de usar a faixa vermelha. Entre cada progressão, existe uma demanda de evolução e de tempo. Com isso, só é possível obter o décimo e último *dan* aos 78 anos.

Existe uma mesma razão para as duas práticas acima: celebrar e manter a motivação e a vontade de melhorar sempre. A escola tenta seguir o mesmo padrão por meio de progressão de séries e cerimônias de formatura.

Tersa Amabile e Steven Kramer, dois professores norte-americanos da Universidade Harvard, estavam fazendo uma pesquisa sobre criatividade na qual os participantes faziam relatos diários sobre seu trabalho. Nesse projeto, eles fizeram uma descoberta inesperada, à qual deram o nome de princípio do progresso:

> De todas as coisas que podem aumentar as emoções, a motivação e as percepções durante um dia de trabalho, a mais importante é progredir em um trabalho significativo. E quanto mais frequentemente as pessoas experimentam essa sensação de progresso, maior a probabilidade de serem criativamente produtivas no longo prazo. Estejam eles tentando resolver um grande problema científico ou simplesmente produzir

um produto ou serviço de alta qualidade, o progresso diário – mesmo uma pequena vitória – pode fazer toda a diferença em como eles se sentem e atuam.[8]

Essa é a importância de se estabelecer evidências de aprendizado ao longo do seu projeto. Dentre todas as coisas que não nos foram ensinadas em nossos anos escolares e profissionais, uma delas é identificar quando realmente aprendemos algo. Esse é um dos motivos da síndrome do impostor, quando as pessoas nos elogiam e aplaudem nossas qualidades e ficamos em dúvida se merecemos o reconhecimento.

Para o projeto, minha sugestão é que você tenha dois tipos de olhares para as evidências.

O primeiro é seu ponto de chegada. O que você será capaz de fazer melhor ou diferente ao final do projeto? Como o aprendizado impactará sua visão de mundo?

Blake Boles escreveu um livro chamado A *arte da aprendizagem autodirigida*, que, para ele, "é a arte de saber o que entusiasma você, o que o distrai e o que é mais importante alcançar na sua vida agora".[9] Essa é a chave para identificar qual será a sua evidência de aprendizagem.

O segundo olhar que recomendo são as pequenas evidências que acontecerão no meio do projeto. Geralmente, é muito difícil saber, logo no início, quais serão as etapas e marcos a serem percorridos. Com o avançar do projeto será mais fácil determinar quais serão os marcos relevantes no caminho até seu objetivo final.

Enquanto você está no início, minha sugestão é a seguinte: celebre sempre que sentir que adquiriu uma habilidade nova ou ganhou um novo conhecimento. A celebração pode ocorrer de diversas formas. Você pode ligar para alguém, dar um presente para si mesmo ou simplesmente reconhecer a sua evolução.

Minha recomendação de celebração, a cada etapa do projeto, é compartilhar o seu conhecimento com o mundo. Alex Bretas, mencionado diversas vezes neste livro, escreveu um excelente artigo com uma lista de motivos para você compartilhar o que aprende. Destaquei quatro itens da lista dele que estão relacionados a evidências de aprendizagem. Para Bretas, você deve compartilhar o seu aprendizado:

> "Porque você consolida o conhecimento que construiu e organiza melhor suas ideias.
> Porque outras pessoas podem se beneficiar de seus aprendizados.
> Porque você começa a criar comunidade, e assim aumenta as chances de encontrar pessoas com interesses afins.
> Porque compartilhar significa deixar suas ideias interagirem com o mundo real, e é lá que elas provarão sua utilidade ou não".[10]

Existe ainda um último motivo. O compartilhamento cria uma expectativa externa que pode nos dar uma motivação extra. Comunicar uma entrega específica em uma data determinada gera uma concentração de energia que pode nos ajudar na etapa final do nosso projeto.

O objetivo do planejamento e das evidências é transformar o aprendizado intencional em um hábito. Para ocorrer ao longo da vida, o aprendizado deve estar dentro da vida, como parte do nosso dia a dia.

COLOCANDO TUDO JUNTO

Apresentei neste livro um método que acredito ser um primeiro passo para unir as duas questões apresentadas acima: fazer a reconstrução da sua autoimagem de aprendiz por meio da vivência de uma jornada de aprendizado autodirigido.

A prática proposta se baseia tanto nas teorias que apresentei aqui como na minha experiência prática com o assunto. Ela bebe do conhecimento obtido em centenas de livros e artigos, dezenas de conversas realizadas durante minha pesquisa de doutorado. Em especial, desenvolvi minhas convicções a partir da vivência próxima e intensa com adultos aprendizes com que minha carreira me oferece todos os dias em jornadas coletivas, mentorias, palestras e projetos de consultoria.

Já vivenciei esse método em dezenas de jornadas de aprendizagem com centenas de pessoas. Sempre fico espantado e feliz com o resultado que cada um obtém em apenas seis semanas experimentando um novo jeito de aprender.

Por isso, talvez valha a pena seguir o passo a passo que proponho aqui, construir sua jornada individual de aprendizado e ir adaptando ao que funciona para você. Ou talvez, a partir da leitura deste livro, você já possa refletir sobre experiências passadas e construir uma versão que acredite ser melhor para a sua realidade.

Qualquer que seja a situação, acredito que alguns aspectos devem ser considerados com calma:

- **Aprenda de maneira intencional.** Somos melhores aprendizes autodirigidos quando temos vontade e intenção de aprender em cada etapa. Nas primeiras décadas de vida, aprender não demandava um papel ativo. Reverter isso é fundamental. É muito difícil nos desenvolvermos sem estar presentes integralmente. Há um método chamado prática deliberada. Nele, você aplica diversas vezes a habilidade na qual quer se desenvolver, sempre com maior nível de dificuldade e com atenção aos pontos de melhoria. A técnica é muito utilizada por atletas de elite e musicistas (em francês, o termo ensaio é traduzido como "répétition"). Quanto mais atentos estivermos, maiores as chances de descobrirmos o que funciona ou não e fazermos os ajustes necessários. O lado ruim da intencionalidade em demasia é deixar de considerar oportunidades de ganho de conhecimento que surgem quando não esperamos. Cada momento de nossa vida traz um potencial de aprendizagem. Deixar de aproveitá-los só porque "não estava na hora de aprender" é um enorme desperdício.
- **Defina o que você quer aprender e entenda o seu porquê.** Como falei no Capítulo 7, temos muito pouco costume de escolher onde devemos investir esforço e tempo aprendendo. Sem perceber, as listas,

artigos, cases de sucesso ou histórias de amigos nos empurram para assuntos que, muitas vezes, não compreendemos bem, mas parecem fundamentais para nosso sucesso profissional ou para atingir uma vida plena. Quando fazemos nossa escolha, na maioria das vezes, escolhemos um assunto ou um tema. Com isso, voltamos ao modelo clássico de achar que aprender é adquirir conteúdo. O processo pode ser mais simples e verdadeiro. Invista um pouco de tempo definindo o que é importante para você a partir de sua perspectiva própria. Já adianto uma dica: não demore mais do que duas ou três semanas fazendo sua escolha inicial. Ela é apenas seu ponto de partida, a mudança de um projeto de aprendizagem é menos traumática do que cancelar uma matrícula. **O processo lhe ensinará mais na prática do que em reflexões eternas dentro da sua cabeça.**

- **Inclua um momento semanal ou quinzenal de reflexão e planejamento.** Após a decisão do que aprender, vale a pena investir cerca de meia hora por semana ou quinzena pensando qual a melhor fonte de aprendizado para seu objetivo. Apresentei aqui quatro fontes possíveis: conhecimento, experiência, pessoas e redes. Desenhe seu caminho experimentando todas e reconheça quando nossa tendência de aprender somente por meio de conteúdo (livros, áudios, palestras) estiver tomando conta do seu planejamento. Nessa parada semanal, pare para analisar o que você está aprendendo sobre sua forma de aprender. Saber o que tem funcionado com você (ou não) é importante para a efetividade do seu progresso e, por consequência, para a sua motivação.

- **Tenha um tempo predefinido.** Se aprender é uma prioridade na sua vida, a prática não pode se limitar ao tempo que sobra depois de trabalhar, ficar com a família, se divertir e descansar. Muitas vezes, nos matriculamos em um curso para criarmos um compromisso obrigatório com o nosso aprendizado. Para o aprendizado ocorrer ao longo da vida, ele tem que fazer parte da nossa rotina. Se você não puder ter um dia ou horário fixos, garanta que antes de iniciar a semana já tenha reservado o seu tempo para aprender. A frequência faz com que essa seja uma tarefa tão importante quanto as demais na sua lista de atividades. Mesmo que você só tenha pouco tempo, faça alguma coisa para o seu projeto todos os dias, ainda que seja dar uma lida rápida nas suas últimas anotações

Além das sugestões acima, faço mais alguns apelos.

Esteja atento às oportunidades de aprendizado que aparecem de maneira abundante no seu cotidiano. Uma conversa, um novo trabalho, um desafio pessoal ou a simples observação atenta de uma reunião pode ser um ponto de partida para muitas descobertas. No fundo, minha intenção é que este livro o ajude na criação de uma lente que enxergue sua vida como um grande espaço de aprendizagem.

Não se esqueça de rever sua motivação inicial para o projeto. Agora, no final deste livro, tenho uma confissão para fazer: escrevê-lo talvez tenha sido um dos principais projetos de aprendizagem da minha vida. Acho que mais do que o doutorado.

Nele, eu tinha um formato estabelecido e um caminho trilhado por muitos outros antes de mim. Foi muito cansativo – meus três filhos nasceram ao longo do programa –, mas eu sabia o que tinha que fazer.

Este livro foi escrito integralmente durante a pandemia de covid-19. Não bastasse a incerteza e angústia que todos vivemos em 2020, nesse mesmo ano eu fundei minha nova empresa, a nōvi.

Tinha muita coisa no meu prato, como acompanhar os filhos na escola e aprender a trabalhar totalmente a distância. No entanto, ao longo de todo esse período, foram poucos os dias que não li ou escrevi algo relacionado ao livro. Mesmo que fosse por vinte minutos.

Quando desanimava ou mergulhava numa síndrome do impostor, eu me imaginava com o livro pronto na mão e percebia como ele poderia me ajudar a chegar mais próximo do propósito ao qual me dediquei por toda a minha vida profissional: possibilitar que milhares de pessoas se descubram *lifelong learners* e compreendam o poder do aprendizado para cada indivíduo, cada time, cada organização e, por consequência, para a nossa sociedade.

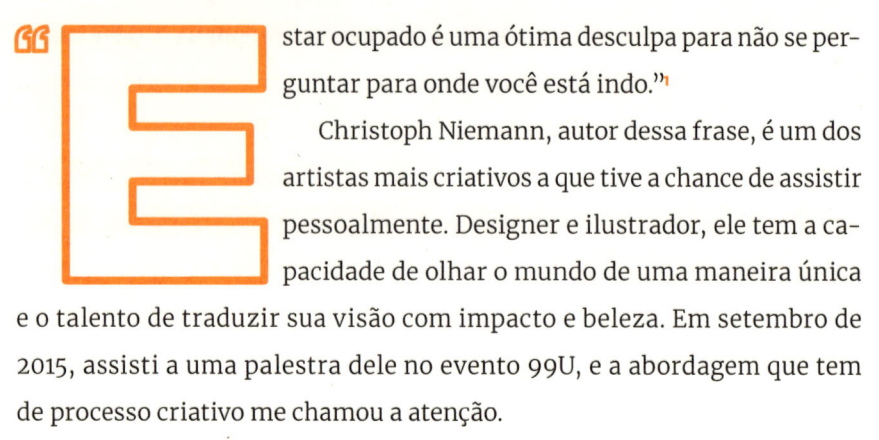

AGORA É A SUA VEZ

"star ocupado é uma ótima desculpa para não se perguntar para onde você está indo."[1]

Christoph Niemann, autor dessa frase, é um dos artistas mais criativos a que tive a chance de assistir pessoalmente. Designer e ilustrador, ele tem a capacidade de olhar o mundo de uma maneira única e o talento de traduzir sua visão com impacto e beleza. Em setembro de 2015, assisti a uma palestra dele no evento 99U, e a abordagem que tem de processo criativo me chamou a atenção.

Ao descrever o próprio trabalho criativo, ele diz que muitas vezes não se percebe bom o suficiente. Muitos de seus colegas sugerem que vale a pena relaxar e não ser tão exigente. A sugestão de Niemann é outra: "Pratique e melhore".[2] Ele tem uma rotina bem estabelecida quando tem um projeto. Ele usa o período da manhã para ter a ideia e o da tarde para executá-la. Simples assim.

O aprendizado só será importante na sua vida se você agir para que ele o seja. A decisão é sua.

A falta de tempo, como diz a frase que abre este capítulo, não impede apenas que você desenvolva sua capacidade de aprendizado. Se não nos permitimos parar para pensar, aceitamos a direção inicial que a vida nos propõe de que nos "formamos" e vamos seguindo assim até o fim.

Escrevi este livro com a intenção de fazer cada leitor confiar mais na própria capacidade de aprender. Existe um nome para isso: **crenças de autoeficácia**. Esse termo foi desenvolvido pelo Albert Bandura,[3] que mencionei diversas vezes ao longo do livro. O termo refere-se à crença na própria capacidade de organizar e executar cursos de ação para produzir determinadas realizações. Se um indivíduo não acredita ser capaz de produzir algo por meio da própria ação, dificilmente terá algum incentivo para agir.

Existem quatro fontes para o desenvolvimento da crença de autoeficácia. Utilizei apenas uma aqui: a persuasão oral. O texto foi escrito de maneira a diminuir ao máximo sua dúvida na própria capacidade de conduzir o aprendizado que terá ao longo da vida. Há, contudo, três outras fontes.

Uma delas é a experiência do outro. Se você conhece alguém que viveu uma experiência parecida com a que você quer realizar, há um aumento da percepção de que você também é capaz de realizá-la.

Outra fonte para o desenvolvimento da crença de autoeficácia são os estados fisiológicos ou afetivos. Estresse ou preocupação atrapalham, assim como pensamentos que conduzem ao medo de insucesso.

Segundo o próprio Bandura, essas duas fontes são as menos importantes. A mais influente de todas são as experiências próprias. Elas fornecem "a evidência mais autêntica de que alguém pode reunir tudo o que for necessário para ter sucesso. O sucesso constrói uma crença robusta na eficácia pessoal".[4]

Estou ressaltando esse ponto por um motivo simples. Se você chegou até esta parte do livro, imagino que tenha gostado do que leu. Mas, se aprendizagem é a explicitação do conhecimento por meio de uma performance melhorada, o caminho para o aprendizado ao longo da vida passa por um primeiro passo: começar um projeto e ir descobrindo aos poucos o que faz sentido para você.

Ao discutir por que, o que e como aprender, este livro tem a intenção principal de ajudá-lo a dar o seu primeiro passo. Mais do que um manual ou um guia, escrevi o texto como um convite.

Na verdade, três convites.

O primeiro, seja mais **curioso**. Essa é a característica mais forte do *lifelong learner*, além de ser uma competência extremamente valorizada. Ela alavanca um desejo incontrolável de entender um pouco mais do que acontece ao seu redor. Pessoas curiosas adoram novos pontos de vista. Elas têm um interesse especial em perseguir o conhecimento e as experiências que julgarem importantes para sua busca.

A melhor maneira de navegar pelo mundo em que vivemos é utilizar um olhar de antropólogo curioso: estamos genuinamente interessados em conhecer a realidade e o ponto de vista do outro. E fazemos isso sem julgamento, abertos para a novidade.

A curiosidade pode ter um lado ruim também. Em excesso, ela atrapalharia o processo de aprendizagem por nos manter numa eterna procura de novidades, sem a reflexão e o esforço necessários. Contudo, é impossível criar algo novo sem um olhar atento às infinitas oportunidades de aprendizagem que a vida nos oferece todos os dias.

Meu segundo convite é para que você desenvolva sua **mentalidade de crescimento.** Ela tem sido uma das palavras da moda e muita gente não entende muito bem o conceito desenvolvido pela Carol Dweck, professora de psicologia da Universidade Stanford, apresentado em seu livro *Mindset*.[5] Mentalidade de crescimento não está relacionada à vontade de crescer sempre, como pode parecer ao analisar apenas o título.

O conceito foi desenvolvido a partir de pesquisas com crianças. Nelas, a pesquisadora identificou dois tipos de estudantes. Um grupo acreditava que sua capacidade de aprender e ir bem na prova não tinha muito relacionamento com seu esforço. O outro grupo acreditava que nossas habilidades mais básicas podem ser desenvolvidas por meio de dedicação e esforço – cérebro e talento são apenas o ponto de partida. Como decorrência, o segundo tipo se esforça e se dedica mais e, por consequência, tem melhor desenvolvimento. Há uma crença linda a partir da mentalidade de crescimento: o "tornar-se é melhor do que ser".[6]

Vale parar para pensar e identificar se você não tem uma mentalidade fixa, mesmo sem se dar conta. Falo por experiência própria, pois, pouco antes de começar a escrever o livro, em 2020, fiz uma descoberta. Toco baixo elétrico há trinta anos, sempre de maneira mediana. Um dos momentos em que mais me divirto na vida é quando estou tocando em apresentações. Contudo, sempre sem muito brilho. Depois de todos esses anos, percebi que o motivo de eu não melhorar estava relacionado à minha crença de que eu nunca melhoraria, porque não tinha talento. Mesmo que eu me dedicasse e estudasse, sempre seria medíocre. Olhando para trás, me parece absolutamente óbvio que eu seria muito melhor instrumentista do que sou agora se eu me empenhasse ao longo desse período.

Portanto, pense um pouco e verifique se não há alguma habilidade importante da qual você se considera incapaz e que nem tenta melhorar. Tem a ver com a frase "não tenho jeito para...". Talvez seja necessária mais dedicação, mas uma coisa é certa: todos nós podemos ser melhores do que somos hoje.

Meu terceiro convite é simples: **apaixone-se pelo aprender**. John Hagel, de quem falamos em outro capítulo, defende um tipo específico, a paixão do explorador.[7] São pessoas que têm o desejo e o compromisso de impactar algum domínio específico. Além disso, buscam constantemente novos desafios e, como resultado, são motivadas a aprender sempre. Eu me sinto com sorte por ser completamente apaixonado pelo novo e pelo desconhecido. Eu salivo em livrarias, e minhas férias sempre estão relacionadas a algum congresso ou evento que me interesse.

Talvez você não precise ser tão *nerd* como eu. Fico feliz se o aprendizado estiver junto com as outras atividades gostosas da sua vida. Depois de anos aprendendo por obrigação, culpa ou medo, ao descobrir-se *lifelong learner*, você se tornará mais um indivíduo apaixonado que se desenvolve pelo prazer do processo e pela confiança de que terá um bom resultado.

Eu me alinho muito ao olhar do Mark Edmundson, que citei em outro capítulo: "Todos somos socializados uma vez por nossos pais e professores, pastores e padres. [Ler bons livros] é ter uma segunda chance. Não se trata de nascer de novo, mas de crescer uma segunda vez, desta vez, como seu próprio educador e guia [...]".[8]

Para mim, sua provocação pode ser ampliada para além da importância da leitura.

Aprender é nos dar uma segunda chance.

Ao investir tempo no nosso desenvolvimento, podemos descobrir interesses que não imaginávamos, caminhos que estavam escondidos e possibilidades que nos tornam melhores e mais felizes.

Não perca essa oportunidade.

Desafie-se e divirta-se.

MANIFESTO
LIFEWIDE

CONRADO SCHLOCHAUER e MARIANA JATAHY

Acreditamos na aprendizagem livre.

Livre de donos e livre de qualquer um nos dizendo que é hora de aprender.

Aprendemos o tempo todo e em todo lugar.

Somos *lifewide learners*.

Queremos criar nossa própria definição do que é aprendizado.

Porque só nós sabemos quando aprendemos ou não.

Queremos trocar controle por confiança e coragem.

Queremos poder fazer escolhas. Criar nossas próprias aventuras e aprender a cada viagem.

Sabemos definir o que, como e por que aprender.

Queremos um mundo sem lista de presença. Até porque a verdadeira presença não se mede de fora para dentro.

Queremos redes abertas: de computadores e de pessoas.

Não acreditamos que seja possível obrigar alguém a aprender.

Queremos ser convidados. E queremos poder convidar também.

Mais do que estímulos, queremos autonomia. Poder parar um pouquinho no meio do dia para ler, pensar e conversar. E tudo isso sem sentir culpa.

Queremos que a vontade de mudar e crescer seja o principal indicador de sucesso de iniciativas de aprendizagem.

Queremos tudo isso por saber que vamos aprender a vida toda. E, para isso ser verdade, temos que aprender em todos os momentos e espaços da vida.

Somos *lifelong learners*.

Somos *lifewide learners*.

Você pode ver uma versão desse manifesto em vídeo. Acesse **https://youtu.be/fiNVufbUKL4** ou aponte a câmera de seu celular para o QR Code ao lado.

ANEXO
FICHAS DO PROTOCOLO DE PESQUISA DE ALLEN TOUGH SOBRE PROJETOS DE APRENDIZADO

FICHA A – ALGUMAS COISAS SOBRE AS QUAIS APRENDEMOS

- Um esporte ou um jogo; natação, dança, bridge;
- Atualidades; questões públicas; políticas; paz; biografias; globalização;
- Costurar; cozinhar; atividades domésticas; entretenimentos;
- Dirigir um carro ou uma moto;
- Fazer reparos domésticos; marcenaria; fazer reformas; decoração; *scrapbooking*;
- Um hobby ou trabalho manual; colecionar algo; fotografia ou vídeo;
- Criar ou cuidar de uma criança; disciplina; educar uma criança;
- Natureza; botânica; aves; cachorro, gato;
- Matemática; estatística; aritmética;
- Leitura dinâmica; escrita efetiva; oratória; vocabulário; literatura; ciências; astronomia;
- Algum software ou programa de computador específico;
- Saúde; *fitness*; atividades físicas; postura; moda; aparência;
- História; geografia; viagens; alguma região, cidade ou vizinhança;
- Finanças pessoais; poupança; seguro; investimento; comprar algo;

- Psicologia; relacionamentos efetivos com outras pessoas; grupos; liderança; habilidades sociais;
- Digitação; informática; internet; redes sociais;
- Algum problema pessoal; saúde mental; problema emocional; uma doença ou condição médica;
- Carreiras variadas; escolher uma profissão; achar um emprego;
- Jardinagem; paisagismo;
- Algo relacionado ao seu trabalho, responsabilidade ou decisão;
- Um instrumento musical; cantar; apreciação musical;
- Competência técnica ou profissional; habilidade de vendas; ensinar ou supervisionar algum aspecto de uma religião; ética; filosofia; comportamento moral;
- Mudanças atuais na sociedade; futuro; problemas nas cidades; poluição; sociologia; sustentabilidade;
- Namorar; relacionamento com outras pessoas; boas maneiras; casamento; relações familiares;
- Arte, pintura, arquitetura;
- Gestão de negócios; economia;
- Percepção sensorial; potencial humano; comunicação; autoconhecimento; técnicas de efetividade pessoal; uma nova forma de fazer alguma coisa; uma inovação;
- Inglês; espanhol; francês; alguma outra língua.

FICHA B – QUESTÕES SOBRE APRENDIZADO

Você se lembra de algum esforço de aprendizagem relacionado a sua casa ou sua família? Algo relacionado a seus hobbies ou atividades recreativas? Seu trabalho? Seu papel em organizações, clubes, entidade religiosa ou comitês? Algo relacionado a aulas, artigos ou pesquisa que você realize fora do seu trabalho?

Pensando nos últimos doze meses, consegue se lembrar alguma vez que tentou aprender algo lendo um livro? Quando lê jornais e revistas, você lê tópicos específicos porque quer lembrar o conteúdo? Você tentou aprender algo mais por meio de livretos, panfletos ou brochuras? Cartas, instruções ou mapas? Literatura técnica ou profissional? Bibliotecas? Manuais ou guias? Enciclopédias ou outras fontes de referências? Sites de internet? Blogs? Filmes na internet?

Você aprendeu algo de seu médico? Advogado? Terapeuta? *Coach*? Conselheiro financeiro? Professor particular? Um especialista? Em aulas particulares?

Você aprendeu alguma coisa por meio de documentários ou cursos na TV? Jornais ou outros programas televisivos? Internet? Rádio? Teatro? Tentou aprender alguma coisa por meio de conversas? Existe algum tópico ou área específica que você tentou aprender com seus amigos ou outras pessoas? Você procurou aprender algo de maneira proposital ao procurar indivíduos interessantes? Você tentou aprender algo com seu parceiro ou com parentes? De um vizinho?

Talvez você tenha aprendido algo em grupos? Reuniões ou grupos de discussão? Conferências? Retiro ou viagem em um final de semana? Em um pequeno curso ou workshop? Fóruns de discussão na internet? Em uma reunião de trabalho ou em um comitê? Aulas ou palestras à noite? Curso a distância? Facebook, Twitter, Instagram ou outras redes sociais?

Talvez você tenha utilizado áudio em CDs ou *podcasts* para aprender idioma ou alguma outra coisa. Na igreja? Na faculdade, escola ou outro tipo de organização? Na sua empresa? Algum programa do governo? Em uma exposição, museu, galeria de arte? Nas suas férias? Atividades extracurriculares?

Você consegue pensar em onze meses atrás? Tente se lembrar de seu trabalho, outras atividades e questões que vivenciou na época. Houve algum esforço de aprendizagem relacionado a eles? E há seis meses?

NOTAS BIBLIOGRÁFICAS

Você também pode consultar o link das notas bibliográficas pelo site do livro! Acesse www.lifelonglearners.cc ou aponte a câmera de seu celular para o QR Code ao lado.

CAPÍTULO 1 – A APRENDIZAGEM AO LONGO DA VIDA

1 GATESNOTES. Disponível em: https://www.gatesnotes.com. Acesso em: 5 abr. 2021.

2 THE David Rubenstein Show: Bill Gates. 2016. Vídeo (25min04s). **Bloomberg**. Disponível em: https://www.bloomberg.com/news/videos/2016-10-17/the-david-rubenstein-show-bill-gates. Acesso em: 11 abr. 2021. (Tradução minha.)

3 GATES, B. 25 years of learning and laughter. **GatesNotes**, 5 jul. 2016. Disponível em: https://www.gatesnotes.com/About-Bill-Gates/25-Years-of-Learning-and-Laughter. Acesso em: 11 abr. 2021. (Tradução minha.)

4 PREPARING for the Citizen Soldier's Return: the GI Bill of 1944. **The National WWII Museum**, 22 jul. 2017. Disponível em: https://www.nationalww2museum.org/war/articles/preparing-citizen-soldiers-return-gi-bill-1944. Acesso em: 2 abr. 2021.

5 HISTORY and Timeline. U.S. **Department of Veterans Affairs** [s.d.]. Disponível em: https://www.benefits.va.gov/gibill/history.asp. Acesso em: 2 abr. 2021.

6 KALLEN, D. Aprendizagem ao longo da vida em retrospectiva. **Revista Europeia de Formação Profissional**, v. 8, n. 9, p. 16-22, 1996.

7 ILLICH, I. **Sociedade sem escolas**. Petrópolis: Vozes, 1985.

8 Idem., p. 84.

9 CONSELHO DA EUROPA. **Permanent Education**. Estrasburgo: EU, 1970.

10 LEGRAND, P. **An Introduction to Lifelong Learning**. Paris: Unesco, 1970.

11 FAURE, E. **Learning to Be.** Paris: Unesco, 1972.

12   OCDE. **Recurrent Education**: A Strategy of Lifelong Learning. Paris: OCDE, 1973.

13   CRESSON, E. Para uma política de educação e de formação ao longo da vida. **Revista Europeia de Formação Profissional**, v. 8, n. 9, p. 9-12, 1996.

14   COMISSÃO DAS COMUNIDADES EUROPEIAS. **Memorando sobre aprendizagem ao longo da vida**. Bruxelas. Disponível em: http://www.alv. gov.pt/dl/memopt.pdf. Acesso em: 5 abr. 2021.

CAPÍTULO 2 – AS DUAS REVOLUÇÕES

1   SCHWAB, K. The Fourth Industrial Revolution. **Foreign Affairs**, 12 dez. 2015. Disponível em: https://www.foreignaffairs.com/articles/2015-12-12/fourth-industrial-revolution. Acesso em: 5 abr. 2021.

2   SCHWAB, K. **A Quarta Revolução Industrial**. São Paulo: Edipro, 2018.

3   FRIEDMAN, T. **Obrigado pelo atraso:** um guia otimista para sobreviver em um mundo cada vez mais veloz. Rio de Janeiro: Objetiva, 2017.

4   SCHWAB, K. The Fourth Industrial Revolution: What It Is and How to Respond. **Foreign Affairs**, 5 dez. 2015. Disponível em: https://www.foreignaffairs.com/articles/2015-12-12/fourth-industrial-revolution. Acesso em: 5 abr. 2021. (Tradução minha.)

5   PALMER, A. Lifelong Learning Is Becoming an Economic Imperative. **The Economist**,14 jan. 2017. Disponível em: https://www.economist. com/special-report/2017/01/12/lifelong-learning-is-becoming-an--economic-imperative. Acesso em: 5 abr. 2021. (Tradução minha.)

6   THE International Review of Education – Journal of Lifelong Learning. **UNESCO Institute for Lifelong Learning** [s.d.]. Disponível em: https://uil.unesco.org/journal-international-review-of-education. Acesso em: 11 abr. 2021. (Tradução minha.)

7   DELORS, J. **Educação**: um tesouro a descobrir. São Paulo: Unesco/MEC/Cortez, 1999.

8   POZO, J. **Aprendizes e mestres**: a nova cultura da aprendizagem. Porto Alegre: Artmed, 2002, p. 26.

9   BAJARIN, T. Smartphones' Role in Changing the World. **Forbes**, 9 jun. 2020. Disponível em: https://www.forbes.com/sites/timbajarin/2020/06/09/

smartphones-role-in-changing-world-history/?sh=4d2aead2678c. Acesso em: 5 abr. 2021.

10   A ROBOT Wrote This Entire Article. Are You Scared Yet, Human? **The Guardian**, 8 set. 2020. Disponível em: https://www.theguardian.com/commentisfree/2020/sep/08/robot-wrote-this-article-gpt-3. Acesso em: 5 abr. 2021. (Tradução minha.)

11   THE Future of Jobs Report 2020. **World Economic Forum**, 20 out. 2020. Disponível em: https://www.weforum.org/reports/the-future-of-jobs--report-2020. Acesso em: 5 abr. 2021.

12   FRIEDMAN, T. Op. cit., p. 241

13   OECD. **EMBRACING Innovation in Government - Global Trends 2020**. [s.l.] 2020. Disponível em: https://trends.oecd-opsi.org/wp--content/uploads/2020/11/OECD-Upskilling-People-11_16_20-V7.pdf. Acesso em: 5 abr. 2021.

14   WORLD ECONOMIC FORUM. **Accelerating Workforce Reskilling for the Fourth Industrial Revolution**. Genebra, 2017. Disponível em: http://www3.weforum.org/docs/WEF_EGW_White_Paper_Reskilling.pdf> Acesso em: 5 abr. 2021.

15   SKILLS Matter. **OECD Library** [s.d.]. Disponível em: https://www.oecd-ilibrary.org/education/skills-matter_0e72d8a7-en. Acesso em: 5 abr. 2021.

16   FABIAN Chan - Finding his feet after retrenchment. **Skillsfuture** [s.d.]. Disponível em: https://www.skillsfuture.gov.sg/SkillsFutureStories/Stories-Listing/Fabian-Chan. Acesso em: 5 abr. 2021.

17   ABOUT SkillsFuture. **SkillsFuture** [s.d.]. Disponível em: https://www.skillsfuture.gov.sg/AboutSkillsFuture. Acesso em: 5 abr. 2021. (Tradução minha.)

18   OVERVIEW. **Ministry of Trade and Industry Singapore** [s.d]. Disponível em: https://www.mti.gov.sg/en/ITMs/Overview. Acesso em: 5 abr. 2021.

19   ABOUT SkillsFuture. **SkillsFuture** [s.d.]. Disponível em: https://www.skillsfuture.gov.sg/AboutSkillsFuture. Acesso em: 5 abr. 2021. (Tradução minha.)

20   REPUBLIC of Korea: The fourth National Lifelong Learning Promotion Plan (2018-2022), issued in 2017. **UNESCO Institute of Lifelong Learning**, 20 abr. 2020. Disponível em: https://uil.unesco.org/document/

republic-korea-fourth-national-lifelong-learning-promotion-plan-
-2018-2022-issued-2017. Acesso em: 5 abr. 2021.

21   24ª PESQUISA Anual Global de CEOs da PwC. **PwC** [s.d.]. Disponível em:
https://www.pwc.com.br/pt/estudos/preocupacoes-ceos/ceo_survey.
html. Acesso em: 12 abr. 2021.

22   UPSKILLING 2025. **Amazon**, 2 out. 2020. Disponível em: https://www.
aboutamazon.com/working-at-amazon/upskilling-2025. Acesso em:
5 abr. 2021.

23   VOLINI, E. *et. al.* Beyond reskilling. **Deloitte**, 15 maio 2020. Disponível
em: https://www2.deloitte.com/us/en/insights/focus/human-capital-
-trends/2020/reskilling-the-workforce-to-be-resilient.html. Acesso
em: 5 abr. 2021.

24   BEER, M.; FINNSTROM, M.; SCHRADER, D. The Great Training Robbety.
Harvard Business School, 2016. Disponível em: https://www.hbs.edu/
faculty/Publication%20Files/16-121_bc0f03ce-27de-4479-a90e-
-9d78b8da7b67.pdf. Acesso em: 5 abr. 2021.

25   VOLINI, E. *et. al.* Beyond reskilling. **Deloitte**, 15 maio 2020. Disponível
em: https://www2.deloitte.com/us/en/insights/focus/human-capital-
-trends/2020/reskilling-the-workforce-to-be-resilient.html. Acesso
em: 5 abr. 2021.

26   EMBRACING a culture of lifelong learning. **UNESCO Institute of Lifelong Learning**, ago. 2020. Disponível em: https://uil.unesco.org/
lifelong-learning/embracing-culture-lifelong-learning. Acesso em:
5 abr. 2021.

27   SIMONE, R. **La tercera fase**: formas de saber que estamos perdiendo.
Madri: Taurus, 2001.

28   WHIPPS, H. How Gutenberg Changed the World. **Live Science**, 26 maio
2008. Disponível em: https://www.livescience.com/2569-gutenberg-
-changed-world.html. Acesso em: 5 abr. 2021.

29   POZO, J. I. **Aprender en tiempos revueltos**: la nueva ciencia del aprendizaje. Madri: Alianza Editorial, 2016. Edição Kindle. (Tradução minha.)

30   MORIN, E. **A cabeça bem-feita**: repensar a reforma, reformar o pensamento. Rio de Janeiro: Bertrand Brasil, 2003, p. 59.

CAPÍTULO 3 – APRENDER SEMPRE É POSSÍVEL

1 LEGRAND, P. **An Introduction to Lifelong Learning**. Paris: UNESCO, 1970. (Tradução minha.)

2 CANDY, P. **Self-Direction for Lifelong Learning**. São Francisco: Jossey Bass, 1991. (Tradução minha.)

3 TANKOVSKA, H. Daily Time Spent on Social Media by Internet Users Worldwide from 2012 to 2020. **Statista**, 8 fev. 2021. Disponível em: https://www.statista.com/statistics/433871/daily-social-media--usage-worldwide/. Acesso em: 5 abr. 2021.

4 DEWEY, C. 6 in 10 of You Will Share this Link Without Reading It, Depressing New Study Says. **Washington Post**, 16 jun. 2016. Disponível em: https://www.washingtonpost.com/news/the-intersect/wp/2016/06/16/six-in-10-of-you-will-share-this-link-without-reading-it-according--to-a-new-and-depressing-study/. Acesso em: 5 abr. 2021.

5 GABIELKOV, M. *et al.* Social Click: What and Who Gets Read on Twitter?. **ACM Sigmetrics/IFIP**, jun. 2016. Disponível em: https://hal.inria.fr/hal-01281190. Acesso em: 5 abr. 2021.

6 FRIEDMAN, T. Op. cit., p. 48.

7 DO BRASIL, C. Í. Expectativa de vida aumenta mais de três meses e chega a 76,3 anos. **Agência Brasil**, 28 nov. 2019. Disponível em: https://agenciabrasil.ebc.com.br/geral/noticia/2019-11/expectativa--de-vida-aumenta-mais-de-tres-meses-e-chega-763-anos. Acesso em: 5 abr. 2021.

8 SCOTT, A. J.; GRATTON, L. **The New Long Life**: A Framework for Flourishing in a Changing World. Londres: Bloomsbury Publishing, 2020.

9 HE, W.; GOODKIND, D.; KOWAL, P. **An Aging World 2015**. Washington: United States Census Bureau, mar. 2016. Disponível em: https://www.census.gov/content/dam/Census/library/publications/2016/demo/p95-16-1.pdf. Acesso em: 5 abr. 2021.

10 BUMP, P. Your Generational Identity Is a Lie. **Washington Post**, 1 ago. 2015. Disponível em: https://www.washingtonpost.com/news/the-fix/wp/2015/04/01/your-generational-identity-is-a-lie/. Acesso em: 5 abr. 2021.

11 COSTANZA, D. P. *et al.* Generational Difference in Work-Related Attitudes: A Meta-Analysis. **J Bus Psychol**, v. 27, p. 375-394, 2012.

Disponível em: https://www.jstor.org/stable/41682990?seq=1. Acesso em: 5 abr. 2021.

12 POLLAK, L. The Remix: How to Lead and Succed in the Multigenerational Workplace. **Lindsey Pollak** [s.d.]. Disponível em: <https://lindseypollak. com/books/the-remix/>. Acesso em: 5 abr. 2021. (Tradução minha.)

13 SCIENCE Reveals the Benefit of the Aging Work Force. **Pscyhological Science**, 28 ago. 2013. Disponível em: https://www.psychologicalscience. org/news/minds-business/science-reveals-the-benefits-of-an- -aging-workforce.html. Acesso em: 5 abr. 2021.

14 THE Postgenerational Workforce: From Millenials to Perennials. **Deloitte** [s.d.]. Disponível em: https://www2.deloitte.com/us/en/pages/human- -capital/articles/postgenerational-workforce.html. Acesso em: 5 abr. 2021.

15 DOMENICO, M. Di. Mulheres à prova de rótulos. **Vogue**, 14 nov. 2019. Disponível em: https://vogue.globo.com/semidade/Ageless/ noticia/2019/11/mulheres-prova-de-rotulos.html. Acesso em: 5 abr. 2021.

16 MEET the Perennials. **The Daily**. Disponível em: https://www. thewhatlist.com/daily/meet-the-perennials. Acesso em: 5 abr. 2021. (Tradução minha.)

17 JARRET, C. "Significant Loss of Neurons Is a Normal Part of Ageing" and Other Brain Cell Myths. **Research Digest**, 1 dez. 2017. Disponível em: https://digest.bps.org.uk/2017/12/01/significant-loss-of-neurons-is- -a-normal-part-of-ageing-and-other-brain-cell-myths/. Acesso em: 5 abr. 2021.

18 SCHAIE, W.; K.; WILLIS, S. L.; CASKIE, G. I.L. The Seattle Longitudinal Study: Relationship Between Personality and Cognition. **Neuropsychol Dev Cogn B Aging Neuropsychol**, v. 11, n. 2-3, p. 304-324, jun. 2014. Disponível em: https://www.ncbi.nlm.nih.gov/pmc/articles/ PMC1474018/. Acesso em: 5 abr. 2021.

19 OCDE/CERI. **Understanding de Brain: the Birth of a Learning Science**. OCDE: Paris, 2008, p. 42 . Disponível em: https://www.oecd.org/site/ educeri21st/40554190.pdf. Acesso em: 5 abr. 2021.

20 AZULAY, P.; JONES, B.; F.; KIM, J. D.; MIRANDA, J. Age and High-growth Entrepreneurship. **American Economic Review: Insights**, v. 2, n. 1, mar.

2020. Disponível em: https://www.aeaweb.org/articles?id=10.1257/aeri.20180582. Acesso em: 5 abr. 2021.

21 POURCHOT, T. L.; SMITH, M. C. Some Implications of Life Span Developmental Psychology for Adult Education and Learning. **PAACE Journal of Lifelong Learning**, v. 13, p. 69-82, 2004.

22 OCDE/CERI. **Understanding de Brain: the Birth of a Learning Science**. OCDE: Paris, 2008, p. 51. Disponível em: https://www.oecd.org/site/educeri21st/40554190.pdf. Acesso em: 5 abr. 2021.

CAPÍTULO 4 – INVERTENDO OS SINAIS

1 INSTITUTO NACIONAL DE ESTUDOS E PESQUISAS EDUCACIONAIS ANISIO TEIXEIRA. **Apresentação**. Disponível em: https://www.gov.br/inep/pt-br/areas-de-atuacao/pesquisas-estatisticas-e-indicadores/censo-da-educacao-superior. Acesso em: 5 abr. 2021.

2 RIVIERA, C. No Brasil, faculdade faz dobrar o salário – por que isso é ruim. **Exame**, 13 out. 2019. Disponível em: https://exame.com/brasil/no-brasil-faculdade-dobra-salario-por-que-isso-e-ruim/. Acesso em: 5 abr. 2021.

3 STRESS: An Epidemic Among College Students. **Stress**, 6 set. 2019. Disponível em: https://www.stress.org/stress-an-epidemic-among-college-students. Acesso em: 5 abr. 2021.

4 SMITH, K. 6 Common Triggers of Teen Stress. **Psycom**, 24 nov. 2021. Disponível em: https://www.psycom.net/common-triggers-teen-stress/. Acesso em: 5 abr. 2021.

5 PRESSÃO por sucesso e agenda cheia pode gerar *burnout* em crianças, diz psicóloga francesa. **G1**, 19 nov. 2019. Disponível em: https://g1.globo.com/ciencia-e-saude/viva-voce/noticia/2019/11/19/pressao-por-sucesso-e-agenda-cheia-pode-gerar-burnout-em-criancas-diz-psicologa-francesa.ghtml. Acesso em: 5 abr. 2021.

6 BRASIL. Ministério da Educação. **Base Nacional Comum Curricular**. Disponível em: http://basenacionalcomum.mec.gov.br/images/BNCC__EI_EF_110518_versaofinal_site.pdf. Acesso em: 5 abr. 2021.

7 THOMAS, D.; SEELY-BROWN, J. **A New Learning Culture**. Carolina do Sul: CreateSpace, 2011.

8 Idem. p. 106-107. (Tradução minha.)

CAPÍTULO 5 – AFINAL, O QUE É APRENDIZAGEM?

1 KNOWLES, M.; HOLTON III, E.; SWANSON, R. **Aprendizagem de resultados**. São Paulo: Campus Elsevier, 2009.

2 POZO, J. **Aprendizes e mestres**: a nova cultura da aprendizagem. Porto Alegre: Artmed, 2002, p. 61.

3 POZO, J. **Aquisição de conhecimento**. Porto Alegre: Artmed, 2005.

4 RAICHLE, M. E.; GUSNARD, D. A. Appraising the Brain's Energy Budget. **Proceedings of the National Academy of Sciences**, v. 99, n. 16, p. 10237-10239, 6 ago. 2002. Disponível em: https://www.ncbi.nlm.nih.gov/pmc/articles/PMC124895/. Acesso em: 5 abr. 2021.

5 WE ARE already cyborgs | Elon Musk | Code Conference 2016. Vídeo (5min11s). Publicado pelo canal Recode. Disponível em: https://www.youtube.com/watch?v=ZrGPuUQsDjo. Acesso em: 5 abr. 2021.

6 EXPANDING our World. **Neuralink** [s.d.]. Disponível em: https://neuralink.com/about/. Acesso em: 5 abr. 2021. (Tradução minha.)

7 POZO, J. I. **Aprender en tiempos revueltos**: la nueva ciencia del aprendizaje. Madri: Alianza Editorial, 2016.

8 POZO, J. I. **Aprender en tiempos revueltos:** la nueva ciencia del aprendizaje. Madri: Alianza Editorial, 2016. (Tradução minha.)

9 Idem.

CAPÍTULO 6 – UM NOVO CAMINHO

1 SCHLOCHAUER, C. Ainda não aceitamos o fato de que o aprendizado ocorre no trabalho. **UOL**, 21 mar. 2015. Disponível em: https://noticias.uol.com.br/opiniao/coluna/mobile/2015/03/21/ainda-nao-aceitamos-o-fato-de-que-o-aprendizado-ocorre-no-trabalho.htm. Acesso em: 5 abr. 2021.

2 KIVINEN, O. The Evolution of *Homo discerns*: Natural Selection and Human Learning. **Journal for the Theory of Social Behaviour,** v. 48, suplemento 2. Disponível em: https://www.researchgate.net/publication/322241100_The_evolution_of_Homo_Discens_Natural_selection_and_human_learning. Acesso em: 5 abr. 2021.

3 POZO, J. I. **Aquisição de conhecimento**. Porto Alegre: Artmed, 2005.

4 DEWEY, J. **Experiência e educação**. São Paulo: Companhia Editora Nacional, 1979.

5 KNOWLES, M.; HOLTON III, E.; SWANSON, R. **Aprendizagem de resultados**. São Paulo: Campus Elsevier, 2009.

6 Por exemplo: TOUGH, A. **The Adult's Learning Projects.** Toronto: Ontario Institute for Studies in Education, 1979; e PONTON, M. K.; CARR, P. B. Understanding and Promoting Autonomy in Self-directed Learning. **Current Research in Social Psychology**, v. 5, n. 19, set. 2000.

7 The LIFE Center Lifelong and Lifewide Learning Diagram. **LIFE** [s.d]. Disponível em: http://life-slc.org/about/citationdetails.html. Acesso em: 13 abr. 2021.

8 ENROL YOURSELF. Disponível em: https://www.enrolyourself.com/. Acesso em: 5 abr. 2021.

9 OPEN MASTER. Disponível em: https://openmaster.org.br/. Acesso em: 5 abr. 2021.

10 ALEX BRETAS. Disponível em: www.alexbretas.com. Acesso em: 5 abr. 2021.

CAPÍTULO 7 – O APRENDIZ ADULTO

1 LINDEMAN, E. C. **The meaning of Adult Education**. Nova York: NewRepublic, 1926.

2 Idem. p. XIV e XV.

3 Idem.

4 KNOWLES, M.; HOLTON III, E.; SWANSON, R. **Aprendizagem de resultados**. São Paulo: Campus Elsevier, 2009, p. 43.

5 HOULE, C. O. **The Inquiring Mind**: A Study of the Adult Who Continues to Learn. Madison: University of Wisconsin Press, 1961.

6 HOWELLS, J.; SCHOLDERER, J. Forget Unlearning? How an Empirically Unwarranted Concept from Psychology was Imported to Flourish in Management and Organisation Studies. **Management Learning**, v. 47, n. 4, p. 443-463, 2016. Disponível em: https://papers.ssrn.com/sol3/papers.cfm?abstract_id=1309525. Acesso em: 5 abr. 2021.

7 KNOWLES, M.; HOLTON III, E.; SWANSON, R. **Aprendizagem de resultados**. São Paulo: Campus Elsevier, 2009.

8 ANTUNES, A. Comida. In: **Ney Matogrosso Ao Vivo**. Intérprete: Ney Matogrosso. [s.l.] Columbia/Sony Music, 1989. Faixa 2.

CAPÍTULO 8 – A AUTODIREÇÃO DO AUTOAPRENDIZADO

1   TO WILLEMIEN van Gogh. Paris, late October 1887. **Van Gogh Letters** [s.d.]. Disponível em: http://www.vangoghletters.org/vg/letters/let574/letter.html#translation. Acesso em: 6 abr. 2021.

2   INVITATION TO ETI. Disponível em: http://ieti.org/. Acesso em: 5 abr. 2021.

3   JOULE, C. O. **The Inquiring Mind**. Madison: University of Wisconsin Press, 1961.

4   TOUGH, A. **The Adult's Learning Projects**. Toronto: Ontario Institute for Studies in Education, 1979.

5   Ibidem.

6   SCHLOCHAUER, C. **Um estudo exploratório sobre a autodireção da aprendizagem em ambientes informais**. Tese (Doutorado em Psicologia) – Instituto de Psicologia, Universidade de São Paulo: São Paulo, 2012. Disponível em: https://www.teses.usp.br/teses/disponiveis/47/47131/tde-21092012-112003/publico/schlochauer_do.pdf. Acesso em: 11 abr. 2021.

7   KNOWLES, M. S. **Self-directed Learning**: A Guide for Learners and Teachers. Englewood Cliffs: Prentice Hall/Cambridge, 1975.

8   THE Future of Jobs Report 2020. **World Economic Forum**, 20 out. 2020. Disponível em: https://www.weforum.org/reports/the-future-of-jobs-report-2020. Acesso em: 5 abr. 2021. (Tradução minha.)

9   TO WILLEMINEN van Gogh. Auvers-sur-Oise, Thursday, 5 June 1890. **Van Gogh Letters** [s.d.]. Disponível em: http://www.vangoghletters.org/vg/letters/let879/letter.html. Acesso em: 5 abr. 2021.

10 RYAN, R. M.; DECI, E. Intrinsic and Extrinsic Motivations: Classic Definitions and New Directions. **Contemporary Educational Psychology**, v. 25, p. 54–67, 2000.

11 BANDURA, A. A evolução da Teoria Social Cognitiva. *In*: BANDURA, A; AZZI, R.; POLYDORO, S. **Teoria Social Cognitiva**: conceitos básicos. Porto Alegre: Artmed, 2008.

12 THE Role of Dopamine in Motivation and Learning. **Neuroscience News.com**, 24 nov. 2015. Disponível em: https://neurosciencenews.com/dopamine-learning-reward-3157/. Acesso em: 5 abr. 2021.

13 DENENBERG, V. H.; KIM, D. S.; PALMITER, R. D. The Role of Dopamine in Learning, Memory, and Performance of a Water Escape Task.

Behavioural Brain Research, v. 148, n. 1-2, pp. 73-78, jan. 2004. Disponível em: https://pubmed.ncbi.nlm.nih.gov/14684249/. Acesso em: 5 abr. 2021.

14   TO THEO van Gogh. The Hague, on or about Sunday, 7 May 1882. **Van Gogh Letters** [s.d.]. Disponível em: http://www.vangoghletters.org/vg/letters/let224/letter.html. Acesso em: 5 abr. 2021.

CAPÍTULO 9 – APRENDIZADO INFORMAL

1   SOBRE CreativeMornings. **CreativeMornings** [s.d.]. Disponível em: https://creativemornings.com/about. Acesso em: 5 abr. 2021.

2   CROSS, J. **Informal Learning**: Rediscovering the Natural Pathways That Inspire Innovation and Performance. [s.l.] Pfeiffer, 2007. (Tradução minha.)

3   SCHUGURENSKY, D. The Forms of Informal Learning: Towards a Conceptualization of the Field. **Wall Working Paper**, n. 19, 2000. Disponível em: https://tspace.library.utoronto.ca/bitstream/1807/2733/2/19formsofinformal.pdf. Acesso em: 5 abr. 2021 ou HAGER, P.; HALLIDAY, J. **Recovering Informal Learning**: Wisdom, Judgement and Community. Nova York: Springer, 2006.

4   GANDRA, A. Escolas de samba movimentam economia durante todo o ano no Rio. **Agência Brasil**, 21 fev. 2021. Disponível em: https://agenciabrasil.ebc.com.br/geral/noticia/2020-02/escolas-de-samba-movimentam--economia-durante-todo-ano-no-rio. Acesso em: 5 abr. 2021.

5   MOSHER, B. What About the Other 50 Weeks?. **Chief Learning Officer**, 27 dez. 2009. Disponível em: https://www.chieflearningofficer.com/2009/12/27/what-about-the-other-50-weeks/. Acesso em: 5 abr. 2021. (Tradução minha.)

6   COMISSION OF THE EUROPEAN COMMUNITIES. **A Memorandum on Lifelong Learning**. Bruxelas, 2020. Disponível em: https://arhiv.acs.si/dokumenti/Memorandum_on_Lifelong_Learning.pdf. Acesso: 11 abr. 2021. (Tradução minha.)

7   LEARNING the Flow of Life: An Interview with Jonathan Eighteen. **Deloitte** [s.d.]. Disponível em: https://www2.deloitte.com/uk/en/pages/consulting/articles/learning-in-the-flow-of-life.html. Acesso em: 5 abr. 2021.

CAPÍTULO 10 – A PRIMEIRA ESCOLHA

1 THE Future of Jobs Report 2020. **World Economic Forum**, 20 out. 2020. Disponível em: https://www.weforum.org/reports/the-future-of-jobs--report-2020. Acesso em: 5 abr. 2021.

CAPÍTULO 11 – CONTEÚDO

1 MUMFORD, T. Americans Aren't Reading Less: They're Just Reading Less Literature. **MPR News**, 7 set. 2016. Disponível em: https://www.mprnews.org/story/2016/09/07/books-literature-reading-rates--down. Acesso em: 5 abr. 2021.

2 WOLF, M. Skim Reading Is the New Normal. The Effect on Society Is Profound. **The Guardian**, 25 ago. 2018. Disponível em: https://www.theguardian.com/commentisfree/2018/aug/25/skim-reading-new--normal-maryanne-wolf. Acesso em: 5 abr. 2021.

3 As primeiras 20 horas - Como aprender qualquer coisa: Josh Kaufman no TEDxCSU. Vídeo (19min26s). Publicado pelo canal TEDx Talks. Disponível em: https://www.youtube.com/watch?v=5MgBikgcWnY. Acesso em: 5 abr. 2021.

4 NEW book titles published. **Worldometer**. Disponível em: https://www.worldometers.info/books/. Acesso em: 6 abr. 2021.

5 BRETAS, A. Aprenda a lidar com o excesso de informação. Seja um curador de conhecimento. **Alex Bretas Medium**, 9 mar. 2020. https://alexbretas11.medium.com/adaptabilidade-e-regime-de-identidade-d6d9026fb63d. Acesso em: 6 abr. 2021.

6 GOOD, R. Information Organizers: Eleven Tools to Manage Complexity. **Robin Good Medium**, 18 ago. 2020. Disponível em: https://robingood.medium.com. Acesso em: 6 abr. 2021.

7 WEISGERBER, C. Building Thought Leadership through Content Curation. **SlideShare**, 16 nov. 2011. Disponível em: https://www.slideshare.net/corinnew/building-thought-leadership-through--content-curation. Acesso em: 6 abr. 2021.

8 SCHLOCHAUER, C. Porque o Twitter é uma máquina de aprendizagem. **LinkedIn**, 3 mar. 2020. https://www.linkedin.com/pulse/porque-o-twitter-é-uma-máquina--de-aprendizagem-conrado-schlochauer. Acesso em: 5 abr. 2021.

9   MAY, C. The Problem with "Learning Styles". **Scientific American**, 29 maio 2018. Disponível em: https://www.scientificamerican.com/article/the-problem-with-learning-styles/. Acesso em: 6 abr. 2021.

10 DENIZ, F. *et al.* The Representation of Semantic Information Across Human Cerebral Cortex During Listening Versus Reading Is Invariant to Stimulus Modality. **Journal of Neuroscience**, v. 25, n. 39, p. 7722-7736, set. 2019. Disponível em: <https://pubmed.ncbi.nlm.nih.gov/31427396/>. Acesso em: 5 abr. 2021. (Tradução e grifos meus.)

11 THE End of Print is Nigh. **About ebooks**, 27 jan. 2017. Disponível em: https://about.ebooks.com/the-end-of-print/. Acesso em: 5 abr. 2021.

12 AFTER a Slow Start, U.S. Print Book Sales Rose 8.2 Percent in 2020, the NPD Group Says. **NPD**, 7 jan. 2021. Disponível em: https://www.npd.com/wps/portal/npd/us/news/press-releases/2021/after-a-slow-start--u-s--print-book-sales-rose-8-2-percent-in-2020--the-npd-group-says/. Acesso em: 5 abr. 2021.

13 FLOOD, A. Book Sales Defy pandemic to Record Highest Sales for Eight Years. **The Guardian**, 25 jan. 2021. Disponível em: https://www.theguardian.com/books/2021/jan/25/bookshops-defy-pandemic-to-record-highest-sales-for-eight-years. Acesso em: 5 abr. 2021.

14 NETO, L. Varejo fecha 2020 próximo de 2019, aponta Nielsen. **PublishNews**, 21 jan. 2021. Disponível em: https://www.publishnews.com.br/materias/2021/01/21/varejo-2020-fecha-proximo-de-2019-aponta-nielsen. Acesso em: 5 abr. 2021.

15 DELGADO, P. *et al.* Don't Throw Away Your Printed Books: A Meta-Analysis on the Effects of Reading Media on Reading Comprehension. **Educational Research Review**, v. 25, p. 23-38, nov. 2018. Disponível em: https://www.sciencedirect.com/science/article/pii/S1747938X18300101. Acesso em: 5 abr. 2021.

16 TRAKHMAN, L. S.; ALEXANDER, P. Reading Across Medium: Effects of Reading Digital and Printed Texts on Comprehension and Calibration. **The Journal of Experimental Education**, mar. 2016. Disponível em: https://www.researchgate.net/publication/297716778_Reading_Across_Mediums_Effects_of_Reading_Digital_and_Print_Texts_on_Comprehension_and_Calibration. Acesso em: 5 abr. 2021.

17 LIU, Z. Reading Behavior in the Digital Environment: Changes in Reading Behavior over the Past Ten Years. **Journal of Documentation**, dez. 2005. Disponível em: https://www.emerald.com/insight/content/doi/10.1108/00220410510632040/full/html. Acesso em: 5 abr. 2021.

18 HOU, J.; RASHID, J.; MIN LEE, K. Cognitive Map or Medium Materiality? Reading on Paper and Screen. **Computers in Human Behavior**, v. 67, p. 84-94, fev. 2017. Disponível em: https://www.sciencedirect.com/science/article/abs/pii/S0747563216307154. Acesso em: 5 abr. 2021.

19 WOLF, M. Skim Reading Is the New Normal. The Effect on Society Is Profound. **The Guardian**, 25 ago. 2018. Disponível em: https://www.theguardian.com/commentisfree/2018/aug/25/skim-reading-new-normal-maryanne-wolf. Acesso em: 5 abr. 2021.

20 Ibidem.

21 QUADIR, B.; CHEN, N. The Influence of Reading Habit on Learning Effectiveness in a Learning Blog Environment. **IIEE**, 2013. Disponível em: https://ieeexplore.ieee.org/document/6601962. Acesso em: 6 abr. 2021.

22 EDMUNSON, M. **Why Teach?: In Defense of a Real Education**. Nova York: Bloomsbury, 2013, p. 61. (Tradução minha.)

23 Idem. p. 63. (Tradução minha.)

24 $16.1B of Global EdTech Venture Capital in 2020. **Holon IQ**, 5 jan. 2021. Disponível em: https://www.holoniq.com/notes/16.1b-of-global-edtech-venture-capital-in-2020/. Acesso em: 6 abr. 2021.

25 BROWN, P. C.; ROEDIGER III, H. I.; McDANIEL, M. A. **Fixe o conhecimento**: a ciência da aprendizagem bem-sucedida. Porto Alegre: Penso, 2018.

26 MAY, C. Does Music Boost Your Cognitive Performance?. **Scientific American**, 3 mar. 2020. Disponível em: https://www.scientificamerican.com/article/does-music-boost-your-cognitive--performance/. Acesso em: 6 abr. 2021.

27 ZEIDAN, F. *et al*. Mindfulness Meditation Improves Cognition: Evidence of Brief Mental Training. **Consciousness and Cognition**, v. 19, n. 2, p. 597-605, jun. 2010. Disponível em: https://www.sciencedirect.com/science/article/abs/pii/S1053810010000681. Acesso em: 6 abr. 2021.

28 CHING, H. et al. Effects of a Mindfulness Meditation on Learning and Cognitive Performance Among University Students in Taiwan.

Evidence-Based Complementary and Alternative Medicine, 2015. Disponível em: https://doi.org/10.1155/2015/254358. Acesso em: 6 abr. 2021.

29   RO, C. Why Sleep Should Be Every Student's Priority. **BBC**, 20 ago. 2018. Disponível em: https://www.bbc.com/future/article/20180815-why--sleep-should-be-every-students-priority. Acesso em: 6 abr. 2021.

CAPÍTULO 12 - EXPERIÊNCIA

1   EDUCATION. **Unicef** [s.d.]. Disponível em: https://www.unicef.org/education. Acesso em: 6 abr. 2021.

2   ERICSSON, K. A.; PRIETULA, M. J.; COKLEY, E. T. The Making of an Expert. **Managing People**, jul.-ago. 2007. Disponível em: https://hbr.org/2007/07/the-making-of-an-expert. Acesso em: 6 abr. 2021.

3   CHIN, C. The Problems with Deliberate Practice. **Commonplace**, 30 jan. 2019. Disponível em: https://commoncog.com/blog/the-problems--with-deliberate-practice/. Acesso em: 6 abr. 2021.

4   BANDURA, A. The Psychology of Chance Encounters and Life Paths. **American Psychologist**, v. 37, n. 7, jul. 1982. Disponível em: https://www.uky.edu/~eushe2/Bandura/Bandura1982APb.pdf. Acesso em: 6 abr. 2021.

5   BANDURA, A. A evolução da Teoria Social Cognitiva. *In*: BANDURA, A; AZZI, R.; POLYDORO, S. **Teoria Social Cognitiva**: conceitos básicos. Porto Alegre: Artmed, 2008, p. 26.

6   LEIA o discurso de Jobs aos formandos de Stanford. **Terra** [s.d.]. Disponível em: https://www.terra.com.br/noticias/tecnologia/internet/leia-o-discurso-de-jobs-aos-formandos-de-stanford,bc38d882519ea310VgnCLD200000bbcceb0aRCRD.html. Acesso em: 6 abr. 2021

7   DI STEFANO, G. *et al.* Making Experience Count: The Role of Reflection in Individual Learning. **Harvard Business School**, 14 jun. 2016. Disponível em: https://papers.ssrn.com/sol3/papers.cfm?abstract_id=2414478. Acesso em: 6 abr. 2021.

8   LEIA o discurso de Jobs aos formandos de Stanford. **Terra** [s.d.]. Disponível em: https://www.terra.com.br/noticias/tecnologia/internet/leia-o-discurso-de-jobs-aos-formandos-de-stanford,bc38d882519ea310VgnCLD200000bbcceb0aRCRD.html. Acesso em: 6 abr. 2021.

CAPÍTULO 13 – PESSOAS E REDES

1 POZO, J. I. **Aprender en tiempos revueltos**: la nueva ciencia del aprendizaje. Madri: Alianza Editorial: 2016. (Tradução minha.)

2 XAVIER, M. Thinking Environment: os 10 componentes para criar ambientes para relações de qualidade. **Marcelle Xavier Medium**, 4 fev. 2020. Disponível em: https://marcellexavier.medium.com/thinking-environment-os-10-componentes-para-criar-ambientes--para-rela%C3%A7%C3%B5es-de-qualidade-cb666ee6355a. Acesso em: 6 abr. 2021.

3 INSTITUTE for Research on Learning. **Wikipedia** [s.d.]. Disponível em: https://en.wikipedia.org/wiki/Institute_for_Research_on_Learning#IRL's_Seven_Principles_of_Learning. Acesso em: 6 abr. 2021.

4 BOOTHBY, E. *et al*. The Liking Gap in Conversations: Do People Like Us More than We Think?. **Psychological Science**, v. 29, n. 11, p. 1-15, 2018. Disponível em: https://www.researchgate.net/publication/327456464_The_Liking_Gap_in_Conversations_Do_People_Like_Us_More_Than_We_Think. Acesso em: 6 abr. 2021.

5 GALVÃO, M. Quantas vezes você entra numa conversa disposto a não ter razão? **Marina Galvão Medium**, 21 out. 2020. Disponível em: https://marina-d-galvao.medium.com/quantas-vezes-voc%C3%AA--entra-numa-conversa-disposto-a-n%C3%A3o-ter-raz%C3%A3o--b0435037a052. Acesso em: 6 abr. 2021.

6 BRETAS, A. Agradeça, ajude e tome café. **Alex Bretas Medium**, 5 maio 2015. Disponível em: https://medium.com/brasil/gire-a-roda-da--rede-18d2d2194395. Acesso em: 6 abr. 2021.

7 REDE Social. **Wikipédia** [s.d.]. Disponível em: <https://pt.wikipedia.org/wiki/Rede_social>. Acesso em: 6 abr. 2021.

8 XAVIER, M. Porque aprendemos melhor em comunidade? (e por onde começar). **LinkedIn**, 17 fev. 2021. Disponível em: https://www.linkedin.com/pulse/porque-aprendemos-melhor-em-comunidade-e-por--onde-come%25C3%25A7ar-xavier. Acesso em: 6 abr. 2021.

9 WENGER, E.; MCDERMOTT, R. A.; SNYDER, W. **Cultivating Communities of Practice**: A Guide to Managing Knowledge. Harvard Business Review Press, 2002.

10 Ver em: LEARNING Communities – The Journey Ahead. **John Hagel**, 8 jun. 2020. Disponível em: https://www.johnhagel.com/learning-communities-the-journey-ahead/. Acesso em: 5 abr. 2021.

11 RISHER, H. The Gig Economy and BLS Surveys. **Government Executive**, 13 fev. 2021. Disponível em: https://www.govexec.com/management/2020/02/gig-economy-and-bls-surveys/163089/. Acesso em: 6 abr. 2021.

12 ENSPIRAL. Disponível em: https://www.enspiral.com. Acesso em: 6 abr. 2021. (Tradução minha.)

13 PODS. **Enspiral Handbook** [s.d.]. Disponível em: https://handbook.enspiral.com/guides/pods. Acesso em: 6 abr. 2021.

14 WOL Guias de Círculo. **Working Out Loud** [s.d.]. Disponível em: https://workingoutloud.com/wol-portuguese. Acesso em: 6 abr. 2021.

15 WORLD INSTITUTE FOR ACTION LEARNING. Disponível em: https://www.wial.org.br. Acesso em: 6 abr. 2021.

16 LLOSA, P. de. The Neurobiology of "We". **Parabola**, 2011. p. 68-75. Disponível em: https://m.drdansiegel.com/uploads/The%20Neurobiology%20of%20We%20-%20Patty%20de%20Llosa.pdf. Acesso em: 22 abr. 2021.

CAPÍTULO 14 – APRENDIZADO EM AÇÃO

1 CHARLES A. Wedmeyer. **Internationl Adult And Continuing Education Hall of Fame** [s.d.].Disponível em: https://www.halloffame.outreach.ou.edu/inductions/hof-1998/wedemeyer/. Acesso em: 6 abr. 2021.

2 MOORE, M. G. **Toward a Theory of Independent Learning and Teaching**. Nova York: Taylor & Francis, 1973. Disponível em: https://www.jstor.org/stable/1980599?seq=1. Acesso em: 6 abr. 2021.

3 GINO, F.; STAATS, B. Why Organizations Don't Learn. **Harvard Business Review**, nov. 2015. Disponível em: https://hbr.org/2015/11/why-organizations-dont-learn. Acesso em: 5 abr. 2021.

4 HOLIDAY, R. How and Why to Keep a Commonplace Book. **Thought Catalog**, 28 ago. 2014. Disponível em: https://thoughtcatalog.com/ryan-holiday/2013/08/how-and-why-to-keep-a-commonplace-book/. Acesso em: 5 abr. 2021.

5   SIMMONS, M. Why Constant Learners All Embrace the 5-Hour Rule. **Michael Simmons** [s.d.]. Disponível em: http://michaeldsimmons. com/why-constant-learners-all-embrace-the-5-hour-rule-mm09/. Acesso em: 5 abr. 2021.

6   NEW Study on Circadian Clock Shows "Junk DNA" Plays a Key Role in Regulating Rhythms. **Science Daily**, 4 jan. 2011. Disponível em: https:// www.sciencedaily.com/releases/2021/01/210104145943.htm. Acesso em: 5 abr. 2021.

7   WILIDING, M. Science Says These Are the Best Times to Learn and Create for Optimal Success. **Inc** [s.d.]. Disponível em: https://www. inc.com/melody-wilding/the-best-times-to-learn-and-create--according-to-science.html. Acesso em: 5 abr. 2021.

8   AMABILE, T. M; KRAMER, S. J. The Power of Small Wins. **Harvard Business Review**, maio 2011. Disponível em: https://hbr.org/2011/05/ the-power-of-small-wins. Acesso em: 5 abr. 2021. (Tradução minha.)

9   BOLES, B. **A arte da aprendizagem dirigida**. São Paulo: Multiversidade, 2014, p. 69-70.

10 BRETAS, A. 10 motivos para compartilhar o que você aprende. **Alex Bretas Medium**, 30 jul. 2019. Disponível em: https://medium.com/teya--ecossistema/10-motivos-para-compartilhar-o-que-você-aprende--5e2b4362597. Acesso em: 5 abr. 2021.

AGORA É A SUA VEZ

1   NIEMANN, C. **Sunday Sketching**. Nova York: Abrams, 2016, p. 37. (Tradução minha.)

2   CRISTOPH Niemann: How to Overcome the 3 Fears Every Creative Faces. Vídeo (20min01s). Publicado pelo canal 99U. Disponível em: https:// www.youtube.com/watch?v=dG-ZXiYtLy8. Acesso em: 6 abr. 2021. (Tradução minha.)

3   BANDURA, A. **Self-efficacy**: The Exercise of Control. Nova York, WH Freeman and Company: 1997.

4   Idem. (Tradução minha.)

5   DWECK, C. **Mindset**: a nova psicologia do sucesso. São Paulo: Objetiva, 2017.

6   Ibidem.

7   HAGEL, J. A Deep Dive into the Passion of the Explorer. **John Hagel**, 24 ago. 2020. Disponível em: https://www.johnhagel.com/a-deep-dive--into-the-passion-of-the-explorer/. Acesso em: 6 abr. 2021.

8   EDMUNDSON, M. **The Heart of the Humanities**: Reading, Writing, Teaching. Nova York: Bloomsbury, 2016. (Tradução minha.)

Este livro foi impresso
pela gráfica Plena Print
em papel lux cream 70g
em setembro de 2024.